Mathieu Lavant

Mac Addict

Photoshop CS4

FIRST
Interactive

Photoshop CS4

60, rue Mazarine
75006 Paris – France
Tél. 01 45 49 60 00
Fax 01 45 49 60 01
E-mail : firstinfo@efirst.com
Internet : www.editionsfirst.fr

ISBN : 978-2-7540-1368-0
Dépôt légal : 2e trimestre 2009
Imprimé en France

Collection dirigée par Jean-Pierre CANO

Édition : Pierre CHAUVOT

Mise en page : MADmac

Table des matières

Introduction

Photoshop a presque 20 ans...

En 1988, deux jeunes Américains, Thomas et John Knoll, contactaient une petite société californienne pour lui proposer un programme de retouche d'images qu'ils avaient conçu. Cette société s'appelait Adobe, et en février 1990, elle commercialisait Photoshop 1.0 ; puis un an et demi plus tard, Photoshop 2.0...

La suite, vous la connaissez : d'un petit logiciel qui tenait sur une disquette et tournait sur un Mac Plus, Photoshop est devenu ce mastodonte de plus de 500 Mo, toujours plus puissant, toujours plus gourmand en ressources processeur et en mémoire vive ; mais Photoshop est aussi devenu la référence mondiale en matière de traitement d'images numériques, et le rêve de tous les utilisateurs Mac (et Windows), amateurs de retouche ou de photomontage.

18 ans de Photoshop...

En 1991, alors que je venais d'écrire un premier livre sur Illustrator, j'ai eu la chance de découvrir Photoshop dans sa version 2.0. Comme tous les logiciels de l'époque, il était livré avec un volumineuse documentation qui comprenait pas moins de trois ou quatre volumes : un manuel de prise en main rapide, un manuel de références, un manuel des techniques avancées, etc.

Autant le dire, le domaine de l'image numérique ne m'était pas vraiment familier, et lorsque mon éditeur du moment m'a proposé d'écrire un petit livre sur le sujet, j'ai longuement hésité. Avant d'accepter et de me plonger dans la lecture intégrale des différents manuels.

En est sorti un premier livre de 200 pages, «Adobe Photoshop 2 Mode d'emploi». Suivi bientôt d'un second, car Photoshop 2.5 pointait déjà le bout de son nez. Et comme, apparemment, il y avait des lecteurs pour acheter ces livres, nous avons poursuivi avec Photoshop 3.0, 4.0, 5.0, etc.

De mises à jour en réécritures, ce Photoshop Mode d'emploi s'est étoffé durant une quinzaine d'années, survivant à deux changements d'éditeurs, pour finir de sa belle mort, en 2006, sous le forme d'un dictionnaire Photoshop de plus de 700 pages.

Photoshop en moins de 300 pages

Après 18 ans de pratique de Photoshop, je commence à bien connaître le logiciel, et lorsque Jean-Pierre Cano, qui dirige la collection MacAddict, m'a proposé d'écrire sur le sujet, je n'ai pas hésité. Même s'il s'agissait de faire un petit livre de moins de 300 pages. C'était en effet l'occasion de faire une synthèse de presque 20 ans d'expérience, en proposant une autre approche du logiciel.

Ce que vous ne trouverez pas dans ce livre…

Commençons par les mauvaises nouvelles. Aujourd'hui Photoshop propose de multiples fonctionnalités qui vont bien au-delà de la correction d'images et du photomontage : import vidéo, import d'objets 3D, fonctions d'analyses et de statistiques, etc. Il était impossible de traiter tous ces domaines dans un nombre de pages réduit. J'ai donc décidé d'ignorer toutes ces fonctionnalités «spécialisées» qui, pour la plupart, ne sont disponibles que dans la version Extended.

J'ai également laissé de côté certaines technologies un peu pointues, comme le HDR, et des fonctionnalités peu utiles pour une utilisation amateur, comme les scripts conditionnels, le mode Bichrome ou le mode Lab.

De même que vous ne trouverez pas une description détaillée de toutes les commandes de tous les menus, vous ne trouverez pas non plus la description détaillée de toutes les options disponibles dans les différentes boîtes de dialogue, ni de chacun des filtres proposés dans le menu Filtre.

… et ce que vous y trouverez

En revanche, vous trouverez dans ce livre tous ce qu'il est nécessaire de savoir pour bien démarrer avec Photoshop : pas de blabla superflu, ni de longue présentation de l'environnement de travail, mais une approche résolument orientée vers la pratique (et il faut bien le dire un peu subjective) qui s'inspire des cours que je donne sur le sujet. Mais voyons un peu plus en détail le contenu de ce livre :

Première partie : Bien démarrer

Dans cette première partie, vous apprendrez d'abord ce qu'il faut savoir à propos de l'image numérique afin d'exploiter au mieux un éditeur bitmap comme Photoshop. Vous découvrirez ensuite l'environnement de travail du logiciel et ses différentes fonctionnalités.

Vous poursuivrez avec l'acquisition d'images : de la simple ouverture de fichiers à la numérisation, en passant par le chargement de fichiers depuis un appareil photo numérique. Et comme le format Raw se démocratise, vous verrez comment traiter les fichiers Raw avant de les ouvrir dans Photoshop.

Enfin, vous terminerez cette première partie avec le paramétrage du système de gestion des couleurs, grâce auquel vous pourrez contrôler le rendu des couleurs de vos clichés à l'écran comme à l'impression.

Deuxième partie : Les fondamentaux

Dans cette seconde partie, vous découvrirez les techniques de base dans les quatre grands domaines d'utilisation de Photoshop : la correction colorimétrique, la retouche, le dessin et l'utilisation de formes vectorielles. Vous apprendrez également à maîtriser les différentes techniques de sélection qui vous seront rapidement indispensables si vous souhaitez progresser dans le traitement d'images numériques.

Troisième partie : Le workflow

Une fois les bases acquises, vous découvrirez dans cette troisième partie que vous avez encore beaucoup à apprendre, mais que vous pouvez également vous arrêter là. Tout dépendra de ce que vous souhaitez faire avec Photoshop.

Si vous vous intéressez au photomontage et à la création de compositions, vous vous initierez dans cette partie à toutes les techniques de production qui vous permettront de réaliser des montages et des effets complexes, en utilisant les techniques des professionnels.

Vous découvrirez d'abord comment gérer les calques et exploiter les masques. Vous verrez ensuite comment intégrer du texte dans vos compositions, utiliser les modes de fusion ou les styles de calques. Et vous terminerez avec les filtres qui participent aussi à la renommée de Photoshop.

Quatrième partie : Post-production

Dans cette quatrième et dernière partie, vous apprendrez à préparer et à enregistrer vos fichiers en fonction de leur destination (impression ou publication sur le Web).

Vous verrez également comment réussir une impression depuis Photoshop, à l'aide du système de gestion des couleurs. Et vous aborderez, pour finir, les différentes commandes de traitement par lots et d'automatisation qui vous permettront de traiter rapidement une collection de clichés.

Mathieu Lavant
http://www.a-comme.com
mlavant@a-comme.com
Mai 2009

Première partie

Bien démarrer

Chapitre 1
Ce que vous devez savoir sur l'image numérique

Derrière l'image numérique se cache une réalité en peu plus complexe que celle de la simple photo que vous affichez avec iPhoto. Et même si vous utilisez couramment ce logiciel, vous ignorez presque tout des caractéristiques fondamentales qui font l'image numérique (taille, résolution, profondeur de couleur…) et qui vous seront indispensables pour travailler avec Photoshop. C'est donc ce que nous allons voir dans ce premier chapitre.

Bitmap ou vectorielle ?

Avant toute chose, il convient de faire la distinction entre l'image bitmap et l'image vectorielle, car le terme d'image numérique recouvre en fait ces deux types d'images qui sont très différents.

- L'image bitmap est composée d'une grille de pixels juxtaposés dont chaque élément restitue une valeur de couleur parmi les 16 millions de couleurs disponibles pour un affichage écran. De ce fait, l'image bitmap n'est pas élastique ; passé un certain seuil d'agrandissement, elle laisse voir sa trame de pixels, et son poids est directement proportionnel à ses dimensions en pixels.

- L'image vectorielle est, elle, constituée par un ensemble de points d'ancrages, de tracés et de tangentes, définis par des vecteurs. Ainsi, pour tracer un disque, il suffit de définir quatre points d'ancrage, reliés entre eux par des segments de courbe, eux-mêmes contrôlés par des tangentes. Tout cela ne pèse rien (l'équivalent de quatre lignes de texte) et produit une image élastique que vous pouvez agrandir ou réduire à volonté, sans perte de qualité, ni changement de poids.

Du côté des outils, ces deux types d'images sont pris en charge par des applications spécifiques ; pour l'image bitmap, on trouvera bien sûr Photoshop, mais aussi iPhoto, Graphic Converter ou encore Pixelmator ou Gimp. Pour l'image vectorielle, l'outil de référence est toujours Illustrator, mais il y a aussi Canvas, Ink-Scape, VectorDesigner, EazyDraw…

Bref, dans un cas comme dans l'autre le choix ne manque pas, mais vous noterez que du côté des éditeurs bitmap, Photoshop est l'une des rares applications à gérer le format vectoriel. Ce qui est particulièrement intéressant pour travailler sur du texte ou sur des formes simples (rectangles, ellipses ou autres…). Voir Chapitre 9.

Les caractéristiques de l'image bitmap

L'image bitmap est donc constituée d'une grille de pixels juxtaposés, mais ce n'est pas tout. En effet, cette grille n'est pas totalement figée et les pixels qui la composent non plus. En jouant sur la densité de cette grille et sur le nombres de couleurs allouées à chaque pixel, nous pourrons obtenir des images en noir et blanc ou en couleurs, de petit, de moyen ou de grand format.

Les dimensions de l'image bitmap

Si l'on vous demande quelles sont les dimensions de la photo que vous avez affichée à l'écran, vous répondrez sans doute que vous n'en savez rien, ou vous prendrez une règle pour mesurer l'image. Quoi qu'il en soit, inutile de vous creuser les méninges, car une image bitmap est dépourvue de dimensions physiques ; elle n'est définie que par des dimensions en pixels qui dépendent du réglage de votre appareil photo numérique ou de votre scanner.

Ainsi, en exploitant les commandes de zoom de Photoshop, vous pouvez jouez sur la taille d'affichage de votre photo, passer d'un affichage plein écran à une vue en vignette, sans apparentes pertes de qualité. Mais il en va tout autrement lorsque vous imprimez l'image, car intervient alors sa seconde caractéristique : la résolution.

La résolution

Lorsque vous capturez une image à l'aide de votre appareil photo numérique ou de votre scanner, vous créez un ensemble de pixels fini qui sont organisés en une grille régulière, définie par un nombre de lignes et de colonnes (1024 par 768, par exemple).

Imaginez à présent que ces pixels sont des fraises que vous avez achetées au marché et que vous vous apprêtez à confectionner une tarte aux fraises rectangulaire. Vous disposez vos fraises soigneusement par rangées et par colonnes et vous formez un rectangle de dimensions finies. Si la tarte vous semble trop grande, vous resserrerez les fraises ; vous augmenterez ainsi leur densité. À l'inverse, si la tarte vous semble trop petite, vous espacerez davantage les fraises ; vous réduirez leur densité.

Pour revenir à l'image bitmap, remplacez les fraises par des pixels ; leur comportement est identique : en faisant varier la densité de pixels, vous modifiez les dimensions de votre image.

On ne parle plus alors de densité de pixels mais de résolution de l'image, exprimée en pixels par pouce (ppp ou dpi, en anglais).

Parfait me direz-vous, mais tout cela est de la théorie ; concrètement comment fait-on ? En pratique, on travaillera avec la commande Image->Taille de l'image de Photoshop, et nous y reviendrons plus en détail dans le Chapitre 17. Pour le moment, voyons simplement cette fameuse commande, qui va vous permettre de comprendre que si l'image bitmap n'est pas élastique, elle peut toutefois être exploitée dans différentes tailles, en faisant simplement varier sa résolution.

La commande Taille de l'image

Revenons à notre photo de 1024 par 768 pixels. La commande Taille de l'image, du menu Image, ouvre une boîte de dialogue qui affiche un certain nombre d'informations. Avant d'aller plus loin vérifiez que l'option Rééchantillonnage est décochée dans la partie inférieure de la boîte de dialogue. À présent, la partie supérieure de la boîte de dialogue affiche les dimensions en pixels de l'image, sous la forme d'une information non modifiable.

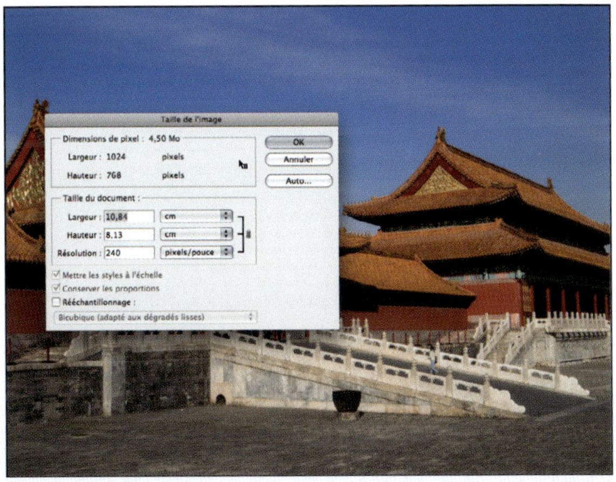

Descendez dans la section Taille du document, située dans la partie médiane de la boîte de dialogue ; cette section affiche la taille d'exploitation de l'image en fonction de sa résolution (les paramètres Largeur, Hauteur et Résolution sont liés).

Modifiez la largeur de l'image en saisissant une nouvelle valeur dans le champ Largeur : les champs Hauteur et résolution sont mis à jour automatiquement.

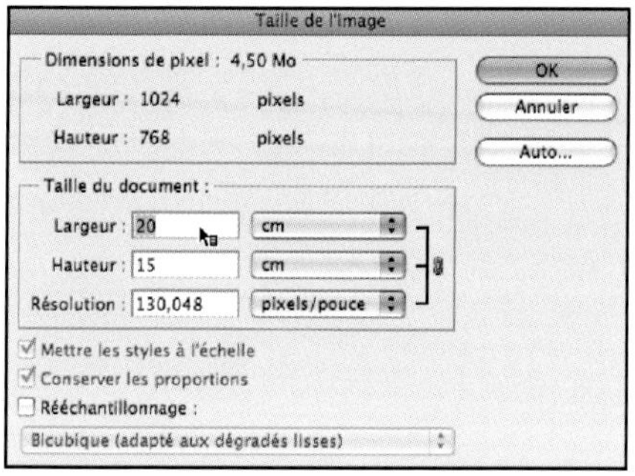

En testant différentes valeurs, vous constaterez que lorsque vous augmentez la taille de l'image, vous réduisez sa résolution, et lorsque vous réduisez sa taille, vous augmentez sa résolution. La question est maintenant de savoir dans quelles limites vous pouvez jouer avec cette résolution.

- Pour un affichage écran, diaporama, présentation, page Web, la résolution nécessaire et suffisante est 72 ppp. Avec cette résolution, vous pourrez exploiter votre image à sa taille maximum.
- Pour une impression jet d'encre ou un tirage grand format sur un traceur, la résolution de l'image doit être comprise entre 100 et 150 pixels par pouce.
- Pour une impression offset en quadrichromie, la résolution de l'image doit être comprise entre 200 et 300 pixels par pouce.

Pour conclure, vous noterez qu'en passant de l'affichage écran à l'impression jet d'encre, la taille de votre image est approximativement divisée par deux, et qu'en passant à l'impression offset, elle est à nouveau divisée par deux.

La profondeur de couleur

En matière de reproduction, on distingue trois types d'images : l'image au trait (images en noir et blanc), l'image en niveaux de gris et l'image en couleurs. Du côté de l'image bitmap, Photoshop fait cette même distinction, et gère ces différents types d'image. Qu'est-ce qui les différencie ? Leur profondeur de couleurs, c'est-à-dire le nombre de bits allouéS à chaque pixel pour le stockage de l'information de couleur. En fonction de sa profondeur de couleur, une image sera capable de restituer 2 couleurs, 256 couleurs, 16 millions de couleurs, ou bien davantage.

- **L'image au trait :** elle est constituée d'un ensemble de pixels codés sur 1 bit : chaque pixel peut restituer deux valeurs, le noir ou le blanc. Ce type d'image est géré par le mode Bitmap du sous-menu Image->Mode de Photoshop.

- **L'image en niveaux de gris :** elle est constituée d'un ensemble de pixels codés sur 8 bits : chaque pixel peut restituer 256 valeurs de gris allant du noir au blanc. Ce type d'image est géré par le mode Niveaux de gris du sous-menu Image->Mode de Photoshop.

- **L'image en couleurs indexées :** elle est constituée d'un ensemble de pixels codés sur 8 bits ; chaque pixel peut restituer 256 valeurs de couleurs. Ce type d'image est géré par le mode Couleurs indexées du sous-menu Image->Mode de Photoshop. Il s'agit d'un mode un peu particulier, hérité de l'époque où les écrans n'affichaient pas plus de 256 couleurs. Aujourd'hui, ce mode est encore exploité pour préparer des images pour le Web, ou pour certains effets de colorisation.

- **L'image RVB 8 bits par couche :** elle est constituée d'un ensemble de pixels codés sur 3 fois 8 bits : chaque pixel peut restituer 256 valeurs de Rouge, 256 valeurs de Vert, et 256 valeurs de Bleu, soit un peu plus de 16 millions de couleurs. La plupart des images provenant d'appareils photo numériques ou de scanners sont des images RVB 8 bits par couche. Elles sont gérées dans Photoshop avec le mode 8 bits/couche du sous-menu Image->Mode.
- **L'image RVB 16 bits par couche :** elle est constituée d'un ensemble de pixels codés sur 3 x 16 bits : 16 bits pour le Rouge, 16 bits pour le Vert et 16 bits pour le Bleu. Ce type d'image correspond au format Raw, disponible avec les reflex numériques (voir Chapitre 4) ; il est géré dans Photoshop avec le mode 16 bits/couche du sous-menu Image->Mode, mais n'est pas exploitable avec la totalité des commandes du logiciel.

BON À SAVOIR Vous l'aurez sans doute remarqué, le sous-menu Image->Mode de Photoshop propose un mode 32 bits/couche ; ce dernier correspond aux images HDR (High Dynamic Range). Il s'agit d'images dotées d'une plage de contraste étendue, qui sont générées en combinant plusieurs clichés d'une même vue, pris avec des réglages d'exposition différents. Ces images peuvent être produites à l'aide du module HDR de Photoshop (Fichier->Automatisation->Fusion HDR...), ou bien à l'aide d'un logiciel spécifique comme FDRTools ou Qtpfsgui.

ASTUCE Le sous-menu Image->Mode vous indique le type de l'image que vous avez ouvert dans Photoshop, mais il permet aussi de faire des conversions. Vous pourrez ainsi transformer une image RVB 8 bits en niveaux de gris ou en couleurs indexées, ou bien convertir une image niveaux de gris en image au trait. Vous pourrez également transformer une image niveaux de gris en image RVB, mais ceci ne la transformera pas pour autant en couleur.

Les formats d'enregistrement

Dans le monde de l'image numérique, bitmap ou vectorielle, il existe une multitude de formats d'enregistrement. Parmi ceux-ci, certains sont des formats génériques, comme le TIFF, le JPEG ou le PNG ; d'autres sont des formats propriétaires d'applications, comme le PSD (format de travail de Photoshop) ; d'autres encore sont des formats propriétaires de boîtiers numériques, comme le NEF de Nikon, le CRW de Canon, ou le RAF de Fuji.

Photoshop reconnaît à l'ouverture la grande majorité des formats génériques, ainsi que la plupart des formats Raw correspondants aux différents boîtiers. Vous n'aurez donc, a priori, aucun problème d'ouverture de fichiers, sauf si vous essayez d'ouvrir un fichier dans un format propriétaire, comme par exemple un cliché enregistré au format XCF de Gimp. En revanche, la question que vous risquez de vous poser est : quel format utiliser pour l'enregistrement de vos fichiers ?

Quel format pour quoi faire ?

En pratique, le choix d'un format d'enregistrement dépend de deux facteurs : la nature de l'image et sa destination.

- **La nature de l'image :** entre une simple image au trait et une image RVB en 16 bits par couche, il y a, vous vous en doutez, une différence au niveau de la structure des données. Et dans la plupart des cas, un format d'enregistrement exploitable avec une image au trait ne se le sera pas avec une image RVB 16 bits. Comment le savoir ? Simplement en ouvrant la boîte de dialogue de la commande Fichier->Enregistrer sous..., puis en déroulant le menu local de l'option Format qui ne vous proposera que les formats compatibles avec l'image à enregistrer.
- **La destination :** les utilisations de l'image bitmap sont multiples (impression offset, publication sur le Web, catalogage, envoi par email, incorporation dans une mise en page, etc.). Chacun de ces types d'exploitation requiert des formats d'enregistrement spécifiques. Et là, il n'y a pas de miracle, vous devrez connaître les principaux formats utilisés.

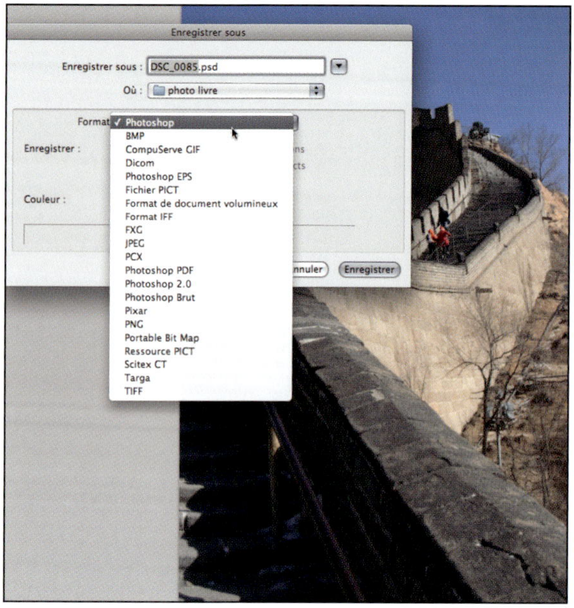

Les formats d'échanges

Les formats d'échanges sont les formats d'enregistrement que vous pouvez exploiter pour échanger des fichiers avec d'autres utilisateurs (qu'ils soient Mac ou PC), ou avec d'autres applications : éditeurs bitmap notamment, mais aussi applications de dessin ou de mise en page. Parmi ces formats qui sont nombreux, les plus importants sont le JPEG, le TIFF et le PNG.

- **JPEG :** le format JPEG est un format de compression qui gère les images RVB et niveaux de gris, mais ne reconnaît pas la transparence. Il produit une compression avec perte de données qui permet de réduire le poids d'un fichier dans un rapport de 1 à 50, voire 1 à 100. (Voir aussi Chapitre 18.)
- **TIFF :** le format TIFF est un format d'échange qui gère les images en mode RVB, CMJN ou niveaux de gris, ainsi que la transparence et les calques de Photoshop. Il produit une compression sans perte de données, mais avec un taux de compression beaucoup plus faible que celui du JPEG.
- **PNG :** le format PNG est un format d'échange Open Source, développé par le W3C (l'instance chargée de définir les standards du Web) ; ce format gère les fichiers RVB et niveaux de gris, ainsi que la transparence de couche alpha. Il produit une compression sans perte de données, en exploitant l'algorithme LZW du format TIFF.

Les formats pour le Web

En matière de formats de fichiers, le Web a des exigences particulières, puisque ces fichiers doivent être reconnus par les différentes plateformes (OS X, Windows, Unix…) et navigateurs (Safari, Firefox, Internet Explorer…), mais aussi avoir un poids réduit de manière à raccourcir autant que possible leur temps de transfert et d'affichage dans le navigateur client. Pour ce type d'utilisation, vous pourrez exploiter les formats JPEG, PNG et GIF. (Voir aussi Chapitre 18.)

- **JPEG :** voir plus haut.
- **PNG :** voir plus haut.
- **GIF :** le format GIF, développé par Compuserve, est l'ancêtre des formats de publication pour le Web qui date de l'époque où le mode d'affichage standard des moniteurs était encore de 256 couleurs. Par conséquent, ce format ne gère que les images en 256 couleurs ou en niveaux de gris. Il produit une compression sans perte de données, basée sur l'algorithme LZW du format TIFF.

Les formats pour le prépresse

Les formats prépresse sont les formats de fichiers utilisés pour la publication professionnelle : impression offset ou rotative en quadrichromie, exportation vers un logiciel de mise en page. Pour ce type d'exploitation, vous disposez de trois formats, PSD, PDF, et TIFF.

- **PSD :** le format PSD est le format de travail de Photoshop, le seul format capable de préserver les calques, les masques et les tracés vectoriels. Les applications de mise en page professionnelles, telles que InDesign ou XPress, autorisant désormais l'import direct de fichiers Photoshop multicalques, le format PSD est donc devenu le format idéal pour ce type d'exploitation.
- **PDF :** le format PDF est un format d'échange et d'archivage développé par Adobe qui est devenu le format standard pour les fichiers d'impression haute définition. Si vous devez faire imprimer en offset une affiche réalisée avec Photoshop, vous pourrez utiliser ce format qui gère naturellement tous les types d'image, trait, niveaux de gris, RVB ou quadri.
- **TIFF :** le format TIFF est également exploitable pour le prépresse si vous n'avez pas adopté le flux de production RVB (voir Chapitre 4), ou bien si votre imprimeur vous demande expressément des fichiers au format TIFF quadri.

Les formats de compression

Pour terminer ce rapide tour d'horizon des formats d'enregistrement, notez les formats de compression que vous pouvez utiliser pour l'archivage de vos photos : le TIFF et le JPEG. Toutefois, faites attention, si vous utilisez le JPEG, à ne pas trop pousser la compression, car vous détériorerez vos photos de manière irrémédiable.

Chapitre 2
Prendre en main Photoshop

En presque vingt ans d'existence et onze mises à jour majeures, Photoshop est devenu une véritable usine à gaz dont la prise en main n'est pas forcément évidente pour le néophyte ou pour l'utilisateur qui n'a jamais ouvert une application Adobe. Afin d'aborder plus sereinement la manipulation d'images numériques dans les chapitres qui suivent, nous allons voir, dans ce chapitre, comment maîtriser rapidement l'interface du logiciel, organiser son espace de travail, et naviguer dans un ou plusieurs documents ouverts à l'écran.

À quoi sert Photoshop ?

Depuis ses origines, Photoshop est un logiciel de retouches d'images, de corrections chromatiques et de création. De ce côté-la, rien de changé, et le logiciel d'Adobe assure toujours ces fonctions premières. Mais au fils des versions, l'application s'est enrichie de nombreuses fonctionnalités qui en font, aujourd'hui, un outil beaucoup plus évolué qu'un simple éditeur bitmap. Voyons plutôt :

- Traitement des fichiers Raw : Photoshop dispose d'un module spécifique, Camera Raw, qui peut être lancé à partir de l'application ou à partir du Bridge, et permet de développer les fichiers Raw. Voir Chapitre 4.
- Composition multicalque : grâce à son système de calques, gérés via le panneau Calques, Photoshop autorise la composition multicalques : photomontage, mixage de différents documents. Voir Chapitre 11.
- Gestion des objets vectoriels et du texte : avec son éditeur de texte qui travaille en mode vectoriel, et ses outils de dessin vectoriels, Photoshop devient un outil de mise en page qui permet la réalisation d'affiches, couvertures de livres, flyers, etc. Voir Chapitre 13.
- Dessin et illustration : pour ceux qui s'intéressent davantage au dessin et à l'illustration, Photoshop dispose d'une vaste collection de brosses et de pinceaux qui peuvent être exploités avec une tablette graphique. Voir Chapitre 8.

- Publication pour le Web : en matière de design d'interfaces Web, Photoshop ne remplacera jamais FireWorks, toutefois l'application dispose d'un module Enregistrer pour le Web qui permet d'optimiser des images bitmap avant leur publication. Voir Chapitre 18.

- Acquisition et retouche vidéo : à l'attention des utilisateurs d'Adobe Première (montage vidéo) et autres vidéastes, Photoshop intègre un module d'import et d'affichage de séquences vidéo qui permet la retouche et la création d'intertitres.

- Création de fichiers HDR : face à la montée en puissance de la technologie HDR (High Dynamic Range), Photoshop propose un module qui permet la création de fichiers HDR et l'édition de ceux créés avec d'autres applications.

- Création de panoramiques : avec sa technologie brevetée Photomerge, Photoshop dispose d'un module de création automatique de diaporamas, accessible à partir du menu Fichier de l'application, ou bien à partir du Bridge. Voir Chapitre 19.

- Création de diaporamas : parmi ses scripts d'automatisation, accessibles à partir du menu Fichier, ou bien à partir du Bridge Photoshop propose une commande qui permet la création de diaporama au format PDF. Voir Chapitre 19.

- Gestion d'objets 3D : depuis sa version CS3, Photoshop intègre un module 3D qui permet d'importer un objet 3D dans une composition et de le manipuler dans une interface 3D. Cette fonction est réservée à la version Extended.

- Analyse d'images : également apparus avec la version CS3, les outils d'analyse et de comptage s'adressent aux scientifiques, chercheurs, médecins, radiologues ; ils ne sont disponibles que dans la version Extended.

Découvrir l'interface

Lorsque vous lancez Photoshop pour la première fois, vous découvrez une interface sobre et bien rangée qui s'organise dans un panneau opaque (le cadre de l'application) masquant les applications et documents ouverts à l'arrière-plan : dans la partie gauche de l'écran, s'affiche la barre d'outils ; au-dessus de la fenêtre du document, la barre d'options, et dans la partie droite de l'écran vient se docker un jeu de panneaux par défaut. Nous allons voir ces différents éléments un peu plus en détails dans les lignes qui suivent.

ASTUCE Avec la version CS4, Photoshop s'exécute désormais dans ce panneau opaque qu'est le cadre de l'application. Cette configuration qui ravira sans doute les switchers s'avère un peu bancale à l'usage, en particulier si vous ouvrez plusieurs clichés. Pour revenir à une configuration standard, désactivez l'option Cadre de l'application, dans le menu Fenêtre.

La barre d'outils

La barre d'outils rassemble les différents outils de l'application, regroupés dans quatre grandes sections : déplacement et sélection, retouche et dessin, texte et dessin vectoriel, et 3D.

Chaque outil est paramétrable, via la barre d'options qui s'affiche au-dessus de la fenêtre du document, et peut être activé par un simple raccourci clavier, indiqué dans une info-bulle lorsque vous survolez l'outil à la souris (V pour le pointeur de déplacement, par exemple).

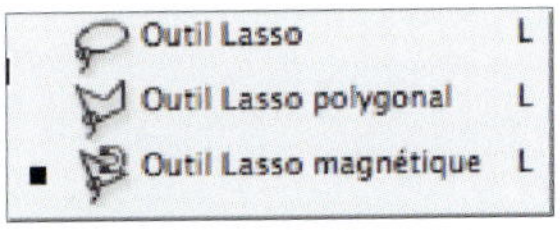

Vous noterez également que certains outils se déclinent en plusieurs variantes, comme par exemple l'outil Lasso qui se décline en Lasso polygonal et Lasso magnétique. Cette déclinaison est accessible en cliquant sur la flèche noire qui s'affiche dans l'angle inférieur droit de leur icône.

La barre d'options

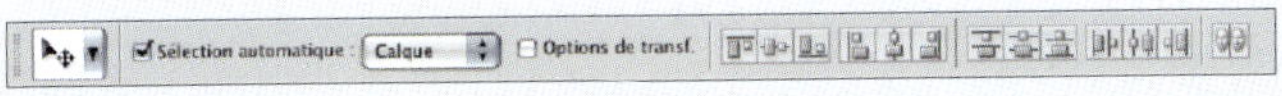

La barre d'options est le complément indispensable de la barre d'outils, puisqu'elle affiche les paramètres et options de l'outil activé. Ainsi, par exemple, lorsque vous activez le pointeur de déplacement, la barre d'options affiche l'option Sélection automatique, que vous pouvez d'ors et déjà cocher, puisqu'elle vous permettra d'activer automatiquement un calque en cliquant sur son contenu.

Les panneaux

Photoshop dispose d'une vaste collection de panneaux auxquels vous pourrez accéder via le menu Fenêtre. Lors de son premier lancement, l'application affiche un groupe de panneaux par défaut qui est docké dans la partie droite de l'écran.

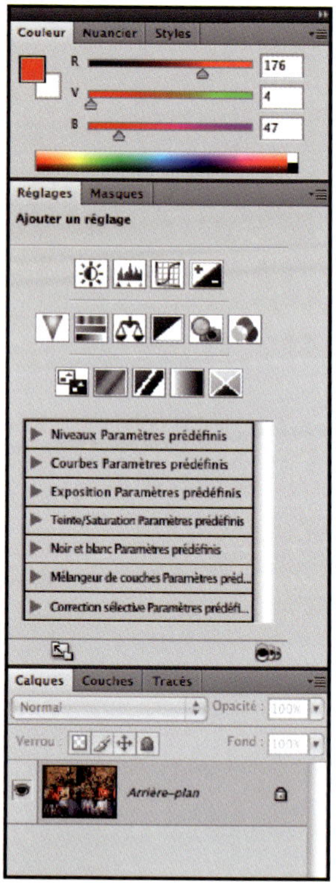

Ce groupe de panneaux peut être réduit à un groupe d'icônes en cliquant sur la barre grise située dans sa partie supérieure. Mais chaque panneau peut être sorti du groupe et utilisé en panneau flottant, ou bien regroupé avec d'autres panneaux suivant vos besoins.

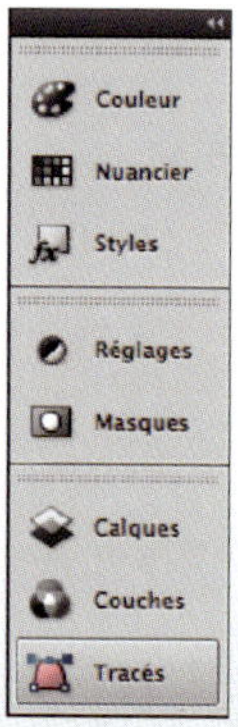

- Pour extraire un panneau du groupe, effectuez un cliquer glisser sur l'onglet qui affiche son nom, et relâchez le panneau au milieu de la fenêtre de travail.
- Pour regrouper des panneaux dans un groupe, faites glisser leur onglet d'un groupe vers l'autre.
- Pour fermer un panneau, cliquez sur sa case de fermeture, située dans son angle supérieur gauche.

Organiser son espace de travail

Avant de commencer à travailler avec Photoshop, la première chose à faire est de configurer votre espace de travail : choisir un mode d'affichage, faire le tri dans les panneaux ou bien choisir une configuration prédéfinie.

Choisir un mode d'affichage

Comme je l'ai indiqué plus haut, vous avez désormais le choix entre exécuter Photoshop dans une fenêtre d'application opaque (à la Windows), ou bien l'exécuter comme une application classique Mac. Mais au-delà de ce premier choix, vous disposez d'options d'affichage supplémentaires, accessibles en tapant la touche F.

- Tapez une première fois la touche F pour passer en mode plein écran.
- Tapez une seconde fois la touche F, pour passer en mode présentation : l'image active s'affiche sur fond noir, la barre de menus et les panneaux sont escamotés.
- Tapez une Troisième fois la touche F pour revenir en mode standard.

Faire le tri dans les panneaux

Du côté des panneaux, faites le ménage. Par défaut, Photoshop affiche les panneaux Couleurs, Nuancier et Styles, ainsi que Réglages et Masques, qui ne vous seront pas forcément utiles pour vos premiers pas.

- Supprimez ces panneaux en les faisant glisser hors du dock, puis en les fermant à l'aide de leur case de fermeture (en cas de besoin, vous les retrouverez dans le menu Fenêtre). Vous pouvez également fermer les panneaux un par un, en cliquant droit sur leur onglet et en choisissant la commande Fermer du menu contextuel.

- Ouvrez ensuite le panneau Navigation (via le menu Fenêtre), il vous sera plus utile ; ce panneau vient s'accrocher automatiquement sur le côté gauche du groupe de panneaux, il vous permettra de régler la taille d'affichage de l'image et de naviguer plus facilement dans un document de grandes dimensions.

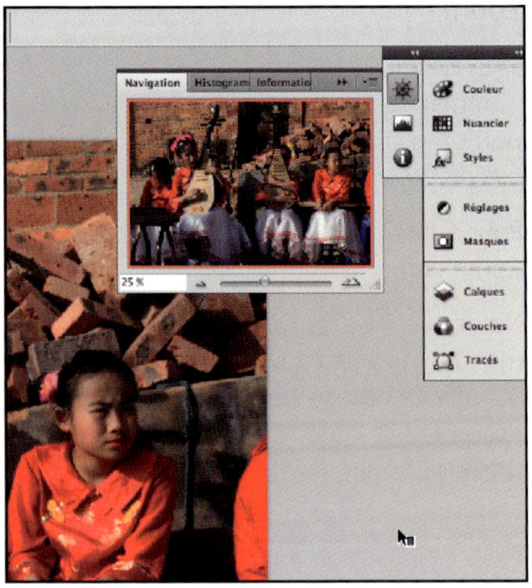

Choisir une configuration prédéfinie

Si vous préférez exploiter une configuration prédéfinie, rendez-vous dans l'angle supérieur droit de l'interface et cliquez sur le bouton Les indispensables ; ce dernier ouvre un menu local listant les configurations disponibles.

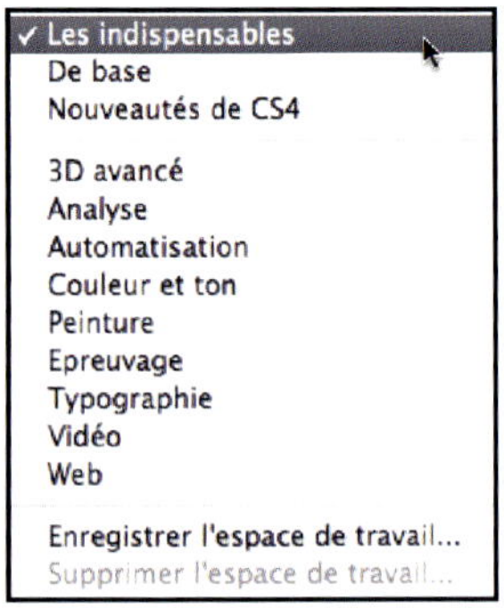

Pour bien démarrer avec Photoshop, vous pourrez choisir la configuration De base, ou bien Couleur et ton, si vous avez l'intention de faire de la correction d'images.

BON À SAVOIR Pour ceux qui souhaitent avoir un aperçu rapide des nouveautés de Photoshop CS4, l'option Nouveautés de CS4 du menu de configuration affiche en couleur les nouvelles commandes disponibles dans les différents menus de l'application.

Naviguer dans le document

Contrairement à un travail de traitement de texte qui est plutôt statique, le travail sur l'image numérique nécessite de fréquents changements de la taille d'affichage et de nombreux déplacements à l'intérieur de l'image.

La barre d'outils propose, bien sûr, un outil Loupe (Z) qui permet de zoomer dans le document et un outil Main (H) qui permet de déplacer le document dans la fenêtre de travail. Mais si vous utilisez ces outils, vous perdrez un temps considérable. Mieux vaut donc apprendre dès le départ les raccourcis clavier indispensables.

Zoom

Pour zoomer à l'intérieur d'un document, enfoncez les touches Commande - Barre d'espace, puis faites un cliquer-glisser sur la portion d'image à agrandir. Vous pouvez également utiliser le raccourci Commande +.

Pour réduire la taille d'affichage de l'image, utilisez le raccourci Commande – (moins).

Notez que vous trouverez dans le menu Affichage d'autres commandes de zoom qui peuvent être utiles : Taille d'impression qui affiche l'image à sa taille de sortie (définie dans la boîte de dialogue Taille de l'image), et Taille écran qui ajuste l'image aux dimensions de la fenêtre de travail.

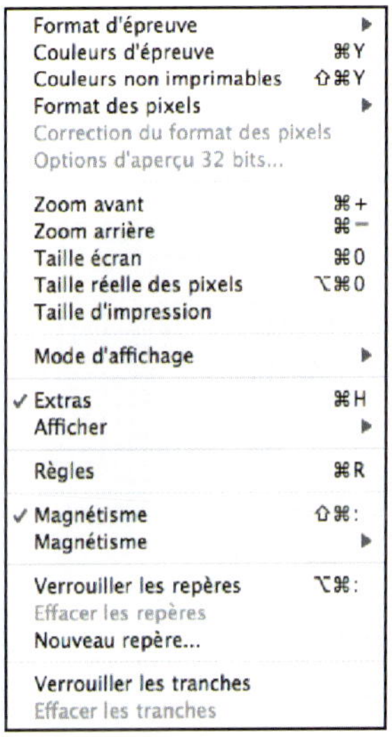

Déplacement

Pour vous déplacer dans un document dont les dimensions dépassent celles de la fenêtre de travail, enfoncez la barre d'espace : le pointeur se change en main. Effectuez ensuite un cliquer-glisser pour afficher la zone de l'image qui vous intéresse.

Si vous préférez utiliser le panneau Navigation, vous choisirez la zone à afficher en déplaçant le cadre rouge qui matérialise le format de la fenêtre de travail.

Naviguer entre plusieurs documents

Photoshop permet d'ouvrir simultanément de nombreux fichiers, et si vous effectuez du photomontage, vous vous retrouverez facilement avec une dizaine de clichés ouverts à l'écran. Se posera alors la question de l'organisation de ces fichiers et le passage de l'un à l'autre.

Si vous avez choisi de conserver le cadre de l'application, les différents fichiers s'afficheront sous forme d'onglets dans la fenêtre de travail (comme c'est déjà le cas dans Dreamweaver ou Flash) ; et vous passerez de l'un à l'autre, en cliquant sur leur onglet respectif.

Si vous travaillez sans le cadre de l'application, les différents fichiers s'empileront les uns par-dessus les autres, dans autant de fenêtres indépendantes. Dans ce cas, je vous conseille d'activer le mode Plein écran (F) ; ceci masquera les clichés ouverts à l'arrière-plan, mais vous pourrez toujours y accéder via le menu Fenêtre.

Sur le papier, le mode d'affichage avec les onglets est séduisant, puisqu'il permet d'accéder facilement aux différents fichiers ouverts. En pratique, il s'avère assez peu commode dès que vous souhaitez faire un glisser-déposer entre deux images, ce qui arrive assez fréquemment lorsque l'on fait du photomontage.

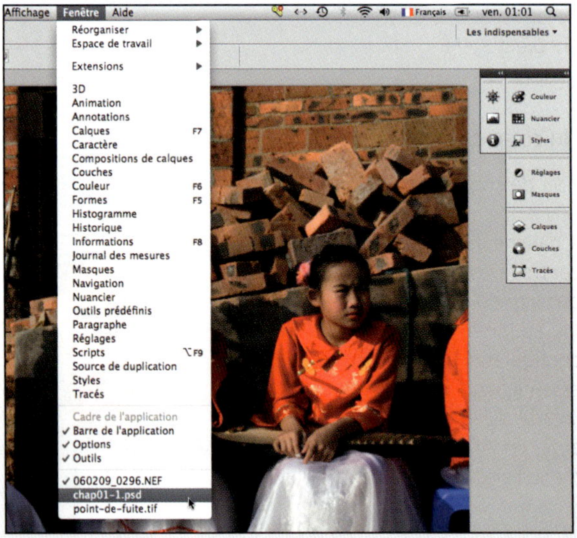

Utiliser le Bridge

Depuis sa version CS2, Photoshop est livré avec Bridge (comme toutes les applications de la Creative Suite) ; de quoi s'agit-il ? d'un browser multimédia, doublé d'un catalogueur, qui est en même temps la clé de voûte de la suite Adobe.

À quoi sert le Bridge ?

Le Bridge est d'abord un browser multimédia qui reconnaît les différents types de documents gérés par les applications de la Creative Suite : fichiers bitmap, fichiers vectoriels, documents InDesign, pages HTML, documents XML, etc. À partir du Bridge, vous pouvez ainsi parcourir vos dossiers de photos (ou de projets), afficher leurs contenus sous forme de vignettes, et les sélectionner et les ouvrir directement dans Photoshop, ou dans l'interface Camera Raw, s'il s'agit de fichiers Raw.

Mais le Bridge est aussi un catalogueur à l'aide duquel vous pouvez organiser votre photothèque comme avec iPhoto, étiqueter les clichés, les ranger dans des dossiers virtuels (les collections), les trier, ou encore gérer leurs métadonnées.

En complément de ces fonctions principales, le Bridge permet de lancer un traitement par lots, renommer un lot de photos, ou encore générer un diaporama PDF, nous y reviendrons dans le Chapitre 19.

Un coup d'œil sur l'interface

Lors de son premier lancement, le Bridge ouvre une interface divisée en trois parties : à gauche, les volets Dossiers et Filtres, au centre le volet Contenu dédié à l'affichage des vignettes ; à droite, les volets Aperçu, Métadonnées et Mots-clés. Il s'agit de la configuration par défaut, Informations essentielles,, que vous pourrez personnaliser à votre guise, ou remplacer par une autre configuration prédéfinie, via le sous-menu Fenêtre->Espace de travail.

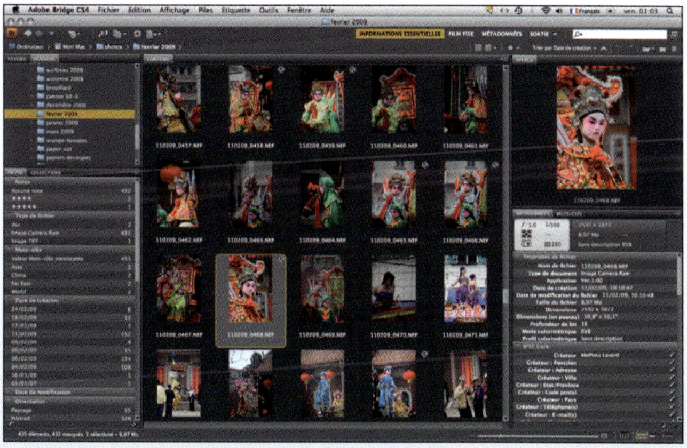

Afficher des photos

Le volet Dossiers, situé dans la partie gauche de l'interface, affiche les différents volumes et la hiérarchie des dossiers présents sur votre Mac. Pour afficher le contenu d'un dossier, sélectionnez-le dans le volet : le Bridge génère les vignettes et les affiche dans le panneau central Contenu ; vous pourrez alors ajuster leur taille à l'aide du curseur placé dans la partie inférieure droite de l'interface.

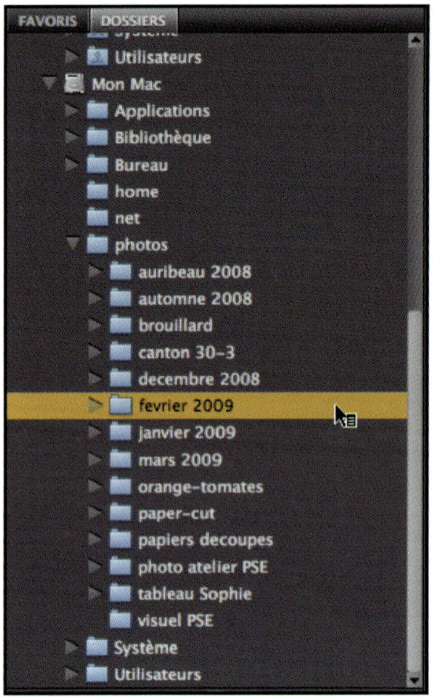

Trier et cataloguer des clichés

Une fois votre dossier de photos ouvert dans Bridge, vous disposez de diverses fonctions de tri et de catalogage. D'abord les commandes du sous-menu Affichage->Trier, ensuite, le volet Filtres qui s'affiche en dessous du volet Dossiers, dans la partie gauche de l'écran et qui partage cet emplacement avec le volet Collection, grâce auquel vous pourrez créer des dossiers virtuels.

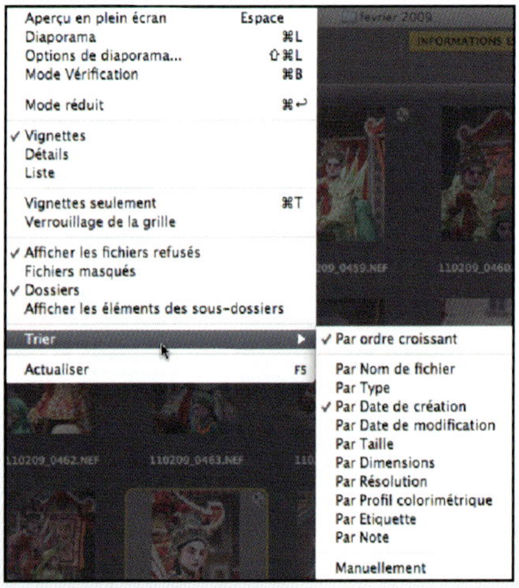

Ouvrir un cliché depuis le Bridge

Le Bridge permet d'ouvrir directement un ou plusieurs fichiers sélectionnés, dans Photoshop ou dans Camera Raw. Vous trouverez les différentes commandes d'ouverture dans le menu Fichier, mais aussi dans le menu contextuel, accessible en cliquant droit sur une vignette. Mais en pratique, un double-clic sur une vignette lance l'ouverture du fichier qui sera dirigé vers Camera Raw s'il s'agit d'un fichier Raw.

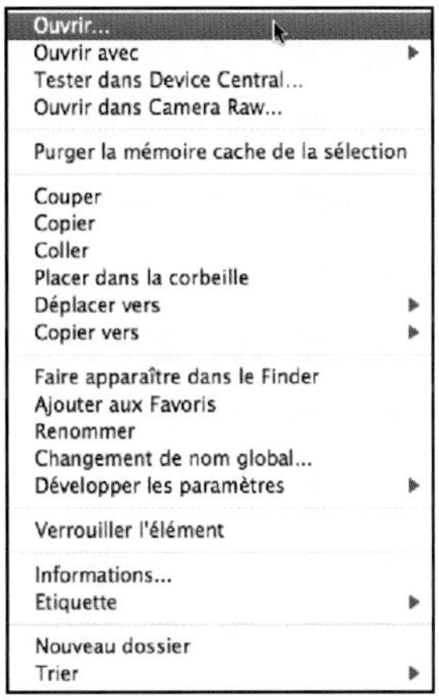

Gérer les métadonnées

Dans la partie inférieure droite de l'interface, vous trouverez le volet Métadonnées ; ce dernier affiche les informations concernant la vue sélectionnée : données de prises de vues (EXIF), données utilisateur que vous pourrez éditer (IPTC), et données Caméra Raw, s'il s'agit d'un fichier Raw qui a déjà été développé avec Camera Raw.

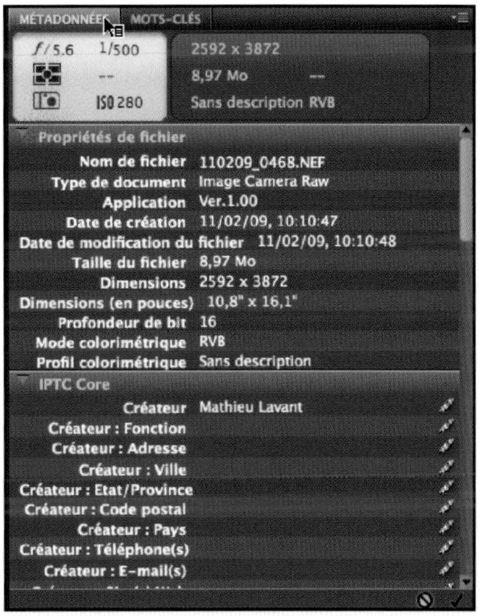

Chapitre 3
Acquisition d'images

À moins d'être un grand débutant, vous n'avez sans doute pas attendu ce chapitre pour apprendre à ouvrir un fichier dans Photoshop. En effet, l'opération se faisant tout simplement via la commande Fichier->Ouvrir, nous n'y consacrerons pas plus de quelques lignes. En revanche, nous nous étendrons davantage sur l'acquisition d'images à partir d'un appareil photo numérique ou d'un scanner.

Ouvrir un cliché

Ouvrir un cliché dans Photoshop peut se faire de différentes manières, à commencer, bien sûr, par la commande Fichier-> Ouvrir. Cette commande affiche une boîte de dialogue d'ouverture standard, à partir de laquelle vous pourrez ouvrir tous les formats de fichiers reconnus par l'application.

Si vous ouvrez un cliché à partir d'un dossier contenant des documents dans différents formats, vous pourrez filtrer le contenu du dossier, en sélectionnant un format d'ouverture dans le menu local d l'option Activer.

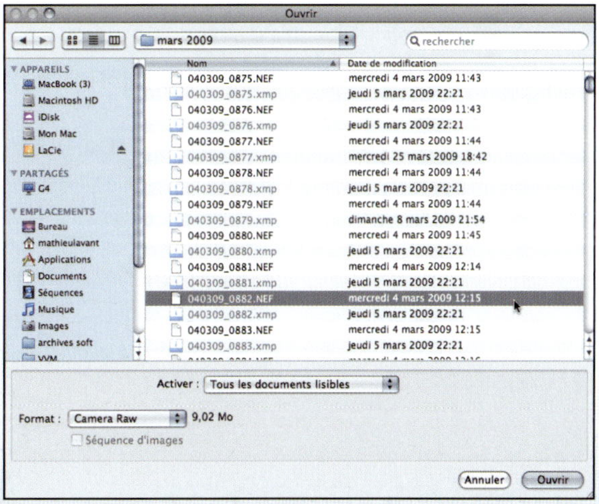

À partir du moment où vous faites un usage professionnel de Photoshop, ou bien manipulez de nombreuses photos, vous aurez sans doute adopté un catalogueur d'images, comme Bridge, Graphic Converter, ou Bridge, et dans ce cas, le plus simple sera d'ouvrir vos clichés à partir de cette application.

Ouvrir depuis le Bridge

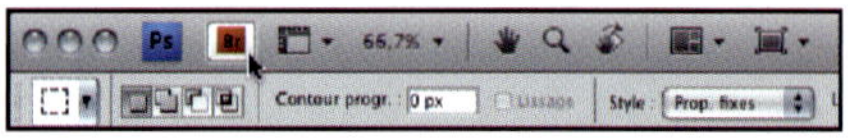

Comme nous l'avons vu dans le chapitre précédent, l'ouverture d'une photo à partir du Bridge se fait via le menu contextuel, accessible à partir de la sélection d'une vue. Si vous êtes déjà dans Photoshop, vous pourrez accéder à Bridge, à l'aide du raccourci, situé dans la partie gauche de la barre de l'application (la nouvelle barre d'icônes, située au-dessus de la barre d'options), ou bien via la commande Parcourir dans Bridge, du menu Fichier.

Ouvrir depuis iPhoto

Pour ceux qui rechignent à adopter Bridge et préfèrent gérer leur photothèque avec iPhoto, rien n'est perdu pour autant. En effet, l'application d'Apple permet, via ses préférences, de définir l'application qui sera utilisée pour l'édition des photos.

1.
Après avoir lancé iPhoto, affichez la boîte de dialogue des préférences (iPhoto->Préférences), déroulez le menu local de l'option Modifier la photo, et choisissez la dernière option : iPhoto affiche alors la boîte de dialogue Ouvrir. Sélectionnez l'application Photoshop CS4, validez et refermez la boîte de dialogue.

2.
Affichez ensuite un jeu de photos, faites un clic droit sur le cliché que vous souhaitez éditer, et dans le menu contextuel qui s'affiche, choisissez Modifier dans un éditeur externe. iPhoto lance Photoshop et ouvre le cliché sélectionné.

Ouvrir depuis Graphic Converter

Enfin, il y a ceux qui ont depuis longtemps adopté Graphic Converter (un browser et convertisseur d'images, presqu'aussi vieux que le Mac) et qui n'ont pas l'intention de l'abandonner, ni pour iPhoto, ni pour Bridge. Pour ceux-là, la solution passe également par un menu contextuel.

1.
Commencez par lancer Photoshop, puis lancez Graphic Converter et affichez le dossier contenant la photo à éditer.

2.

Faites un clic droit sur la vignette de l'image que vous souhaitez modifier dans Photoshop ; dans le menu contextuel qui s'affiche, activez le sous-menu Ouvrir avec… Ce dernier liste les applications en cours d'exécution. Choisissez Adobe Photoshop CS4 ; le cliché s'ouvre dans l'application sélectionnée.

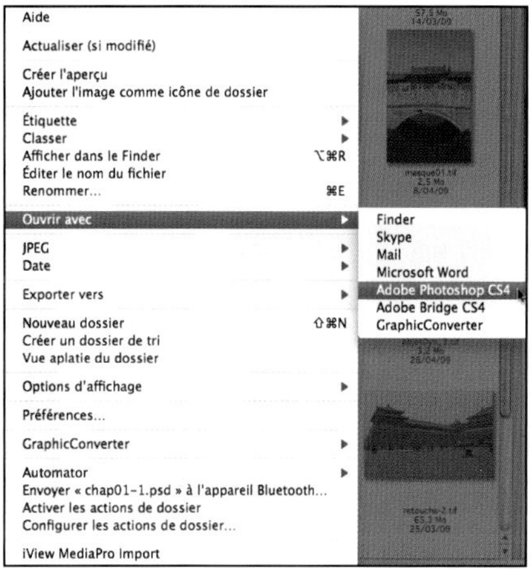

Charger les photos d'un APN

Il existe de multiples solutions pour gérer le chargement de photos depuis un appareil photo numérique, et vous n'avez pas attendu Photoshop CS4 pour vous en préoccuper. Toutefois, si vous décidez d'adopter le Bridge pour gérer vos clichés, vous devez savoir qu'il intègre un module d'acquisition d'images, et qu'il serait dommage de ne pas en profiter.

- Si vous aviez configuré iPhoto pour gérer automatiquement le téléchargement des photos à la connexion de votre appareil photo numérique, rendez-vous dans les préférences de l'application, et choisissez Le fait de connecter l'appareil photo ouvre->Bridge CS4. Connectez ensuite votre appareil ou un lecteur de cartes au Mac, Bridge démarre et ouvre son module d'acquisition.
- Si vous aviez pris l'habitude de gérer manuellement vos téléchargements, connectez simplement votre appareil ou votre lecteur de carte au Mac, passez dans Bridge, puis lancez la commande Fichier->Obtenir des photos de l'appareil photo… : l'application ouvre son module d'acquisition.
- Dans sa partie gauche, le module affiche tous les clichés enregistrés sur la carte ; par défaut, ils sont tous sélectionnés. Si vous ne souhaitez charger qu'une partie des fichiers, décochez ceux dont vous ne voulez pas, ou bien cliquez sur le bouton Tout déselectionner et refaites manuellement une sélection des clichés qui vous intéressent.

- Passez ensuite dans la partie droite du panneau afin de régler les options d'enregistrement. Là, vous choisirez un dossier de destination, et vous pourrez en profiter pour renommer les fichiers, en exploitant un modèle prédéfini. Dans la rubrique Options avancées, cocher Ouvrir Adobe Bridge, puis validez à l'aide du bouton Obtenir les photos : le module ouvre une fenêtre qui affiche la progression du chargement, puis une fois ce dernier achevé, il rend la main au Bridge qui affiche vos clichés.

ASTUCE

Si vous travaillez au format Raw, vous aurez accès à l'option Convertir au format DNG, il s'agit d'un format Raw générique, développé par Adobe, et que l'éditeur tente d'imposer comme format standard. Nous en reparlerons dans le chapitre suivant.

Numériser des images

Avec le développement de la photo numérique, on en oublierait presque l'existence du scanner qui a pourtant été l'outil indispensable de tous les studios de création durant de nombreuses années.

Aujourd'hui, le scanner n'a pas perdu toute son utilité, puisqu'il permet de numériser des documents imprimés, tirages photos, ektas, dont on ne dispose pas sous forme numérique. De plus, la grande majorité des scanners est pilotable à partir de Photoshop, ce qui simplifie le processus d'acquisition.

L'installation

La plupart des scanners disposent d'un petit logiciel de numérisation et d'un plugin permettant l'acquisition directe depuis Photoshop. Toutefois, l'installation de ce plugin n'est pas toujours automatique, et si vous avez installé, ou réinstallé, Photoshop après votre scanner, vous devrez intervenir manuellement.

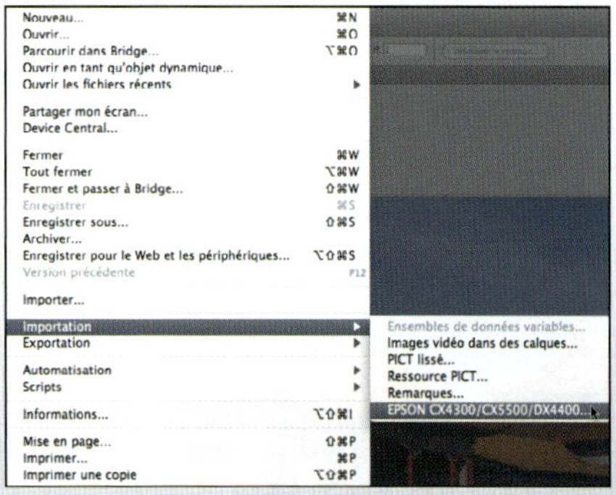

Avant toute chose, vérifiez la présence du plugin : lancez Photoshop, puis déroulez le sous-menu Fichier->Importation. Ce dernier doit afficher le nom de votre scanner.

Si ce n'est pas le cas, rendez-vous dans le dossier Applications et ouvrez le dossier contenant les applications ou utilitaires installés avec votre scanner : cherchez un fichier doté d'une icône de plugin et copiez-le. Ouvrez ensuite le dossier Applications->Adobe Photoshop->Plug-ins->Import/Export et collez le plugin. Après redémarrage de l'application, vous pourrez accéder à votre scanner depuis le sous-menu Importation de Photoshop.

Notez que de nombreux scanners sont compatibles avec la norme TWAIN, et il suffit alors de disposer du plugin TWAIN dans le dossier Import/Export pour que le scanner soit reconnu.

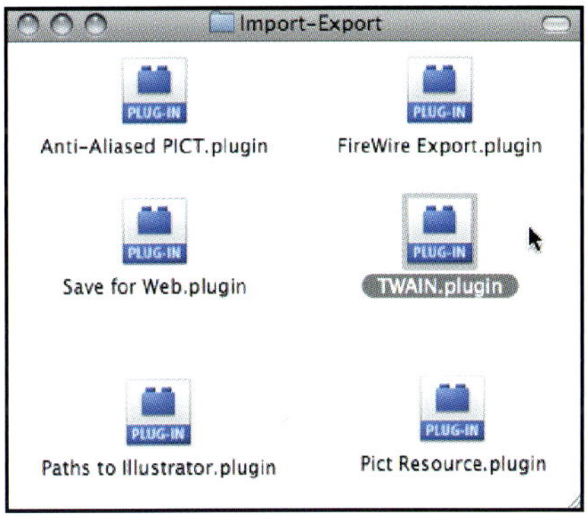

La numérisation

Pour numériser un document, vous avez en théorie besoin de régler deux paramètres : la résolution d'acquisition et la profondeur de couleurs. En pratique, étant donné la grande diversité des scanners et des interfaces de pilotage qui les accompagnent, il est difficile de parler de mise en œuvre générique. Nous partirons donc d'un exemple concret, un scanner de bureau Epson.

Type de document

Quelle que soit l'interface utilisée, vous devrez dans un premier temps choisir le type du document que vous allez scanner ; ce réglage aura une incidence directe sur le nombre de couleurs restituées dans le fichier final.

Le plus souvent, vous aurez le choix entre les réglages photo/illustration, noir et blanc et texte, qui correspondent respectivement à 16 millions de couleurs, 256 couleurs et 2 couleurs. Notez que si vous devez scanner un plan ou une esquisse de logo pour le redessiner, le réglage 2 couleurs (appelé Trait, dans certaines applications) peut être intéressant à exploiter.

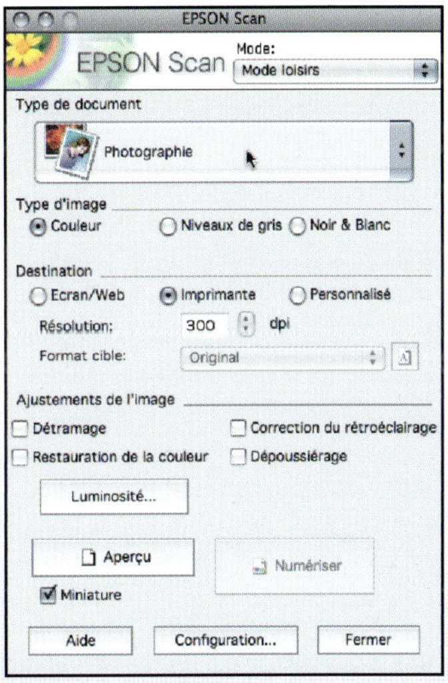

Dimensions et résolution de sortie

La numérisation d'un document produit un fichier comparable à celui d'une photo numérique. Ce fichier est défini par ses dimensions en pixels, mais aussi par une largeur et une hauteur en centimètres, associées à une résolution. Avant d'appuyer sur le bouton Numériser, il va falloir régler ces paramètres. Et là, les choses peuvent se compliquer...

Premier cas de figure : vous souhaitez numériser une photo à sa taille réelle. Parfait. Mais quelle est la destination de ce scan ? S'il s'agit de publier la photo sur un site Web, vous choisirez 72 ppp, si c'est pour l'imprimer sur votre imprimante couleur, vous opterez pour 150 ppp, et si vous envisagez d'utiliser cette photo dans une plaquette, ou un catalogue imprimé en offset, vous choisirez 200 ou 300 ppp.

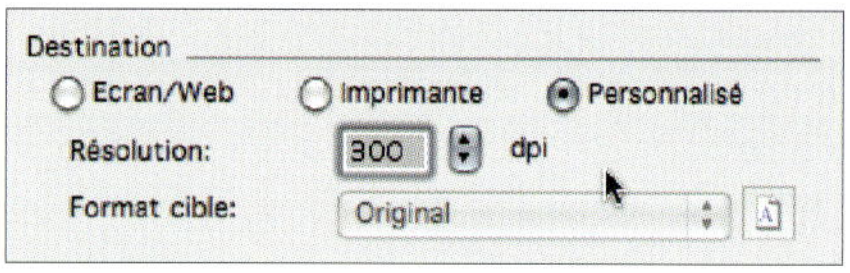

Deuxième cas de figure : vous numérisez une photo d'identité pour obtenir un format carte postale. Comme précédemment, vous fixerez la résolution en fonction de l'utilisation finale, mais il faudra en plus régler le pourcentage d'agrandissement. Attention, suivant l'interface de votre scanner, en augmentant les dimensions du fichier final, vous risquez de réduire sa résolution de sortie. Assurez-vous donc que le document numérisé aura bien les dimensions et la résolution souhaitées.

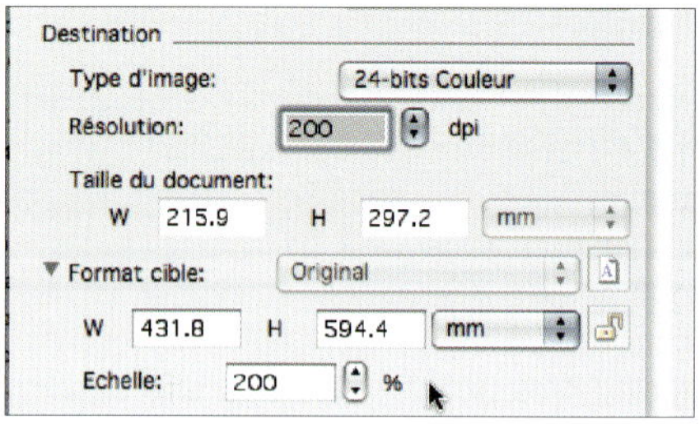

Corrections chromatiques

Si vous numérisez de vieilles photos dans l'intention de les corriger dans Photoshop, n'oubliez pas que l'interface de votre scanner propose également quelques commandes de corrections chromatiques : contraste, luminosité, balance des couleurs… Si les corrections à effectuer sont importantes, vous aurez tout intérêt à dégrossir le travail avant la numérisation. En effet, si Photoshop permet de restaurer même les photos les plus abîmées, cela se fait souvent au détriment de la qualité du fichier.

En effectuant ces corrections de pré-scannage, vous n'aurez plus qu'à peaufiner les ajustements dans Photoshop, ce qui se fera sans perte de données.

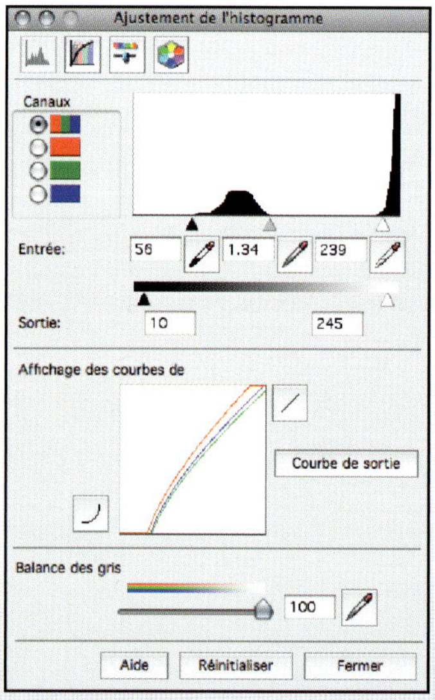

Dans le même ordre d'idée, si vous devez redresser une photo inclinée de quelques degrés, n'attendez pas de l'avoir scannée pour effectuer l'opération dans Photoshop. Soit votre interface de numérisation dispose d'une commande de rotation paramétrable et vous l'utiliserez, soit vous placerez un guide en carton sur la vitre de votre scanner afin de caler le document d'équerre.

Enregistrement et profil

Certains logiciels d'acquisition demandent d'enregistrer le fichier final avant numérisation, alors que d'autres produisent un document sans titre qui s'affiche dans Photoshop. Dans le premier cas, vous allez devoir sélectionner un format de fichier dans une liste de formats réduite au minimum.

Afin de préserver les données de l'image, choisissez de préférence le format TIFF, et si l'interface le propose, sélectionnez également un profil, de manière à mieux contrôler l'affichage des couleurs de l'image lorsque vous travaillerez dans Photoshop (voir Chapitre 6).

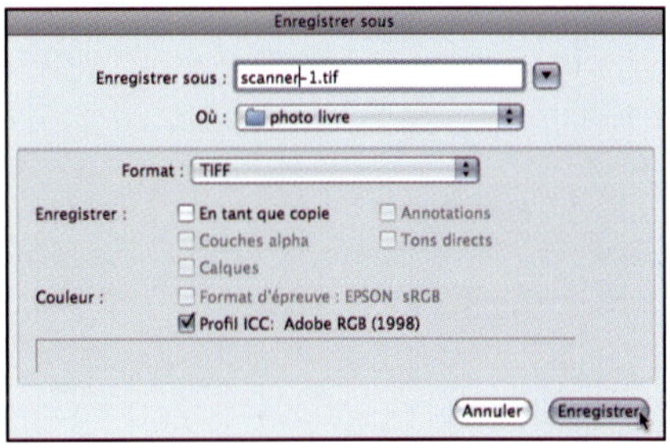

Mais quel profil choisir ? Le même que celui utilisé comme espace de travail RVB dans la configuration de gestion des couleurs de Photoshop.

Notez que si vous souhaitez gérer correctement les couleurs au niveau de la numérisation, vous devrez activer l'option de gestion de la couleur dans Photoshop et sélectionner le profil par défaut du scanner (voir Chapitre 6). Toutefois, vous devez savoir que cette configuration ne sera qu'approximative. Pour bien faire, il faudrait en effet créer un profil spécifique au scanner. Mais cette opération ne peut s'effectuer qu'à l'aide d'un spectrophotomètre et une charte de couleurs calibrée, et c'est un travail de professionnel.

Détramage

Si vous avez déjà scanné des photos tirées de magazines, vous avez du constater qu'une trame apparaissait lors de l'affichage de ces photos à l'écran et que leur impression pouvait produire un effet de moiré. Rien d'étonnant à cela lorsque l'on sait que les systèmes d'impression industriels utilisent une trame différente pour imprimer chaque couleur primaire Cyan, Magenta, Jaune et Noir. Pour éviter cette effet de trame, vous avez deux solutions :

- Si votre interface de numérisation dispose d'une option de détramage, activez-la et choisissez la valeur de trame correspondant au support scanné (75-85 lignes par pouce pour les journaux imprimés en noir, 133 lignes par pouce pour les magazines et revues en couleur sur papier glacé, 175 lignes par pouce et plus pour les ouvrages d'art).
- Si votre interface ne propose aucune option de détramage, numérisez la photo normalement, puis ouvrez-la dans Photoshop, et appliquez-lui un premier filtre de flou léger, suivi d'un filtre de renforcement.

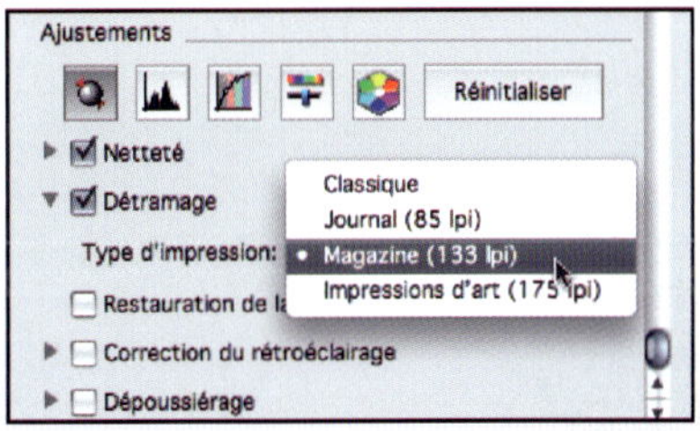

Chapitre 4
Traiter les fichiers Raw

Présent dans tous les boîtiers reflex numériques, le format Raw est un format très apprécié des professionnels puisqu'il permet d'enregistrer des clichés « bruts de capteur ». Toutefois, avant d'être ouvert dans Photoshop, un fichier Raw doit être « développé », à l'aide du module Camera Raw livré avec Photoshop.

Qu'est-ce que le format Raw ?

Avant d'entrer dans le vif du sujet, une mise au point s'impose. Il n'y a pas UN format Raw, mais une multitude de formats, chacun étant spécifique à un constructeur et souvent à un boîtier particulier. Ainsi, Kodak utilise le format DCR, Canon le format CRW, Nikon le format NEF, etc. mais si Photoshop reconnaît les fichiers NEF produits par un appareil donné, il ne lira pas forcément les fichiers NEF produits par le tout dernier modèle de la marque…

Mais revenons à notre format Raw. De quoi s'agit-il ? Lorsque vous prenez un cliché à l'aide d'un compact numérique, votre photo est par défaut enregistrée au format JPEG sur la carte mémoire. Avant cet enregistrement, l'appareil photo procède à une série de traitements dont le but est d'améliorer le rendu de l'image : l'ajustement du point blanc et de la balance des couleurs en fonction de vos réglages de prise de vues, la suppression du bruit, le renforcement de la netteté, ou encore l'augmentation du contraste et de la saturation des couleurs. Résultat : la photo que vous affichez sur votre écran est dans la plupart des cas plutôt flatteuse, bien contrastée, avec de belles couleurs.

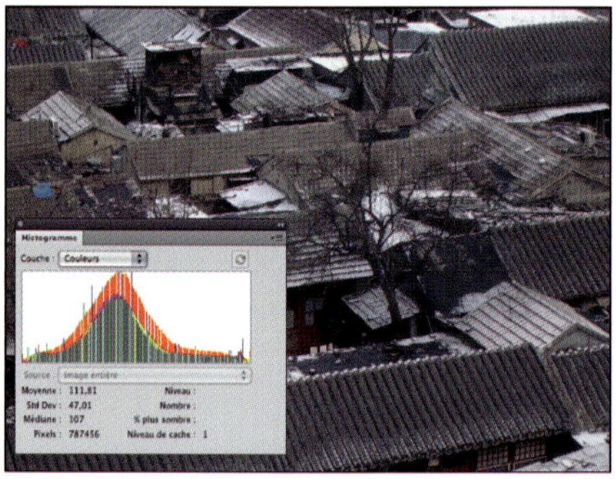

Revers de la médaille, ce n'est plus tout à fait votre photo puisque vous n'avez aucun contrôle sur ces opérations effectuées en interne par l'appareil photo. De plus, si vous éditez ensuite votre cliché dans Photoshop pour effectuer un ajustement de la balance des couleurs, ou des corrections dans les demi-tons, ces réglages se feront au détriment de la qualité de l'image : vous avez certainement déjà vu l'histogramme d'une photo corrigée un peu violemment ; celui-ci prend l'allure d'un peigne dans lequel les stries blanches représentent les niveaux de luminosité de l'image qui ne sont plus représentés par aucun pixel.

Avec le format Raw le processus est différent : l'image est en effet enregistrée directement à la sortie des capteurs, sans aucun post-traitement. Il en résulte une image moins flatteuse, certes, mais une image qui est plus proche de la réalité et que vous allez « développer » comme un négatif numérique à l'aide du module Camera Raw de Photoshop.

De plus le fichier Raw est doté d'une profondeur de couleurs de 12 ou 16 bits par couche, qui lui permet de restituer un nombre de valeurs de teintes et de luminosité largement supérieur à celui de votre pauvre fichier JPEG.

Le principal avantage du format Raw est donc de fournir une image brute de capteur, qui pourra être corrigée sans perte de données. Mais ce format présente également quelques inconvénients que vous devez connaître :

- Le poids des fichiers Raw est deux à quatre fois plus important que celui des fichiers JPEG ; vous devrez donc peut-être augmenter vos capacités de stockage.
- Les fichiers Raw ne sont pas exploitables directement, ils doivent être développés à l'aide d'une application spécifique avant d'être ouverts dans Photoshop.
- Chaque constructeur développant son propre format, il n'existe pas de format Raw standard. Avant d'adopter le format Raw, vous devrez donc vérifier que Camera Raw reconnaît celui de votre boîtier.

Cette absence de format standard soulève un autre problème, celui de la conservation des fichiers : à l'heure actuelle, rien ne vous garantit que dans dix ans il existera encore une application capable de lire les fichiers NEF produits par votre Nikon D40 X. Vous noterez toutefois qu'il existe une ébauche de réponse à ce problème, avec le format Dng publié par Adobe qui souhaite en faire le format universel du négatif numérique.

Le flux de production

Au niveau du flux de production, l'adoption du format Raw va modifier votre méthode de travail puisque vous ne pourrez plus ouvrir directement vos clichés dans Photoshop. Vous devrez au préalable développer ces fichiers et les enregistrer dans un format standard comme le JPEG ou le TIFF.

Avant d'aborder en pratique le développement d'un fichier Raw, voyons rapidement de quoi il retourne. Pour résumer grossièrement, il s'agit de procéder aux opérations de corrections qui sont réalisées en interne par l'appareil lorsque vous shootez en JPEG, et aux réglages que vous aviez l'habitude d'effectuer dans Photoshop : réglages de courbes ou de niveaux, ajustement des tons foncés et des tons clairs. Ces opérations se feront dans l'ordre suivant :

- Réglage du Point blanc (white balance) : le réglage du point blanc fixe la température de couleur du blanc et a une incidence directe sur l'ambiance du cliché (ambiance chaude ou froide). En règle générale, vous pourrez appliquer le réglage de l'appareil photo au moment de la prise de vue, ou bien, si celui-ci ne convient pas, choisir un autre préréglage proposé par le module.
- Exposition : si votre cliché est surexposé ou sous-exposé, vous le corrigerez à l'aide du réglage Exposition.
- Balance des couleurs : une fois le réglage du point blanc effectué, vous ajusterez la balance des couleurs à l'aide des réglages de Teinte et de Saturation.
- Bruit et renforcement : enfin, vous terminerez les corrections avec les réglages de bruit et de renforcement ; le premier vous permettra de supprimer une partie du bruit présent dans une photo prise en basses lumières, le second vous permettra de renforcer la netteté du cliché.

Une fois l'ensemble de ces réglages effectués, vous n'aurez plus qu'à enregistrer le cliché corrigé dans un format standard Tiff ou Jpeg. Afin de préserver le maximum d'informations contenues dans le fichier Raw, vous aurez intérêt à choisir le format TIFF avec l'option 16 bits par couche.

Développer vos fichiers Raw

Vous avez chargé vos dernières photos sur votre Mac et vous avez lancé le Bridge ; à présent les clichés s'affichent sous forme de vignettes dans le volet Contenu du Bridge.

Dans un premier temps, nous allons voir comment traiter un ficher unique. Puis nous verrons ensuite comment récupérer les paramètres de développement de ce fichier, pour les appliquer à d'autres clichés semblables.

Pour le moment, sélectionnez la photo de votre choix et double-cliquez sur sa vignette afin de lancer Photoshop, ou bien utilisez la commande Ouvrir dans Camera Raw, du menu contextuel (que vous afficherez à l'aide d'un clic droit sur la vignette).

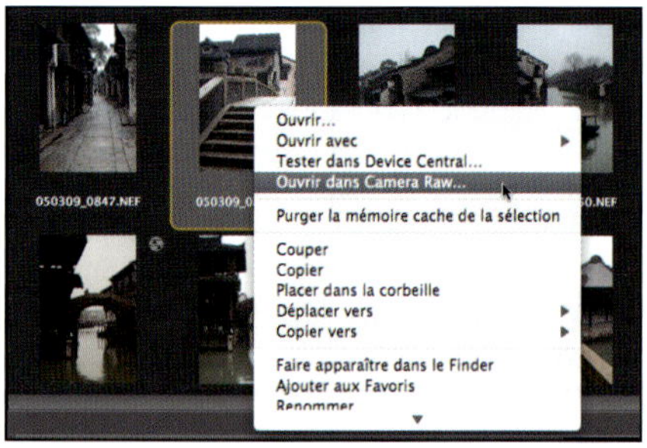

Les fichiers Raw étant dotés d'une extension spécifique qui varie selon le constructeur du boîtier (CRW, NEF, DCR...), lors de l'ouverture d'un fichier, Photoshop détecte son extension ; s'il identifie le fichier comme un fichier Raw, il lance le module Camera Raw. En pratique, vous n'aurez donc rien de particulier à faire pour accéder à l'interface de traitement du Raw.

Camera Raw affiche dans la partie droite de son interface un panneau qui regroupe l'ensemble des réglages de l'image, à l'aide desquels vous allez pouvoir effectuer toutes les corrections et les ajustements nécessaires. Concrètement, vous ferez ici toutes les opérations de corrections que vous aviez l'habitude de faire dans Photoshop. Bien. Mais par où commencer ?

La balance des blancs

Commencez par régler la balance des blancs. Il s'agit d'ajuster la température de couleur du point blanc de la photo, c'est-à-dire régler l'ambiance lumineuse de la scène.

- Dans la partie supérieure du panneau de réglage, vous trouverez la rubrique Balance des blancs, associée à un menu local. Vérifiez d'abord que le menu local affiche bien l'option Tel quel, de manière à afficher le cliché brut dans la fenêtre de travail.

- Revenez dans le menu local et testez ensuite les options Lumière naturelle, Nuageux, ou Ombre. Ce sont des réglages prédéfinis qui permettent d'ajuster automatiquement la température de couleur et la teinte dominante de l'image.

Ainsi, dans l'exemple qui suit, le cliché était un peu froid. En réglant la balance des blancs sur Lumière naturelle ou Nuageux, nous réchauffons l'image tout en préservant l'équilibre des couleurs.

Certains objecteront peut-être qu'en effectuant de tels ajustements, nous nous éloignons de la photo originale. Bien sûr, mais nous ne sommes pas en train de faire de la reproduction de tableaux ni de la photo de pub, où chaque nuance de couleurs doit être reproduite au quart de poil. Il s'agit d'abord d'améliorer un cliché pris dans des conditions moyennes. Partant de ce principe, vous pourrez également régler la balance des blancs à l'aide des curseurs Température et Teinte qui se trouvent dans la même rubrique.

Régler l'éclairage

Deuxième étape : il s'agit de régler l'exposition du cliché, son contraste, sa luminosité, et éventuellement déboucher des ombres ou récupérer du détail dans les hautes lumières. Avec Photoshop, vous utilisez habituellement les commandes Niveaux, Contraste automatique ou encore, Tons foncés/Tons clairs. Dans Camera Raw, vous exploiterez les réglages regroupés dans la seconde section du panneau : Exposition, Récupération…

- Commencez par ajuster, si besoin est, l'exposition, à l'aide du curseur du même nom. À l'aide de ce réglage, vous pourrez corriger une scène sous-exposée ou surexposée. À manier avec précaution car il s'agit d'un réglage très sensible.

Une fois l'exposition réglée, vous découvrirez sans doute des zones d'ombre un peu bouchées, ou des plages de tons clairs qui ont perdu leurs détails. Pour corriger ce problème, vous utiliserez ici les réglages Récupération et Lumière d'appoint : le premier permet de récupérer du détail dans les hautes lumières, le second de déboucher des zones d'ombres.

Dans l'exemple qui suit, nous avons commencé par ajuster l'exposition de l'image afin de l'éclaircir globalement. Puis nous avons défini un réglage de Récupération et de Lumière d'appoint, de manière à récupérer du détail dans les zones les plus claires et dans les zones d'ombres.

Pour terminer, vous pourrez éventuellement ajuster le contraste de la scène à l'aide du curseur Contraste ; quant au curseur Luminosité, il vaut mieux l'oublier au profit du réglage Exposition qui offre un meilleur contrôle de la luminosité.

Régler la couleur

Troisième étape : il s'agit pour finir d'ajuster la saturation de la scène afin de donner à la photo de belles couleurs claquantes. Camera Raw propose pour cela les réglages situés dans la partie inférieure du panneau. En pratique, vous utiliserez soit le réglage Vibrance, soit le réglage Saturation.

Si vous devez effectuer des corrections de chromie plus pointues, comme le renforcement ou l'atténuation d'une couleur, vous utiliserez le quatrième onglet, TSI/Niveaux de gris, du panneau de réglages.

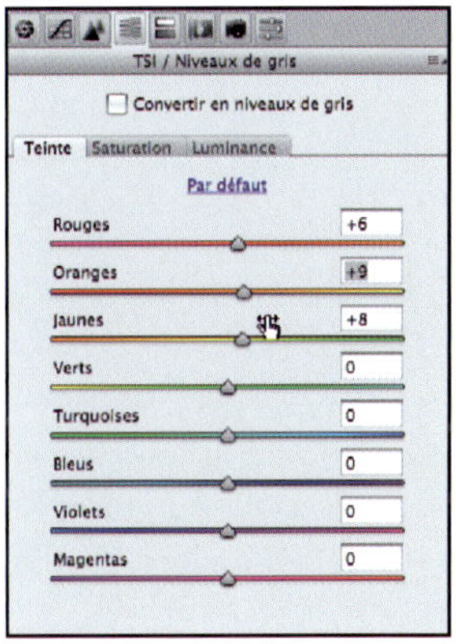

Valider les réglages

Une fois achevé le paramétrage du fichier Raw, il peut être intéressant de comparer le résultat à l'image brute ; pour ce faire, décochez la case Aperçu située dans la partie supérieure de l'interface. Une fois la comparaison effectuée, réaffichez l'image corrigée en réactivant l'option Aperçu.

Reste à valider ces paramètres et quitter Camera Raw. En pratique vous avez deux possibilités, le choix dépendra de ce que vous souhaitez faire du cliché dérawtisé :

- Si vous souhaitez poursuivre le travail dans Photoshop, utilisez la commande Ouvrir une image, située dans l'angle inférieur droit de l'interface : le fichier Raw est développé avec les paramètres que vous avez définis et s'ouvre dans l'application sous la forme d'une image en 16 bits par couche.
- Si vous souhaitez simplement enregistrer les paramètres de développement, cliquez sur le bouton Terminer dans le bas de la fenêtre de travail : l'interface Camera Raw se ferme et le jeu de paramètres est enregistré avec le fichier Raw. Si vous travaillez avec le Bridge, vous noterez que le fichier raw que vous venez de traiter est désormais marqué d'une petite icône.

Enfin, vous aurez sans doute remarqué le bouton Enregistrer l'image..., situé dans la partie inférieure gauche de l'interface. Ce bouton affiche une boîte de dialogue qui permet d'enregistrer les fichiers dérawtisés au format PSD, JPEG ou TIFF 16 bits, fichiers que vous pourrez ensuite ouvrir directement dans Photoshop.

Traiter un lot de fichiers

Le plus souvent vous n'aurez pas un seul fichier à traiter mais un lot de quelques photos ou de quelques dizaines de photos. Dans ce cas, vous n'allez pas traiter les photos une par une, ce qui prendrait trop de temps ; vous exploiterez plutôt certaines fonctionnalités du Bridge ou de Camera Raw qui permettent d'effectuer des traitements par lots.

Premier cas de figure : vous avez une série de photos homogènes prises dans un même lieu avec des conditions d'éclairage similaires. À priori, vous pourrez les développer avec le même jeu de paramètres. Vous avez défini les réglages optimum sur un fichier test, comme nous l'avons fait plus haut. À partir du Bridge, vous allez copier ces paramètres sur les autres clichés présentant les mêmes caractéristiques :

- Dans Bridge, affichez le menu contextuel en cliquant droit sur la vignette du cliché traité, et choisissez la commande Développer les paramètres->Copier les paramètres. Sélectionnez ensuite le cliché auquel vous souhaitez appliquer le même jeu de paramètres, réaffichez le menu contextuel et activez la commande Développer les paramètres->Coller les paramètres : le cliché cible s'orne d'une petite icône indiquant qu'on lui a associé un jeu de paramètres de dérawtisation.

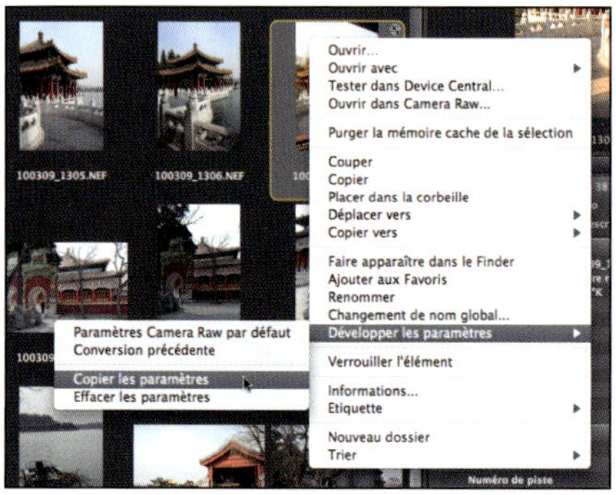

Deuxième cas de figure : vous avez une série de clichés hétérogènes qui ne pourront être traités avec les mêmes réglages. Vous pourrez néanmoins ouvrir la série dans Camera Raw, puis traiter ensuite les fichiers un par un. Notez que vous pourrez également exploiter cette technique pour appliquer des réglages identiques à un ensemble de fichiers :

- Dans Bridge, sélectionnez l'ensemble des fichiers à traiter, puis choisissez Ouvrir dans Camera Raw, via le menu contextuel : l'application lance le module Camera Raw qui affiche dans la partie gauche de son interface les vignettes des fichiers.
- Sélectionnez ensuite un cliché, réglez ses paramètres, puis passez au cliché suivant. Si l'ensemble des clichés nécessitent les mêmes réglages, sélectionnez l'ensemble des vignettes à l'aide du bouton Tout sélectionner, situé dans la partie supérieure de la colonne de vignettes, puis réglez les paramètres qui s'appliqueront à l'ensemble des fichiers. Une fois ces réglages achevés, cliquez sur le bouton Terminer pour revenir dans Bridge.

Reste la question du véritable traitement par lots : en effet, vous avez appliqué un jeu de paramètres identiques ou non à une série de clichés, mais ces derniers sont encore au format Raw et leur ouverture dans Photoshop affichera automatiquement l'interface Camera Raw. Il faudra à un moment donné les convertir dans un format directement exploitable par l'application. Vous pourrez effectuer cette opération au coup par coup lors de l'utilisation de ces fichiers. Vous pouvez également exploiter la commande de traitement par lots à partir de Photoshop ou de Bridge ; nous en reparlerons dans le Chapitre 20.

Chapitre 5
Gestion des couleurs

Quelle que soit votre utilisation de Photoshop, retouche, composition, préparation d'images pour le prépresse ou pour le Web, vous manipulez des images de provenances diverses que vous exploiterez au final sur différents supports. Afin de préserver l'intégrité des couleurs du document tout au long de la chaîne graphique, il est indispensable de mettre en place un système minimum de gestion de la couleur. C'est ce dont nous allons parler dans ce chapitre.

Qu'est ce que la gestion de la couleur ?

S vous n'êtes pas totalement novice en matière d'images numériques, vous avez déjà été confronté aux problèmes suivants : vous avez scanné une photo, vous l'ouvrez dans Photoshop et vous constatez que les couleurs de l'image numérisée sont légèrement différentes de celles du document original. Vous imprimez ensuite cette photo sur votre imprimante à jet d'encre et vous obtenez un résultat différent de ce qui est affiché à l'écran. Vous enregistrez votre photo, l'ouvrez sur un autre ordinateur (Mac ou PC) et vous découvrez un résultat encore différent…

Tout cela est parfaitement normal. En effet, vous utilisez un scanner, un écran et une imprimante, autant de matériels différents qui ont chacun leurs propres caractéristiques et leurs propres défauts, et qui influent sur le rendu des couleurs.

La mise en place d'un système de gestion de la couleur a pour but de supprimer ces décalages de couleurs en prenant en compte les caractéristiques particulières de tous les matériels utilisés dans la chaîne de production de l'image. Une fois le système de gestion de la couleur activé, vous constaterez que le rendu des couleurs reste identique, du scanner jusqu'à l'impression et, si vous transmettez des photos à un tiers qui a, lui aussi, activé la gestion des couleurs, ces dernières s'afficheront comme sur votre Mac.

Dans un flux de production professionnel, la gestion de la couleur a une importance accrue puisqu'elle doit permettre, d'abord de préserver l'aspect d'une image indépendamment des caractéristiques du périphérique utilisé, ensuite de pouvoir faire circuler cette image sur différents postes de travail (Mac ou PC) utilisant différentes applications (Photoshop, Illustrator, Indesign, Xpress...) tout en lui préservant son aspect original. En d'autres termes, vous prenez cliché ou scannez une photo et la corrigez avec Photoshop, puis vous la transmettez au maquettiste qui s'occupe de la réalisation de votre catalogue sous Indesign ; celui-ci doit pouvoir visualiser votre photo dans la maquette, telle que vous la voyez dans Photoshop.

Le deuxième objectif du système de gestion de la couleur concerne la destination de l'image ; il doit permettre de prévisualiser votre image telle qu'elle sera imprimée, qu'il s'agisse d'une impression quadri offset, d'une impression sur rotatives pour papier journal ou encore d'un tirage sur imprimante thermique.

Pour obtenir cette cohérence des couleurs tout au long de la chaîne graphique, le système de gestion de la couleur utilise des profils, profils ICC sous Mac et profil ICM sous Windows, profils écran, profils imprimantes et profils de scanners.

Ces profils sont en quelque sorte les cartes d'identité des différents matériels (scanner, appareil photo numérique, écran et imprimante) qui recensent leurs caractéristiques et leurs défauts ; ils précisent comment ces matériels interprètent les couleurs par rapport à un espace colorimétrique de référence (l'espace CIE Lab).

Au niveau de l'image, l'activation de la gestion de la couleur se traduit par un profil ICC ou ICM qui est attaché au fichier et le suit dans tout son parcours entre les différentes applications et les différents postes de travail.

Comment exploiter la gestion des couleurs sur votre Mac ?

À la base de la gestion de la couleur, il y a ColorSync, un système composé d'un moteur de calcul (Adobe ou ICM) et de profils écrans et imprimantes. Tous ces éléments font désormais partie du système d'exploitation Mac OS et sont installés sur votre machine par défaut.

Afin de pouvoir tirer parti de la gestion de la couleur avec Photoshop ou toute autre application capable d'exploiter ce système, vous devrez d'abord définir un profil écran au niveau du système d'exploitation.

Vous pouvez, bien sûr, utiliser un profil écran prédéfini, correspondant au type de votre moniteur mais, si vous souhaitez partir sur des bases saines, vous devrez créer votre propre profil

- Pour sélectionner un profil écran sous Mac OS X, ouvrez le panneau Préférences système et cliquez sur Moniteurs, puis sélectionnez la rubrique Couleurs pour afficher la liste des profils disponibles. Si le profil correspondant à votre écran est introuvable, choisissez un profil générique RVB.

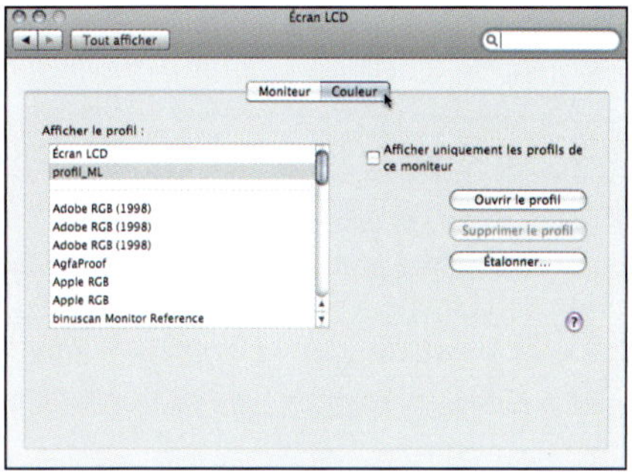

Créer un profil écran

La création d'un profil écran se fait, sous Mac OS X, via la commande Etalonner, accessible à partir du panneau Couleur des Préférences Moniteur. Cette commande lance un assistant d'étalonnage avec lequel vous allez parcourir une série d'écrans, à l'aide du bouton Suivant et effectuer les réglages qui vous seront demandés. À la fin de ce parcours, vous aurez généré un nouveau profil écran qui sera exploité par le système.

Attention : suivant la version de OS X installée sur votre machine, l'assistant d'étalonnage ne propose pas exactement les mêmes réglages mais sa finalité reste identique : la création de votre profil écran.

Le premier écran de l'assistant d'étalonnage est un écran de bienvenu qui propose à l'utilisateur averti de cocher une option Mode expert. Inutile de préciser que si vous débutez dans ce domaine, vous conserverez cette option non cochée.

Dans le deuxième écran, vous devrez régler le gamma, c'est-à dire la valeur du gris moyen. Vous sélectionnerez l'option Gamma standard 1.8 qui correspond au réglage par défaut de Mac OS.

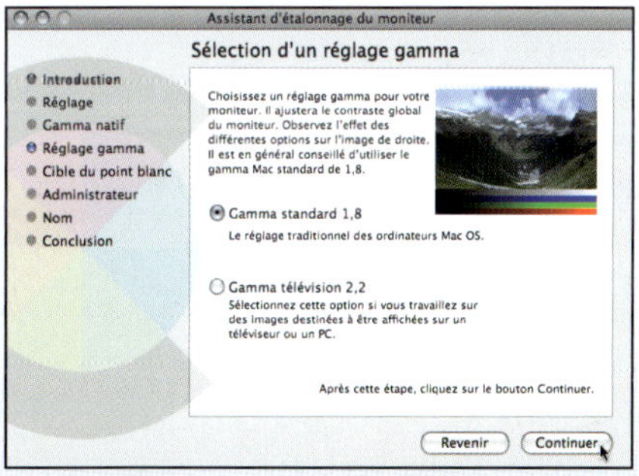

Le troisième écran de l'assistant d'étalonnage permet de régler la valeur du point Blanc ; c'est-à-dire sa température de couleur. En fonction de ce réglage, vous obtiendrez des tons plus ou moins chauds. Pour un rendu des couleurs réaliste (travail sur des photos) vous utiliserez le réglage D65 qui correspond à un éclairage lumière du jour (température 6 500° K). Si vous travaillez sur des applications graphiques (mise en page, dessin), vous utiliserez le réglage D50 qui produit des tons plus chauds (température 5 000° K).

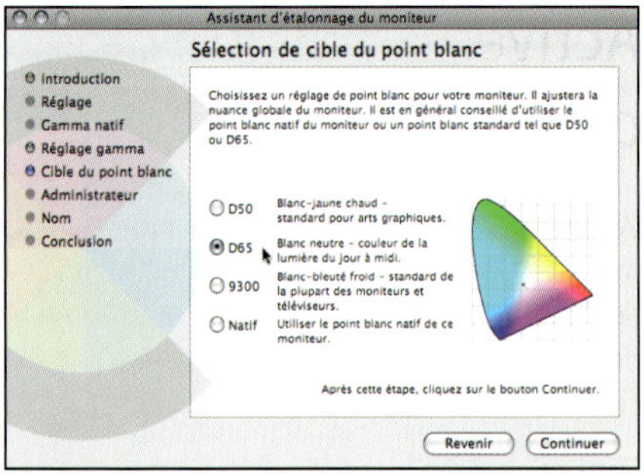

Après réglage du point Blanc, vous arrivez au dernier écran qui vous permettra d'enregistrer votre nouveau profil. Donnez-lui un nom explicite et validez l'assistant en cliquant sur le bouton Créer. L'assistant crée votre profil écran et le charge dans le système en remplacement du profil par défaut.

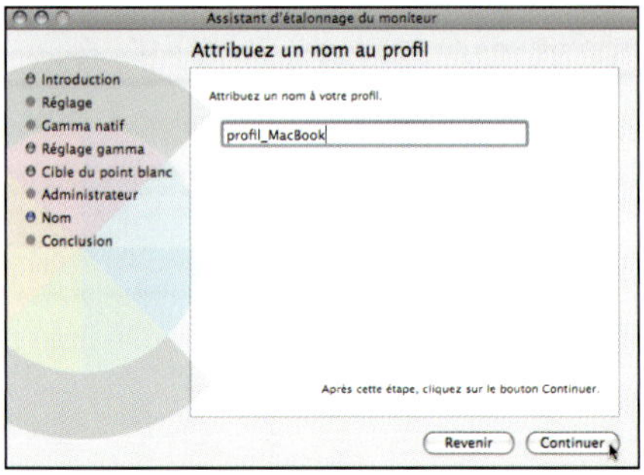

Définir un espace de travail RVB

Après cette première étape qui consistait à créer votre profil écran et à le charger dans le système, il reste à définir l'espace de travail RVB, c'est-à-dire l'espace de couleurs dans lequel vous allez travailler (ce que nous ferons dans Photoshop). De quoi s'agit-il ?

L'ensemble des couleurs visibles du spectre sont définies par un espace couleurs de référence, l'espace CEI Lab (Compagnie Internationale de l'Eclairage). Cet espace est indépendant de tous périphériques et constitue la norme absolue en matière de référence de couleurs. À partir de cet espace ont été définis des sous-espaces normés (Adobe RVB, sRVB, etc.) qui sont exploités comme espace de travail RVB par le système d'exploitation et les applications intégrant un système de gestion de la couleur, comme Photoshop.

Travail en flux RVB

Comme vous l'aurez compris à la lecture de ce qui précède, pour exploiter au mieux le système de gestion de la couleur, vous allez travailler en mode RVB ! Si vous êtes un graphiste de la « vieille école », il faudra oublier vos habitudes qui consistaient, après corrections, à convertir votre image en quadri en suivant les réglages de votre imprimeur. Désormais vous travaillerez sur un flux RVB, de l'acquisition de l'image à son envoi à l'impression ; les informations de séparation quadri seront ajoutées à l'image sous forme de profil lors de son enregistrement au format export.

Activer la gestion de la couleur dans Photoshop

Voyons à présent ce qui se passe au niveau de Photoshop. Avant même d'ouvrir votre première photo, vous devez activer la gestion de la couleur de Photoshop et choisir un environnement de travail. Pour ce faire vous afficherez la boîte de dialogue de la commande Couleurs, via le menu Edition->Couleurs.

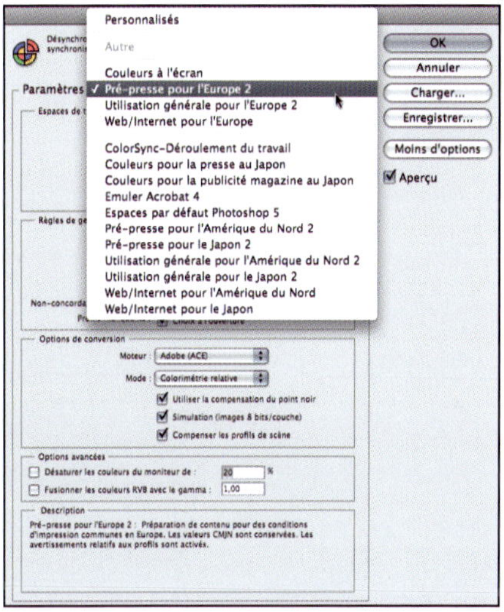

Dans la partie supérieure de la boîte de dialogue, le menu local Paramètres propose des réglages de configuration prédéfinis pour un usage prépresse, ou pour un usage Web.

Afin de ne pas entrer dans la complexité d'un paramétrage personnalisé, vous choisirez le réglage Prépresse pour l'Europe 2 si vous travaillez sur des photos destinées à l'impression quadri ou le réglage Web/Internet pour l'Europe, si vos images sont destinées à la publication en ligne. Pour bien comprendre le fonctionnement du système, nous choisirons ici la première option. Que se passe-t-il ?

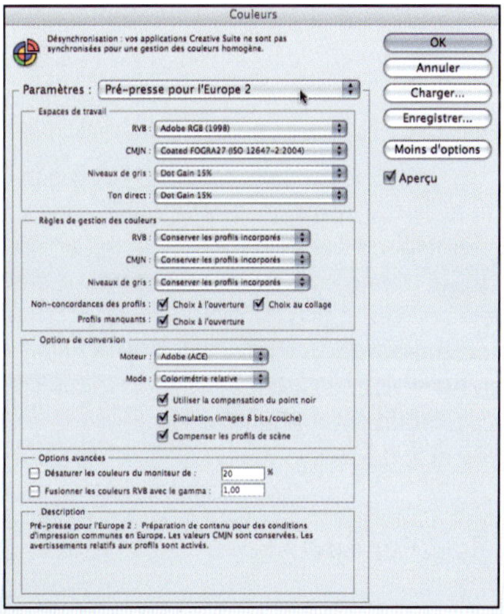

Lorsque vous activez le réglage Prépresse pour l'Europe 2, la boîte de dialogue de la commande Couleurs définit dans sa partie supérieure deux réglages correspondant à l'espace de travail RVB et à l'espace de travail CMJN. Le premier caractérise l'espace de couleurs dans le lequel nous allons travailler nos photos. Il s'agit ici de Adobe RVB 98, le profil par défaut associé au réglage Prépresse pour l'Europe 2.

Le second caractérise l'espace CMJN de destination qui peut varier en fonction du type de presse utilisée, de la qualité du papier ou de l'encre. C'est dans ce profil que sont enregistrés les réglages de séparation. Il s'agit ici d'Europe Iso coated FOGRA 27, un profil standard utilisé pour les impressions offset courantes.

BON À SAVOIR

Réglage CMJN personnalisé : si vous devez faire imprimer des photos en offset quadri, faites-vous préciser le réglage CMJN à activer avant d'envoyer vos documents chez l'imprimeur. Il se peut en effet que ce dernier utilise un réglage différent ou un réglage personnalisé. Dans ce dernier cas, il vous fournira le profil à utiliser sous la forme d'un fichier doté de l'extension « .icc » que vous chargerez dans le panneau des préférences Couleurs via la commande Charger CMJN, du menu local CMJN.

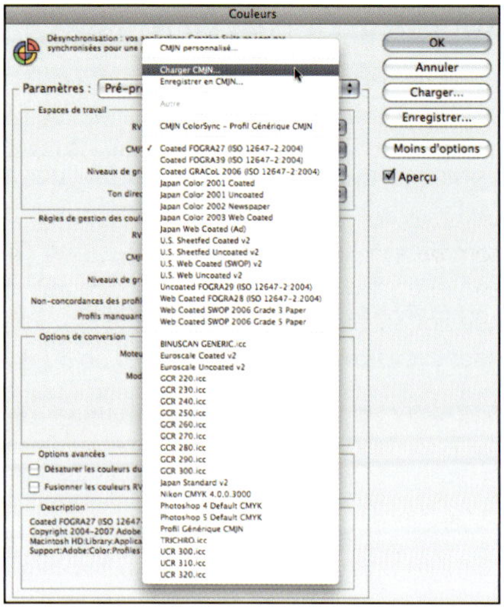

Parfois, il arrive aussi que l'imprimeur ne puisse vous fournir un profil de séparation, il vous communiquera alors un ensemble de réglages que vous devrez saisir dans la boîte de dialogue CMJN personnalisé, accessible via le menu local CMJN.

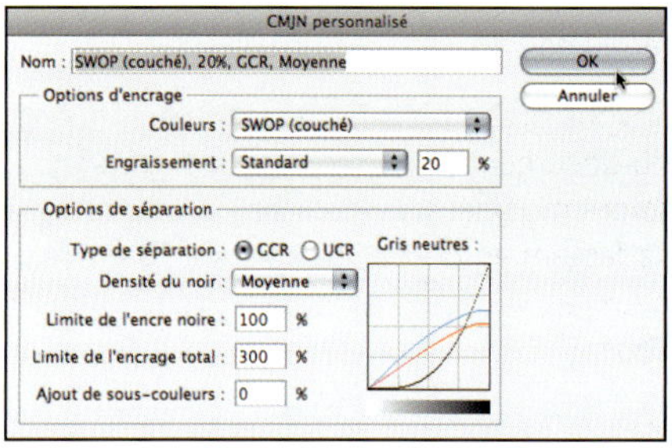

ASTUCE

Si vous avez installé l'ensemble des applications de la suite Adobe CS4, vous avez la possibilité de définir une règle de gestion des couleurs globales qui sera identique pour toutes les applications de la suite. Cette opération s'effectue à partir du Bridge, via la commande Edition->Paramètres de couleurs Créative Suite.

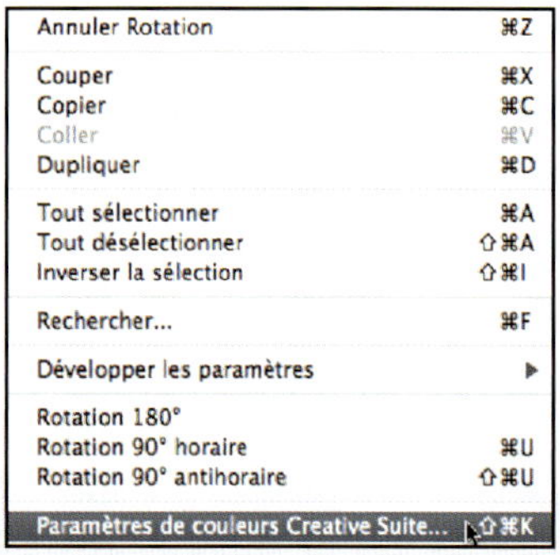

Alerte de profil non concordant

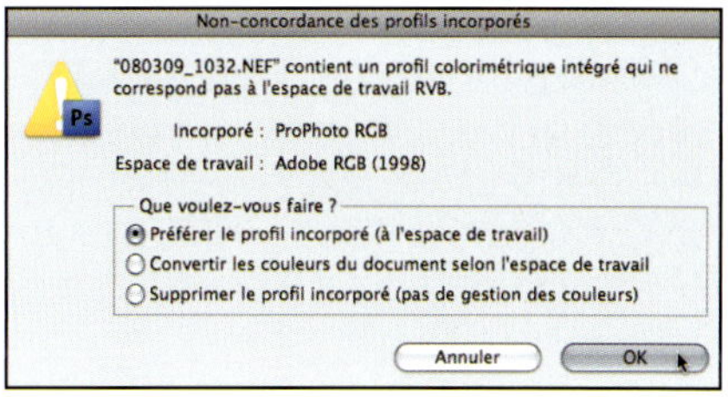

Après validation de la boîte de dialogue Couleurs, vous ouvrez une première photo, et là, mauvaise surprise, une première alerte s'affiche Profil non concordant. Que se passe-t-il ? Vous avez pris le cliché à l'aide de votre compact numérique qui enregistre les photos avec le profil sRVB alors que vous avez adopté comme espace de travail Adobe RVB 98. Nous sommes donc en présence de deux espaces colorimétriques différents. Est-ce que nous avons fait une erreur de configuration ? Non, puisque nous avons choisi un préréglage standard. Alors que faire ?

Avant d'envisager la solution à notre problème, il ne faut pas perdre de vue l'objectif initial : préserver l'aspect de la photo originale ; c'est-à-dire, restituer la photo telle que l'appareil photo l'a capturée.

Parmi les trois options proposées par la boîte de dialogue, deux sont envisageables : si vous choisissez la première. Préférer le profil incorporé, vous ouvrirez votre photo dans son espace de couleurs d'origine sRVB. Ce qui vous garantit une fidélité de rendu par rapport à la prise de vue.

Si vous optez pour la seconde option, Convertir les couleurs du document selon l'espace de travail, les données de l'image seront modifiées de manière à produire un rendu identique, en s'adaptant au nouvel espace de travail Adobe RVB 98. Dans les deux cas, vous préservez l'aspect de l'image. Alors quelle option choisir ?

D'une manière générale, il est préférable de conserver le profil incorporé à l'image afin de préserver les données de l'image. Cependant, si la destination de votre photo est l'impression quadri offset, comme dans notre exemple, le profil sRVB risque de s'avérer un peu « étroit » pour afficher l'image dans son format d'épreuve. Dans ce cas, il faudra peut-être convertir l'image dans l'espace de travail Adobe RVB 98.

ASTUCE

Notez que si la destination de l'image est le tirage sur imprimante thermique ou jet d'encre vous pourrez conserver sans soucis le profil sRVB incorporé, étant donné que ce dernier englobe largement les espaces colorimétriques caractérisant ces périphériques. Il faudra toutefois modifier votre configuration de la boîte de dialogue Couleurs et, dans la rubrique Espace CMJN, remplacer Europe Iso coated FOGRA27 par le profil de l'imprimante de destination.

Alerte de profil manquant

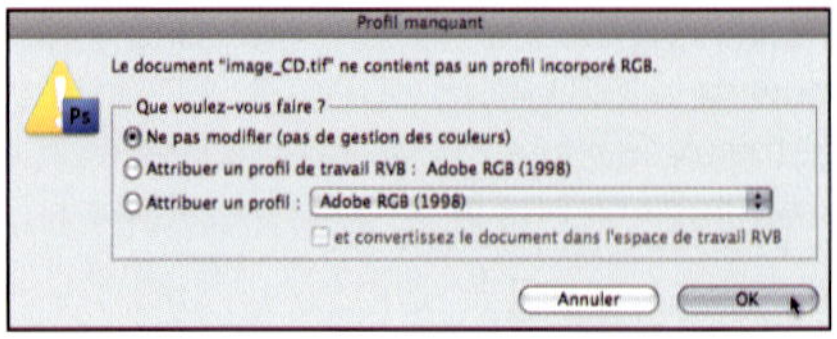

Deuxième scénario : la photo ne provient pas de votre appareil photo numérique, vous l'avez reçue gravée sur un CD. Au moment de l'ouvrir dans Photoshop, une autre alerte s'affiche : Profil manquant. Cette fois l'alerte est plus sérieuse car vous n'avez aucune information concernant l'image que vous avez reçue et les options de la boîte de dialogue ne vous sont d'aucun secours. Que faire ?

Avant de sélectionner une option de la boîte de dialogue, essayez de connaître la provenance de l'image : s'agit-il d'une prise de vue numérique ou bien d'un scan ? Dans le premier cas, vous pourrez en déduire que son profil est très probablement sRVB qui caractérise la plupart des appareils photo numériques. Dans le second cas, toutes les hypothèses seront permises.

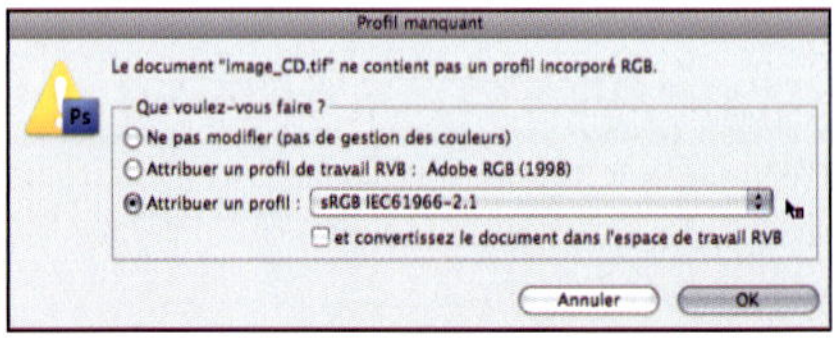

Après réflexion, votre image s'avère une prise de vue numérique sans profil. Qu'en faites-vous ? En pratique, vous vous retrouvez dans un cas similaire au cas précédent la non-concordance de profil. Vous activerez donc la dernière option, Attribution d'un profil, et dans la liste des profils, vous sélectionnerez le profil sRVB (sans cocher la case Et convertir le document dans l'espace de travail).

Deuxième cas de figure, votre photo n'est pas une prise de vue numérique, elle provient sans doute d'un scanner, mais personne ne peut vous renseigner. Qu'en faites-vous ?

Puisque vous avez choisi Adobe RVB comme espace de travail, votre premier réflexe sera d'attribuer ce profil à la nouvelle image, via l'option Attribuer un profil de travail RVB. Mais ce n'est pas forcément la bonne solution, puisque cette photo a peut-être été travaillée dans un espace différent ? Vous pourriez également activer la dernière option Attribution d'un profil et sélectionner un profil quelconque dans la liste des profils. Et pour la voir ? Le problème est là, justement. Vous ne verrez rien avant d'avoir validé la boîte de dialogue, et si vous n'avez pas fait le bon choix, vous devrez fermer l'image sans l'enregistrer et recommencer l'opération.

Dans ces conditions, la meilleure solution est encore d'ouvrir l'image sans lui attribuer de profil (en activant donc la première option, Ne pas modifier), puis d'utiliser la commande Attribuer un profil qui vous permettra de tester différents profils grâce à son option Aperçu (voir plus loin). En procédant ainsi, vous limitez les risques d'erreurs, sans pour autant laisser votre photo sans profil (elle en aura besoin dans les étapes suivantes du flux de production).

Attribuer un profil

Reprenons notre photo de provenance inconnue. Nous l'avons ouverte sans profil, et à présent, il s'agit de déterminer le profil le mieux adapté à son rendu, à l'aide de la commande Edition->Attribuer un profil.

La boîte de dialogue Attribuer un profil vous propose de choisir soit l'espace RVB que nous avons défini dans notre configuration couleurs (dans notre exemple, il s'agit de Adobe RVB 98) ; soit de choisir un autre profil dans la liste déroulante de l'option Profil. Vous opterez pour cette dernière option et, après avoir coché la case Aperçu, vous testerez différents profils correspondant à différents espaces de couleurs RVB.

Notez bien que cette opération modifie l'apparence de l'image à l'écran mais ne modifie pas ses données numériques.

Reste à présent à déterminer le profil le mieux adapté à la photo. À moins d'être un expert en colorimétrie, votre choix risque d'être subjectif ; aussi vous tenterez de choisir le profil qui produit le rendu le plus réaliste, ou à défaut, le Adobe RVB 98 de votre espace de travail.

Pour illustrer ce choix, nous avons testé les profils Adobe RVB 98 et ProPhoto RVB (voir figure précédente). Vous remarquerez que le rendu produit par ce second profil est plus saturé dans les tons moyens, ce qui nous amènera finalement à sélectionner ce profil.

Convertir en profil

Passé le cap des alertes, votre photo s'affiche dans Photoshop ; elle est dotée d'un profil et vous pouvez enfin travailler dessus, puis envisager son enregistrement dans un format d'export Print ou Web.

À ce stade, vous pourrez être amené à utiliser la commande Convertir en profil et ceci dans deux cas : soit votre photo est destinée à la publication Web et vous devez la convertir dans l'espace sRVB utilisé par la commande Enregistrer pour le Web ; soit votre photo est destinée à l'impression offset quadri et vous préférez terminer le travail sur une image en mode CMJN plutôt que RVB. Notez encore une fois que cette dernière conversion n'est pas indispensable ; si vous souhaitez simplement prévisualiser le rendu de votre photo imprimée, vous utiliserez la commande Format d'épreuve (voir plus loin).

La commande Convertir en profil affiche une boîte de dialogue qui va vous permettre de sélectionner le profil de destination.

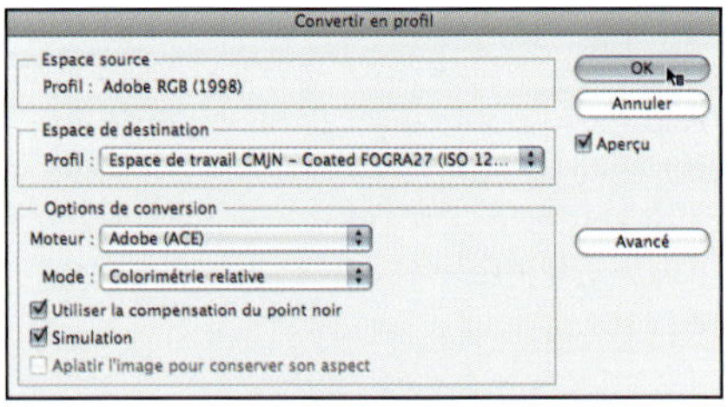

Votre photo étant destinée à l'impression quadri, vous sélectionnerez dans la rubrique destination votre profil CMJN, puis vous validerez en conservant les autres réglages à leur valeur par défaut. Vous constaterez alors deux changements : la photo a été basculée en mode CMJN, comme en témoigne la palette Couches ; son aspect s'est très légèrement modifié, ce qui est normal compte tenu du changement de mode.

Format d'épreuve

Comme nous l'avons précisé plus haut, la conversion en profil n'est pas indispensable pour le traitement de la photo en vue d'une impression quadri. S'il s'agit uniquement de simuler le résultat d'un type d'impression particulier, autant exploiter la commande Couleurs d'épreuve du menu Affichage. Et c'est là l'un des intérêts du travail avec les profils. À partir de votre fichier RVB vous allez simuler le rendu d'une impression offset ou bien celui d'une impression rotative sur papier journal (à condition que vous disposiez des profils correspondants).

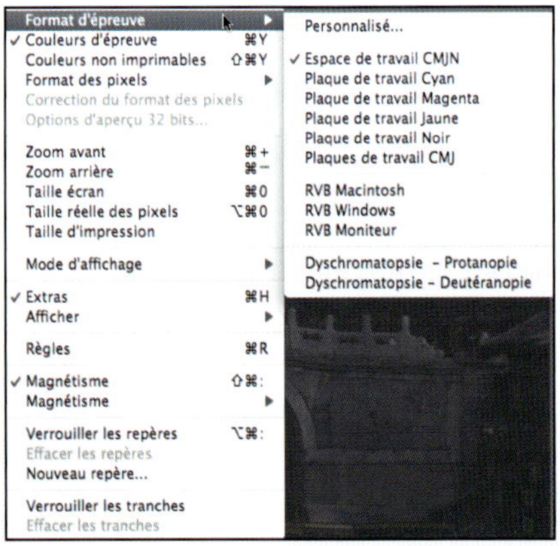

Lorsque vous activez la commande Couleurs d'épreuve, par défaut Photoshop applique à votre image de travail le profil de destination CMJN que vous avez défini dans les préférences Couleurs.

À présent, si vous souhaitez tester le rendu de votre photo sur un autre type de presse, vous utiliserez la commande Format d'épreuve->Personnalisé. Cette commande affiche une nouvelle boîte de dialogue qui vous permettra de sélectionner un autre profil CMJN comme par exemple Japan Color 2002 Newspaper.

Une fois ce profil sélectionné, vous pouvez simplement prévisualiser le rendu en validant la boîte de dialogue, ou bien, si vous envisagez de réutiliser ce profil, via la commande Couleurs d'épreuve, vous pouvez l'enregistrer (via le bouton Enregistrer) afin qu'il apparaisse dans le sous-menu Couleurs de l'épreuve.

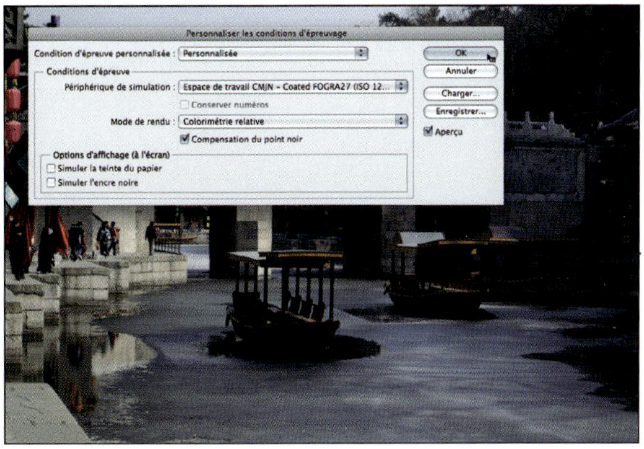

Pour conclure

Dans ce chapitre, nous avons présenté dans ses grandes lignes la gestion de la couleur dans Photoshop, et les principaux problèmes que vous risquez de rencontrer. En pratique, si vous gérez correctement votre flux de production, vous ne devriez pas rencontrer d'alerte de profil non concordant, à condition bien sûr de pouvoir choisir le profil de sortie de votre appareil photo numérique. Vous choisirez alors un profil identique à celui de votre espace de travail RVB dans Photoshop.

Concernant les fichiers dépourvus de profil faites comprendre à vos interlocuteurs qu'ils doivent vous fournir des photos taggées avec un profil, et de préférence avec le profil de votre espace RVB. Nous verrons dans le Chapitre 17 quels sont les formats de fichiers qui prennent en charge les profils ICC.

Reste la question de l'impression. Nous avons vu comment simuler une sortie sur un système d'impression quelconque, grâce à la commande Format d'épreuve. Reste à voir, en pratique, comment réussir un tirage sur votre imprimante à jet d'encre. Nous en reparlerons dans le Chapitre 19.

Deuxième partie

Les fondamentaux

Chapitre 6
Corrections chromatiques

Autrefois réservée aux chromistes et payées à prix d'or, les corrections chromatiques sont, depuis l'avènement de Photoshop, devenues accessibles à tous, pour le meilleur et pour le pire. En effet, si Photoshop propose une large panoplie de commandes qui permettent d'effectuer des corrections de chromie, leur mise en œuvre requiert un minimum de savoir-faire. Faute de quoi, vous aurez vite fait de ficher en l'air un cliché.

Le diagnostic

Faire le tri entre bons et mauvais clichés dans un lot de photos est à la portée du premier venu. En revanche, effectuer un diagnostic est une tâche beaucoup moins aisée, mais c'est pourtant ce que vous devrez faire avant de vous lancer dans une séance de corrections chromatiques.

Commencez par vous poser quelques questions : votre photo est-elle bien contrastée ? Est-elle lumineuse ? Trop claire ? Trop sombre ? Quid de ses couleurs ? Y a-t-il une dominante de couleur ? Faut-il renforcer certaines couleurs ? En atténuer d'autres ? Puis tentez d'y répondre. Ce sont ces réponses qui vous aiguilleront sur le choix du remède à apporter.

Comme vous le constaterez, le diagnostic n'est pas toujours évident, en particulier pour ce qui est de l'appréciation du contraste et de la luminosité. Heureusement, Photoshop dispose d'un Histogramme qui vous apportera une aide précieuse dans ce diagnostic (voir plus loin). Du côté de la couleur, l'appréciation est beaucoup plus subjective, dans la mesure où vous n'avez plus le sujet sous les yeux ; vous devrez donc vous demander ce qu'il manque à votre cliché pour en faire un beau cliché, plutôt que de vous demander comment était l'original.

Choisir ses outils

En matière de correction chromatique, Photoshop dispose d'une vaste panoplie de commandes, regroupées essentiellement dans le menu Image et son sous-menu Réglages,. Ces commandes peuvent être appliquées directement sur l'image à corriger, ou bien par l'intermédiaire d'un calque de réglage (voir plus bas).

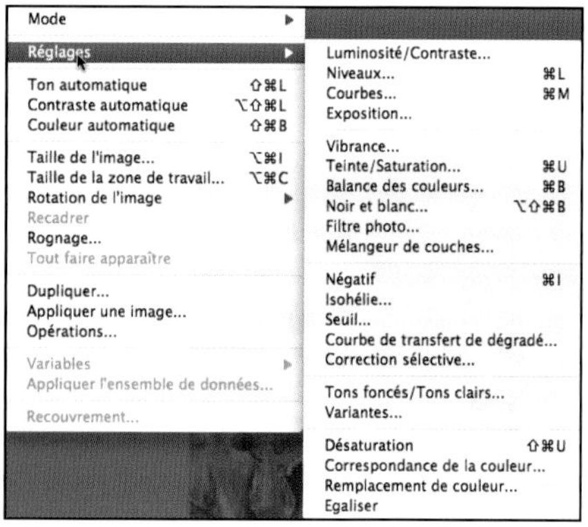

Une fois le diagnostic effectué, la première question que vous vous poserez sera «quelle commande choisir ?», et la réponse ne sera pas évidente car Photoshop propose différentes commandes qui permettent d'obtenir le même résultat. Ainsi, pour corriger les couleurs d'une photo, vous pourrez exploiter la commande Couleur automatique, la commande Courbes, la commande Balance des couleurs, ou bien encore la commande Variantes. En pratique, votre choix se fera d'abord en fonction de votre niveau d'expertise, puis en fonction de vos affinités avec telle ou telle commande.

- Si vous utilisez Photoshop pour faire de la création ou du photomontage et n'avez pas envie d'approfondir le domaine de la correction chromatique, vous exploiterez les commandes de corrections automatiques du menu Image : Ton automatique, Contraste automatique et Couleur automatique, ou bien les commandes Luminosité/contraste et Variantes, du sous-menu Réglages.
- Si votre principale utilisation de Photoshop est la correction de clichés, vous exploiterez alors les commandes Niveaux et Courbes, ainsi que les commandes Teinte/saturation et Tons foncés/tons clairs dont nous allons parler dans la suite de ce chapitre,

Utiliser les calques de réglages

Quelle que soit votre utilisation de Photoshop, vous aurez tout intérêt à effectuer les corrections chromatiques à l'aide des calques de réglages. Ces derniers permettent, en effet, d'appliquer une correction de manière non destructive ; correction que vous pourrez ensuite rééditer pour modifier ses réglages, ou simplement désactiver afin de comparer l'image avant et après corrections.

Créer un calque de réglage

La création d'un calque de réglage peut se faire de deux manières, soit à partir de la commande Nouveau calque de réglage, du menu Calque, soit à partir du nouveau panneau Réglages, accessible via le menu Fenêtre.

Dans les lignes qui suivent, nous allons voir comment créer un calque de réglage pour corriger le contraste d'une image, mais vous devez noter que la mise en œuvre reste identique, quel que soit de type de correction à effectuer.

- Après avoir ouvert l'image à corriger, affichez les panneaux Réglages et Calques (menu Fenêtre). Le panneau Réglages affiche dans sa partie supérieure les différents réglages qui sont exploitables sous forme de calques de réglage.

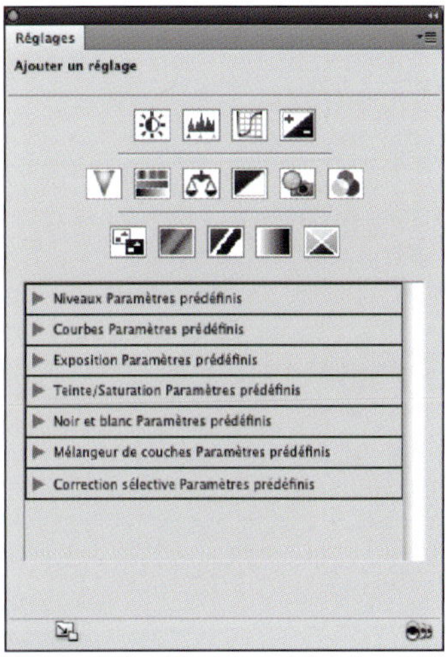

- Cliquez sur l'icône Luminosité/contraste, située au début de la première ligne : le panneau affiche alors les réglages de luminosité et de contraste, identiques à ceux que propose la commande Luminosité/contraste du sous-menu Image->Réglages
- Ajustez les réglages de l'image, puis cliquez sur la flèche située dans l'angle inférieur gauche du panneau pour revenir à la liste des réglages.

À présent, si vous jetez un œil sur le panneau Calques, vous constaterez qu'il affiche deux calques (nous reviendrons plus en détail sur le panneau Calques dans le Chapitre 11) : le calque Arrière-plan et le calque de réglage.

- **Le calque Arrière-plan :** c'est le calque qui contient l'image à corriger ; il apparaît automatiquement dans le panneau Calques dès l'ouverture d'un fichier bitmap.
- **Le calque de réglage :** c'est le calque généré par le panneau Réglages, ou la commande Nouveau calque de réglage (menu Calque). Il est représenté par deux vignettes : celle du réglage à gauche, et celle du masque de fusion, à droite.

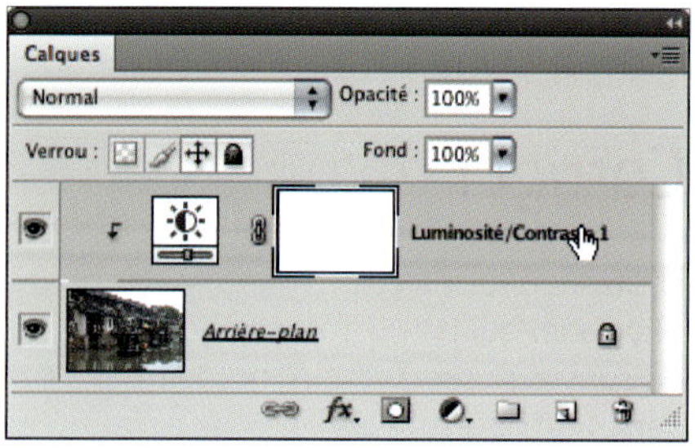

BON À SAVOIR

Comme vous le verrez dans le Chapitre 12, chaque calque peut être associé à un masque de fusion ; il s'agit d'une image en niveaux de gris qui permet de masquer certaines zones de l'image. Dans le cas d'un calque de réglage, l'utilisation d'un masque de fusion permet de limiter l'application du réglage à une portion de l'image. Par défaut, ce masque est blanc, donc vide, et le réglage s'applique à l'ensemble de l'image.

Modifier un calque de réglage

Le principal intérêt du calque de réglage étant de pouvoir être modifié, voyons à présent comment procéder :

- Vous avez appliqué un réglage de luminosité/contraste sur votre photo, mais celui-ci ne vous convient pas. Rendez-vous dans le panneau Calques et cliquez sur la vignette du calque de réglage : le panneau Réglages réaffiche le volet de paramétrage.
- Modifiez vos paramètres, puis cliquez sur la flèche de retour, située dans l'angle inférieur gauche du panneau.

BON À SAVOIR Tant que vous travaillez sur un document constitué d'un calque unique, l'utilisation des calques de réglage ne pose pas de problème particulier. En revanche, si vous exploitez un calque de réglage pour corriger une image située au sommet d'une pile de calques, ce réglage s'appliquera par défaut à l'ensemble des calques situés en dessous du calque de réglage. Pour éviter cela, vous aurez alors intérêt à associer le calque de réglage à l'image à corriger, à l'aide de la commande Calque->Créer un masque d'écrêtage.

Corriger l'exposition

Photoshop dispose d'un réglage Exposition (menu Image->Réglage) qui permet de corriger efficacement une image sur ou sous-exposée, puisqu'il produit le même effet qu'un changement d'ouverture sur votre appareil photo numérique. Mais attention, ce réglage est violent et ne doit être utilisé que sur des images en 16 bits par couche, ou des fichiers HDR ; en effet, si vous appliquez ce réglage sur une image en 8 bits, vous verrez apparaître des stries blanche sur son histogramme, indiquant la perte de certains niveaux de luminosité.

Corriger le contraste et la luminosité

Le contraste de votre cliché dépend de l'écart de luminosité qui existe entre les tons foncés et les tons clairs de l'image ; il peut être visualisé à l'aide de l'histogramme que propose le panneau Histogramme (menu Fenêtre). Cet histogramme affiche la répartition des pixels par niveau de luminosité : du noir à gauche, au blanc à droite. Plus l'histogramme est étendu, plus le contraste de l'image est élevé. Ainsi, la figure qui suit montre l'histogramme, associé à une photo manquant de contraste ; les extrémités gauche et droite de l'histogramme sont vides, ce qui signifie que les tons très foncés et très clairs sont absents de l'image.

Pour corriger une photo comme celle-ci, vous aurez plusieurs solutions : exploiter les commandes Niveaux automatiques ou Contraste automatique que propose Photoshop dans son sous-menu Image->Réglages ; employer la commande Luminosité/Contraste, du même sous-menu, qui vous permettra d'effectuer une correction à vue ; ou encore, utiliser la commande Niveaux. Cette dernière est de loin la plus intéressante, car elle permet d'ajuster à la fois le contraste, la luminosité et le niveau moyen de l'image en travaillant directement sur l'histogramme. Mais voyons plutôt comment procéder.

Utiliser la commande Niveaux

- Après avoir ouvert le cliché à corriger, lancez la commande Niveaux, via le sous-menu Image->Réglages ; cette commande affiche l'histogramme de l'image, accompagné de trois curseurs : un curseur noir placé à gauche de l'histogramme, un curseur blanc placé à sa droite et un curseur gris placé en son centre.

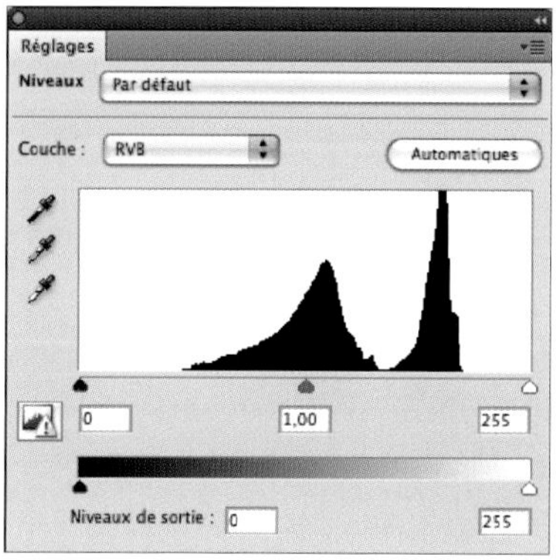

- Comme nous l'avons vu plus haut, lorsque l'image manque de contraste, son histogramme s'affiche en retrait des curseurs noir et blanc. Pour corriger cette image, déplacez ces deux curseurs de manière à les amener à proximité des deux extrémités de l'histogramme.

- Lorsque l'image est trop sombre, son histogramme affiche un renflement dans sa moitié gauche qui représente les tons foncés de la photo. Pour corriger cette image, utilisez le curseur gris que vous déplacerez légèrement vers la gauche de l'histogramme.

- À l'inverse, lorsque la photo est trop claire, son histogramme affiche un renflement dans sa partie droite. Pour corriger ce défaut, utilisez le curseur gris et faites-le glisser, cette fois, vers la droite de l'histogramme.

Quel que soit le type de corrections que vous mettez en œuvre, vous devez savoir qu'il s'agit d'une opération qui se fait au détriment de la qualité de l'image originale. Par conséquent, ne cherchez pas à produire un miracle en corrigeant une photo complètement bouchée : votre écran affichera sans doute un résultat parfait, mais si vous regardez l'histogramme de l'image corrigée, vous découvrirez qu'il s'apparente à un peigne : votre photo aura perdu plus d'un niveau de luminosité sur deux et elle sera inexploitable autrement que pour un affichage en basse résolution.

Pour préserver la qualité de l'image originale, vous aurez donc intérêt à travailler tout en douceur, et surtout à exploiter systématiquement les calques de réglages qui vous permettront de tester différents jeux de paramètres pour corriger une même image.

Utiliser la commande Tons foncés/tons clairs

Si la commande Niveaux permet d'ajuster la luminosité et le contraste sur l'ensemble de l'image, en revanche elle ne permet pas de corriger efficacement un cliché dont seulement une partie est surexposée ou sous-exposée. Dans ce cas, vous devrez utiliser la commande Tons foncés/Tons clairs, accessible à partir du sous-menu Image->Réglages, ou bien la commande Courbes (voir plus loin).

Lorsque vous lancez la commande Tons foncés/ Tons clairs, l'application détecte automatiquement la plage de tons à corriger et applique un réglage par défaut qui s'affiche dans la boîte de dialogue de la commande. À vous ensuite d'affiner ce réglage, en modulant son intensité et l'étendue de la plage de tons concernée.

BON À SAVOIR

Si vous avez adopté le format Raw, vous effectuerez ce type de corrections dans l'interface Camera Raw, à l'aide des réglages Récupération et Lumière d'appoint. Le premier permet de récupérer des détails dans les hautes lumières, le second de déboucher des zones d'ombre.

Régler la balance des couleurs

L'équilibre des couleurs d'une photo dépend de différents paramètres, le réglage de prise de vue, l'éclairage de la scène, le sujet, ou le boîtier lui-même, et vous avez sans doute dans votre photothèque un certain nombre de clichés qui mériteraient des ajustements chromatiques pour raviver leurs couleurs, pour supprimer une couleur dominante, ou encore pour renforcer certaines couleurs et en atténuer d'autres.

Pour effectuer ce type de corrections, il existe différentes commandes qui varient suivant que vous travaillez dans l'interface de Camera Raw ou dans celle de Photoshop.

Rappelons en effet que si vous avez adopté le format Raw, le module Camera Raw propose les réglages Température et Teinte. À l'aide de ces réglages, vous pourrez ajuster la température de couleur de l'image, ce qui aura pour effet de modifier l'ambiance lumineuse de la scène.

Si vous n'avez pas adopté le format Raw, vous disposerez des commandes Balance des couleurs et Courbes, accessibles via le sous-menu Image->Réglages, ainsi que sous forme de calques de réglages (via le panneau Réglages). Ces deux commandes permettent de régler l'équilibre des couleurs de l'image en agissant indépendamment sur ses trois canaux RVB, et mettent en évidence les relations qui existent entre les couleurs primaires (RVB) et les couleurs secondaires (CMJ). Vous découvrirez ainsi que pour renforcer la composante Magenta d'une photo (les rouges carminés), on réduira sa composante Vert.

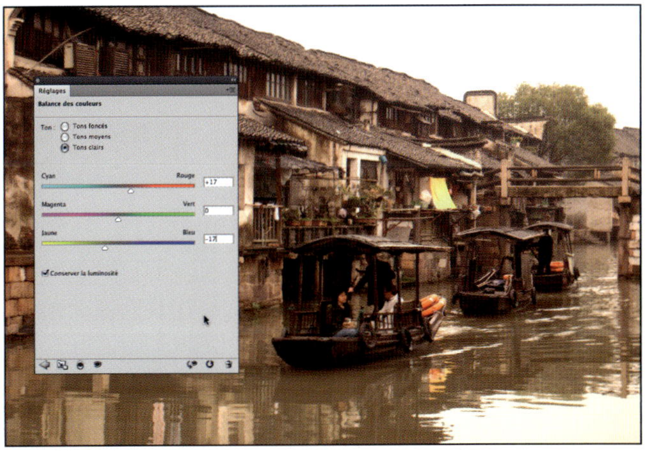

BON À SAVOIR

Pour ceux qui recherchent des commandes de corrections plus intuitives et plus visuelles, Photoshop propose la commande Variantes, accessible à partir du sous-menu Image->Réglages. Cette commande permet de régler la balance des couleurs à partir d'une interface qui affiche différentes vues corrigées de la même image, parmi lesquelles l'utilisateur n'aura qu'à choisir.

D'un point de vue pratique, les commandes Balance des couleurs et Courbes produisent des effets identiques, mais j'ai une nette préférence pour la commande Courbes ; en effet, cette dernière dispose d'une interface de réglage des couleurs, beaucoup plus souple d'emploi qui vous permettra de contrôler précisément les valeurs de couleurs de certaines zones de l'image.

Utiliser la commande Courbes

Dans les lignes qui suivent, nous allons voir comment exploiter la commande Courbes pour corriger une photo présentant une dominante jaune dans ses tons moyens.

La commande Courbes ouvre une boîte de dialogue qui permet d'afficher la courbe de sortie de l'image globale ou de l'une de ses couches primaires Rouge, Vert ou Bleu.

- Pour corriger la dominante jaune, vous allez travailler sur la courbe du Bleu que vous sélectionnerez dans le menu local Couche, situé dans la partie supérieure de la boîte de dialogue.

- Cliquez ensuite au milieu de la courbe et tirez celle-ci vers le haut, vous constaterez que vous augmentez la composante bleu de la photo et réduisez du coup sa composante Jaune ; à l'inverse, si vous tirez la courbe vers le bas, vous obtiendrez l'effet inverse, en réduisant la composante Bleu vous augmenterez la composante jaune.

L'ajustement des couleurs de l'image à l'aide des courbes n'est pas plus compliqué que cela ; il vous suffit d'avoir en mémoire les associations de couleurs : Rouge – Cyan, Vert – Magenta, et Bleu – Jaune. Mais en pratique, la tâche se complique dès lors que vous souhaitez corriger une plage de couleurs réduite.

Corrections de demi-ton ou de quart de ton

Comme vous l'aurez compris avec l'exemple précédent, pour effectuer une correction sur une plage de couleurs réduite, nous ne pourrons travailler sur l'ensemble de la courbe, au risque de modifier la totalité de l'image. Il va donc falloir identifier la portion de courbe correspondant à la plage de tons à corriger, en y insérant des points de contrôle.

Dans l'exemple qui suit, nous allons voir comment exploiter la commande Courbes pour corriger le bleu d'un ciel un peu pâle.

- Après avoir ouvert le cliché à corriger, créez un nouveau calque de réglage de courbes, via le panneau Réglages, ou à l'aide de la commande Calque->Nouveau calque de réglage->Courbes.
- Affichez la courbe Bleu, à partir du menu local Couches, situé dans la partie supérieure du panneau. Puis cliquez sur l'icône Main qui jouxte ce menu, et déplacez le pointeur sur la portion d'image à corriger : un petit cercle apparaît sur la courbe qui matérialise la valeur des pixels survolés.
- Cliquez sur la zone à corriger : Photoshop insère un point de contrôle sur la courbe. Vous allez utiliser celui-ci pour déformer la courbe Bleu.
- Cliquez sur le point que vous venez d'insérer et déplacez-le légèrement vers le haut, de manière à renforcer la valeur de bleu dans cette plage de niveaux. Comme vous le constaterez, l'opération déforme la totalité de la courbe et couvre l'image d'un voile bleu.

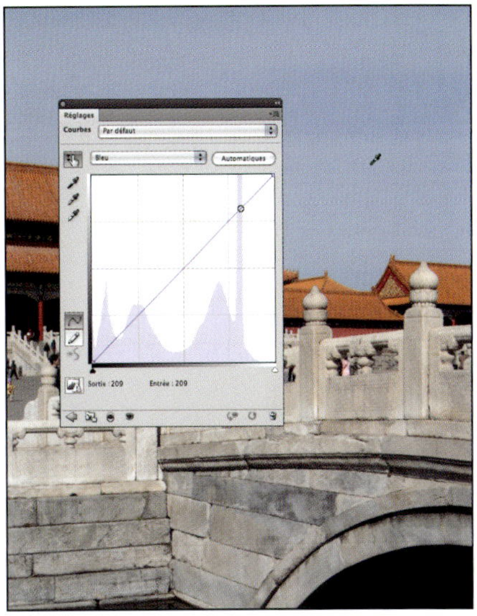

- Pour supprimer cet effet de voile, cliquez au centre du quadrillage qui s'affiche en arrière-plan de la courbe, le centre de la courbe est ramené à sa position originale.

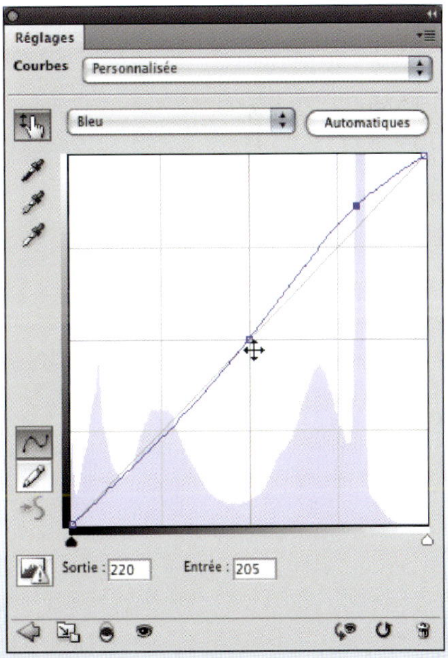

BON À SAVOIR

En verrouillant le point central de la courbe, vous n'empêcherez pas la formation d'une contre-courbe dans les tons foncés. Pour résorber celle-ci, insérez un point de contrôle supplémentaire dans le quart inférieure de la courbe et ramenez celle-ci dans sa diagonale d'origine.

Si le renforcement du bleu vous semble insuffisant, vous pouvez également intervenir sur la courbe Rouge. En effet, comme nous l'avons vu plus haut, le Rouge est associé au Cyan dans le cercle chromatique. En réduisant le niveau d'entrée du Rouge, vous augmenterez la valeur du Cyan.

- Pour effectuer cette seconde correction, affichez la courbe Rouge, et insérez un point de contrôle, comme vous l'avez fait précédemment, pour repérer la plage de niveaux à corriger.
- Ajoutez immédiatement deux autres points de contrôle de manière à verrouiller la partie inférieure de la courbe, puis procédez à son ajustement.

Corriger les teintes et la saturation

Dernière étape de votre séance de corrections chromatiques, l'ajustement des teintes et de la saturation. Il ne s'agit plus ici de remonter le niveau du rouge ou du bleu dans telle ou telle zone de l'image, mais de renforcer l'intensité d'une couleur ou de rectifier une teinte. C'est ce que fait en coulisse votre appareil photo numérique lorsque vous shootez en JPEG.

Pour effectuer ce type de corrections, vous disposez des commandes Teinte /saturation et Vibrance, toutes deux accessibles à partir du sous-menu Image->Réglages, ou bien sous forme de calques de réglage.

BON À SAVOIR Les corrections de saturation sont souvent sources d'erreurs et de déconvenues qui n'apparaissent qu'au moment de l'impression. En effet, votre écran est capable d'afficher des couleurs qu'aucune presse offset ou imprimante n'est capable de restituer.

Afin de vous éviter de vous fâcher avec votre imprimeur, prenez les précautions suivantes : vérifiez que vos paramètres de gestion des couleurs sont corrects (voir Chapitre 5), et activez la commande Couleurs non imprimables du menu Affichage ; cette commande affiche en gris les zones de l'image qui ne passeront pas le cap de l'impression.

Utiliser la commande Teinte/saturation

La commande Teinte/saturation permet d'effectuer des corrections de teinte, de saturation, mais aussi de luminosité, soit sur l'ensemble d'une image, soit sur une gamme de couleurs particulières (les bleus, les rouges, etc.). Elle permet également de réaliser un virage sépia ou bien de convertir une image en niveaux de gris, tout en lui conservant son statut d'image RVB.

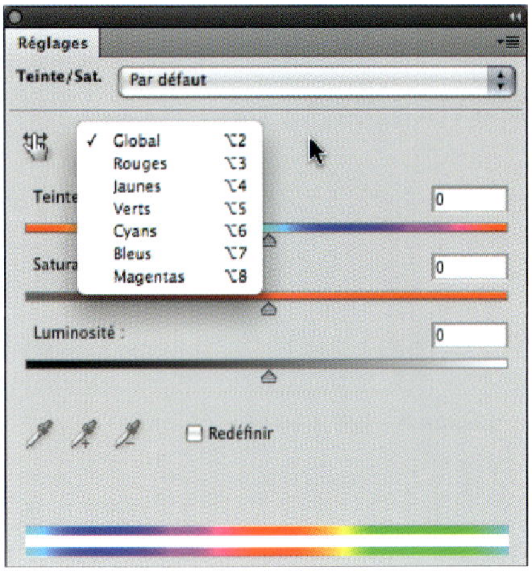

Lorsque vous lancez la commande Teinte/saturation, Photoshop ouvre une boîte de dialogue dans laquelle vous trouverez essentiellement les trois curseurs de réglage Teinte, Saturation et Luminosité, ainsi qu'un menu local qui vous permettra de sélectionner la plage de couleurs à corriger.

- Pour effectuer des ajustements sur l'ensemble des couleurs de l'image, utilisez simplement les curseurs Saturation et luminosité. Le réglage Teinte, lui, produit un décalage de l'ensemble des couleurs sur le cercle chromatique, vous le réserverez donc pour la correction de plages de couleurs.
- Pour corriger une plage de couleurs, sélectionnez celle-ci dans le menu local placé en haut de la boîte de dialogue, puis utilisez les curseurs Teinte, Saturation et Luminosité.

Lorsque vous effectuez une correction sur une plage de couleurs, vous noterez que le double ruban arc-en-ciel, situé dans la partie inférieure de la boîte de dialogue, affiche un curseur qui matérialise la plage de couleurs sélectionnée.

Ces plages de couleurs étant prédéfinies, elles ne correspondent pas forcément à vos besoins et à la réalité de votre image. Vous pourrez donc les modifier, soit en réduisant ou en élargissant l'intervalle délimité par les deux barres verticales qui s'affiche entre les rubans de couleurs, soit en utilisant les pipettes + et -, placées sous le réglage Luminosité : cliquez sur l'image avec la pipette + pour élargir la plage de couleurs, cliquez avec la pipette – pour réduire la plage.

ASTUCE Convertir l'image en niveaux de gris : bien qu'il existe un mode niveaux de gris, accessible via le sous-menu Image->Mode, qui permet de transformer une image couleur en niveaux de gris, il vaut mieux utiliser la commande Teinte/saturation pour effectuer cette opération : il suffit pour cela de régler la saturation au minimum (-100). Vous pourrez également utiliser la commande Désaturation du sous-menu Image->Réglages. Et si vous souhaitez contrôler plus précisément la conversion, vous exploiterez la commande Noir et blanc, à partir du panneau Réglages.

ASTUCE Créer un virage sépia : parmi les réglages prédéfinis que propose dans sa partie supérieure la boîte de dialogue Teinte/saturation, vous trouverez le réglage Sépia qui produit automatiquement un effet de virage sépia. Toutefois, vous pouvez aussi appliquer cet effet manuellement, en cochant la case Redéfinir, puis en ajustant la couleur à l'aide du curseur Teinte.

La commande Vibrance

Si vous devez effectuer des corrections de saturation globales, vous aurez intérêt à exploiter le réglage Vibrance de la nouvelle commande Vibrance de Photoshop CS4. Ce réglage permet de renforcer la saturation de l'image en évitant de sursaturer les couleurs déjà saturées. Il produit un effet beaucoup moins violent que le réglage Saturation de la commande Teinte/saturation.

Effectuer des corrections locales

Avant de clore ce chapitre, reste à envisager la question des corrections locales de luminosité ou de saturation. Pour effectuer ce type de corrections, vous ne pourrez bien sûr utiliser les commandes dont nous venons de parler dans ce chapitre ; mais vous exploiterez, en revanche, les outils Densité et Eponge dont nous allons parler dans le chapitre qui suit.

Chapitre 7
Retoucher une photo

Lorsque l'on parle de retouches photo, on pense immédiatement à la photo de vacances d'un président en exercice, ou à celle moins médiatique du faux Mac mini qui a fait le tour des sites spécialisés. On pense moins à la correction de «pétouilles» et de petits détails disgracieux, ou à l'ajustement de la saturation ou de la lumière sur une portion d'image très réduite. C'est pourtant ce genre de travail qui revient le plus souvent et c'est ce que nous allons détailler dans ce chapitre, en faisant le tour des différentes techniques et outils que propose Photoshop.

Les outils de retouche

Si Photoshop dispose d'une large panoplie de commandes de correction de chromie, en matière de retouche, il propose un nombre d'outils plus réduit. Voyons plutôt :

- **Correcteur, Correcteur de tons directs et Pièce :** regroupés en dessous de l'outil Pipette, ces trois outils sont des outils de maquillage qui permettent de réparer un accroc, masquer une pétouille ou un petit détail de l'image.
- **Tampon de duplication :** cet outil permet de cloner un petit ensemble de pixels afin de réparer ou de maquiller une zone de l'image. Contrairement aux outils précédents, l'outil Tampon fait de la copie conforme sans adapter les pixels copiés à leur nouvel environnement.
- **Eponge, Densité +, Densité - :** ces trois outils, regroupés sous une même icône, au-dessus de l'outil Plume, permettent d'effectuer des corrections locales de densité et de saturation.
- **Filtre Fluidité :** entre retouche et maquillage, le filtre Fluidité, accessible via le menu Filtre, permet entre autres d'effectuer de légères corrections sur un visage : renforcer un sourire, relever un sourcil, etc.

Comme vous l'aurez constaté, ces différents outils sont regroupés dans trois déclinaisons, chacune représentée dans la barre d'outils par une icône unique. Pour accéder aux autres outils d'une déclinaison, vous devrez donc effectuer un clic prolongé sur son icône, Photoshop affichant alors la déclinaison des outils dans un sous-menu.

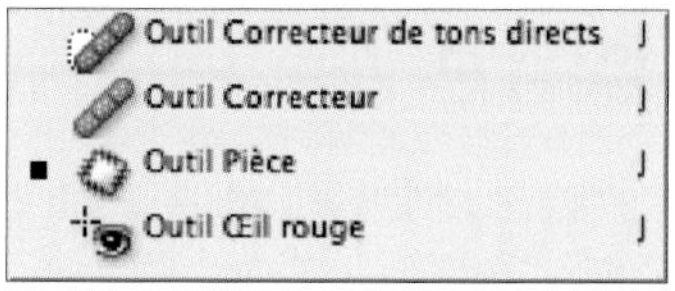

Corriger la saturation et la densité

Lorsqu'il s'agit d'effectuer des corrections de chromie très localisées, les commandes de corrections que nous avons détaillées dans le chapitre précédent ne sont plus adaptées, à moins de travailler à partir d'une sélection. Il vaudra mieux alors exploiter les outils Eponge, Densité + et Densité -. Le premier permet de corriger localement la saturation de l'image, les deux autres de foncer ou d'éclaircir localement une portion d'image surexposée ou sous-exposée.

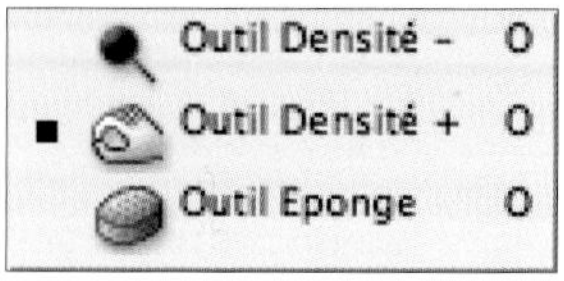

- Pour effectuer une correction de saturation, commencez par activer l'outil Eponge dans la barre d'outils : le pointeur prend la forme d'un cercle dont le diamètre varie en fonction du réglage de l'outil. Si ce n'est pas le cas, activez la commande Photoshop->Préférences->Curseurs, et dans la boîte de dialogue qui s'affiche, sélectionnez l'option Pointe standard.
- Rendez-vous ensuite dans la barre d'options, située dans la partie supérieure de la fenêtre de travail, et commencez par régler le diamètre de l'outil en cliquant sur la vignette située à droite de l'option Forme ; cette opération ouvre le Sélecteur de formes prédéfinies.
- Ajustez le diamètre de l'outil de manière à ce qu'il soit supérieur aux dimensions de la zone à retoucher, puis réglez le curseur Dureté sur une valeur proche de 0 afin que le contour de la forme soit très estompé. Ceci étant fait, cliquez sur la vignette de la barre d'options pour refermer le panneau.
- Réglez ensuite l'option Mode, et choisissez Saturation ou Désaturation en fonction de la correction à effectuer. Puis réglez l'option Flux sur 50 %.

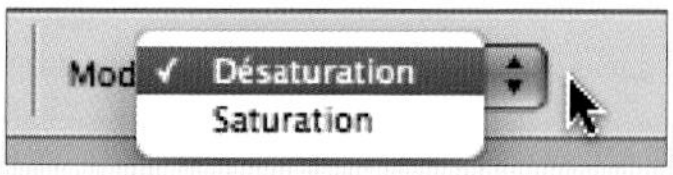

- Revenez dans votre document et appliquez l'outil Eponge par petites touches sur la zone à corriger.

ASTUCE Lorsque vous travaillez avec les outils de retouche, pensez que vous travaillez directement sur l'image et qu'un coup de pinceau de travers peut endommager votre cliché. Heureusement, en cas d'erreur, vous disposez de la commande Annuler (Commande Z), et du panneau Historique. Ce dernier est accessible via le menu Fenêtre et mémorise chaque opération effectuée sur l'image. À l'aide de ce panneau, vous pourrez donc annuler d'un seul coup une série de coups de pinceau, ou toute autre opération. Pour ce faire, cliquez simplement sur l'état d'historique auquel vous souhaitez revenir.

Avec les outils Densité + et Densité -, vous retrouverez le même type de mise en œuvre, mais cette fois pour effectuer une correction locale de luminosité. L'outil Densité + réduit la luminosité des pixels, l'outil Densité - augmente la luminosité des pixels.

- Après avoir activé l'outil Densité + ou Densité - dans la barre d'outils, revenez dans la barre d'options, et réglez le diamètre et la dureté de l'outil comme vous l'avez fait pour l'outil Eponge.

- Dans le menu local de l'options Gamme, choisissez ensuite la gamme de tons à corriger : Tons foncés, Tons moyens ou Tons clairs. Puis réduisez le réglage Exposition à 50 %, de manière à atténuer la puissance de l'outil.
- Revenez dans votre document, et appliquez l'outil, par petites touches, jusqu'à obtenir l'effet désiré.

La retouche de photos avec les outils Eponge ou Densité est sans doute l'une des opérations les plus délicates à effectuer dans Photoshop. Parce que d'une part ces deux outils produisent un effet dont l'intensité est très importante, et d'autre part, ils s'appliquent à l'aide du pinceau, un outil qui n'est pas facile à manier. Dans ces conditions, vos premières tentatives de corrections se solderont sans doute par un échec.

Afin d'optimiser vos chances de réussite, il y a quelques points importants à respecter :

- Utilisez une tablette graphique.
- Travaillez sur une image en haute résolution.
- Utilisez une forme dotée d'un bord flou.
- Réglez la puissance de l'outil au minimum.

Réparer un accroc

Si la technologie numérique a supprimé le négatif et les problèmes de tâches et des rayures qui lui étaient associés, elle n'a pas supprimé l'existence des pétouilles et tâches de toutes sortes qui peuvent gâcher vos clichés : poussières d'objectif, insecte indésirable, accrocs d'un vieux documents numérisé. Et quand ce ne sont pas des éléments extérieurs à la prise de vue, ce sont des détails du sujet lui-même qui peuvent être indésirables : point noir, verrue, etc.

Pour corriger ces imperfections, ou masquer ces éléments indésirables, Photoshop dispose de trois outils, Correcteur, Correcteur de tons directs et Pièce, qui sont logés dans la barre d'outils, en dessous de l'outil Pipette. Comme vous allez le constater, ces trois outils produisent à peu près le même effet, mais leurs mises en œuvre diffèrent tout comme leurs conditions d'utilisation :

- Pour maquiller un petit accroc isolé, vous utiliserez l'outil Correcteur de tons directs ; ce dernier répare l'accroc en prélevant automatiquement de la matière au voisinage de la zone à corriger.
- Pour maquiller un petit accroc situé dans une zone hétérogène, vous utiliserez l'outil Correcteur ; ce dernier répare l'accroc en exploitant les pixels d'une autre zone de l'image que vous aurez définie au préalable.
- Pour maquiller un accroc de taille plus importante, vous utiliserez l'outil Pièce. Avec ce dernier, vous commencerez par définir une sélection autour de la zone à réparer, puis vous irez prélever de la matière dans une autre zone de l'image.

Utiliser l'outil Correcteur de tons directs

Dans l'exemple qui suit, il s'agit de corriger un petit défaut de maquillage sur le visage d'un enfant. La tâche est minuscule, mais une fois la photo tirée en grand format, on ne verra plus qu'elle.

- Dans la barre d'outils, faites un clic prolongé sur l'icône située en dessous de l'outil Pipette, de manière à afficher le menu local qui regroupe les outils de retouche, puis sélectionnez l'outil Correcteur de tons directs. Rendez-vous ensuite dans la barre d'options afin de régler les paramètres de l'outil.

- Comme vous l'avez fait avec les outils de correction de chromie, affichez le Sélecteur de forme en cliquant sur la vignette de brosse qui jouxte l'option Forme. Réglez le diamètre de l'outil à une taille légèrement supérieure à celle de la zone à retoucher, et sa dureté à 50 %. Choisissez ensuite Mode->Normal et Type->Similarité des couleurs.

- Revenez dans votre document et cliquez sur la zone à retoucher ; en principe, un seul clic suffit. Si l'effet n'est pas satisfaisant, annulez l'opération, augmentez la dureté de la brosse dans le Sélecteur de forme et réappliquez l'outil avec son nouveau réglage.

Utiliser l'outil Correcteur

Dans ce second exemple, il s'agit de corriger deux petites zones de reflets sur le visage d'un modèle. Ici les zones à maquiller se trouvant dans un milieu hétérogène, l'utilisation de l'outil Correcteur de tons directs ne produira pas forcément le résultat souhaité. Nous utiliserons donc l'outil Correcteur qui permet, lui, de fixer manuellement la zone d'échantillonnage qui sera exploitée pour la correction.

- Commencez par activer l'outil Correcteur dans la barre d'outils, puis rendez-vous dans la barre d'options afin de régler ses paramètres.

- Affichez le Sélecteur de forme, et réglez le diamètre et la dureté de l'outil, comme vous l'avez fait avec le Correcteur de tons directs. Choisissez Mode->Normal, Source->Echantillon, et vérifiez que l'option Aligné est décochée. Revenez ensuite dans votre document.

- Pour corriger le petit reflet situé sur le nez du modèle, cliquez à proximité de celui-ci, en pressant la touche Option : cette opération fixe le point d'origine de l'échantillonnage et capture les pixels situés à l'intérieur du périmètre de l'outil.

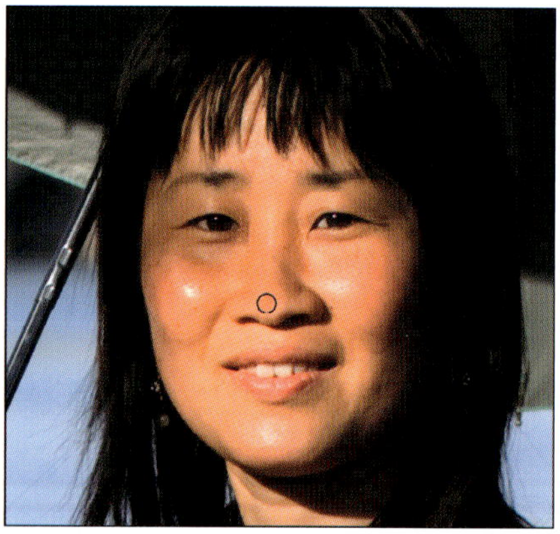

- Appliquez ensuite l'outil sur le reflet : les pixels appartenant à la zone à maquiller sont remplacés par ceux prélevés au point d'échantillonnage. Pour cette première correction, un seul clic devrait suffire.

Occupons-nous à présent du reflet situé sur la pommette gauche du modèle. La zone à maquiller est plus importante que celle située sur le nez, inutile pour autant de changer le diamètre de l'outil. Si besoin est, vous pourrez juste l'augmenter de quelques pixels.

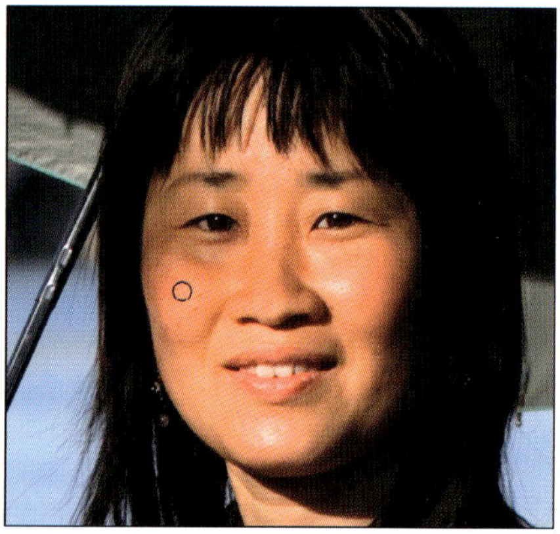

- Dans la barre d'options, cochez l'option Aligné, puis cliquez en dessous de la zone à maquiller, avec la touche Option enfoncée, afin de fixer le point d'origine d'échantillonnage. Commencez ensuite à retoucher le reflet, en procédant par petites touches. Vous noterez qu'à chaque application de l'outil le point d'échantillonnage, matérialisé par une croix, se déplace par rapport à sa position d'origine.

Utiliser l'outil Pièce

Dans ce troisième exemple, nous allons exploiter l'outil Pièce pour maquiller une large tâche qui s'affiche sur la muraille d'enceinte de la Cité Interdite à Pékin. Vu les dimensions de la zone à maquiller, l'outil Pièce est en effet le plus approprié, mais vous pourriez tout à fait effectuer cette correction à l'aide de l'outil Correcteur.

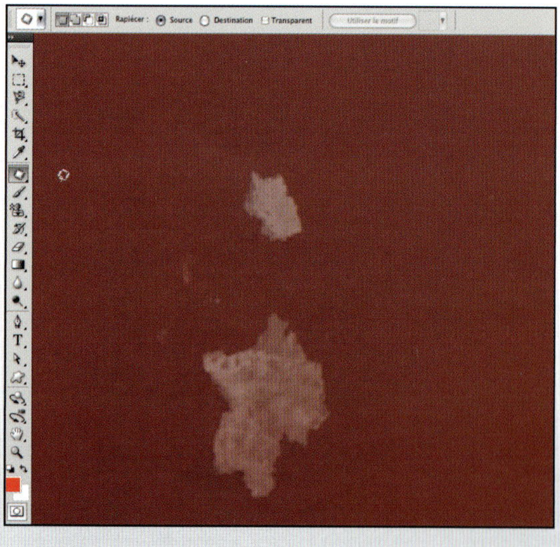

- Après avoir activé l'outil Pièce dans la barre d'outils, rendez-vous dans la barre d'options et choisissez Rapiécer->Source.
- Revenez dans votre document, enfoncez le bouton de la souris et tracez un contour de sélection autour de la zone à rapiécer. (Pour ceux qui n'ont jamais effectué de sélection, il s'agit de dessiner un contour virtuel autour de la zone, comme vous le feriez avec un crayon.)
- Une fois le contour bouclé, relâchez le bouton de la souris : celui-ci s'affiche sous forme d'un tracé pointillé clignotant.

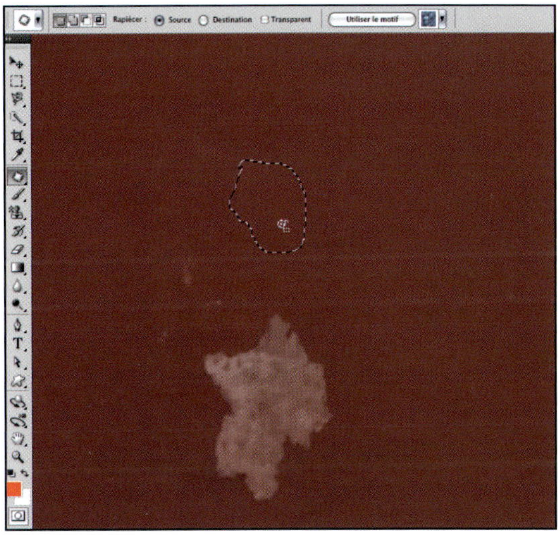

- Cliquez à l'intérieur de ce tracé et déplacez-le vers la portion d'image dont vous souhaitez prélever les pixels pour votre maquillage : la zone à corriger affiche en prévisualisation le résultat. Si ce dernier vous convient, relâchez le bouton de la souris, sinon, déplacez à nouveau la sélection pour trouver la zone idéale à cloner.

Maquillage au tampon

Autrefois, Photoshop ne disposait que de l'outil Tampon pour les opérations de maquillage. Cet outil ne permettait que de dupliquer un ensemble de pixels ou un motif.

Aujourd'hui, avec l'apparition des outils Correcteur et Pièce qui sont plus évolués, l'outil Tampon a perdu une partie de son utilité ; il reste toutefois l'outil idéal lorsqu'il s'agit de cloner une portion d'image dans le cadre d'une opération de retouche ou de création : cloner un arbre pour masquer un élément de décor indésirable, rajouter des personnages dans une foule, etc.

Côté mise en œuvre, le Tampon s'apparente à l'outil Correcteur dont il est l'ancêtre : après avoir réglé le diamètre et la dureté de l'outil, vous fixez le point d'origine du clonage, en cliquant sur la zone à dupliquer avec la touche Options enfoncée, puis vous appliquez le tampon sur la zone de l'image dans laquelle vous souhaitez reproduire l'élément.

Attention toutefois au réglage Aligné de la barre d'options qui modifie le comportement de l'outil.

- Par défaut, ce réglage est désactivé et chaque fois que vous appliquez l'outil Tampon, ce dernier clone les pixels capturés au point d'origine de duplication.
- Lorsque vous activez l'option Aligné, le point d'origine de duplication conserve une position relative identique par rapport à celle de l'outil. Chaque fois que vous déplacez le tampon et cliquez sur l'image, le point d'origine de duplication se déplace d'autant par rapport à sa position initiale. C'est donc l'option à activer si vous souhaitez dupliquer une portion d'image.

BON À SAVOIR

Le panneau Source de duplication : pour ceux qui désirent aller plus loin avec l'outil Tampon, Photoshop propose depuis sa version CS3 le panneau Source de duplication. À partir de ce panneau, accessible via le menu Fenêtre, vous pourrez définir cinq sources de duplication différentes, régler la taille de la zone clonée, son opacité, ou encore son mode de fusion (nous reparlerons des modes de fusion dans le Chapitre 14).

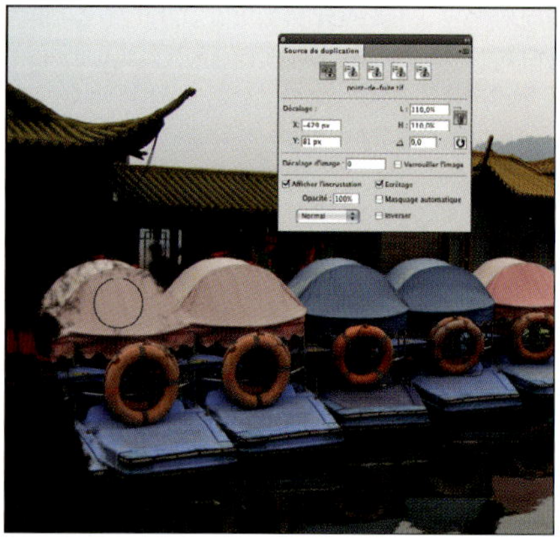

BON À SAVOIR

Le filtre Point de fuite : tant que vous travaillez dans une vue frontale, la duplication d'un élément ne pose pas de problème particulier. En revanche, si vous essayez de cloner un élément dans une vue en perspective (une fenêtre dans un mur oblique, par exemple), le résultat ne sera pas très convaincant. Tout simplement parce que l'élément cloné ne respectera pas la perspective du plan dans lequel il se trouve.

Dans ce cas, vous utiliserez le filtre Point de fuite, accessible via le menu Filtre. Ce «filtre» propose une interface qui permet de faire du clonage en perspective. Vous commencerez par mettre en place votre plan de duplication, à l'aide de l'outil Création de plan, situé dans la partie gauche de l'interface, puis vous activerez l'outil Tampon, vous fixerez le point d'origine de la duplication, et vous procéderez ensuite de la même façon qu'avec l'outil Tampon ordinaire.

Utiliser le filtre Fluidité

Avec le filtre Fluidité, vous disposez d'un puissant outil de retouche dont le mode de fonctionnement et la mise en œuvre sont très différents de ceux des outils que nous avons vus précédemment.

En effet, le filtre Fluidité n'est pas un outil de maquillage, puisqu'il ne modifie pas les pixels de l'image, mais plutôt un outil de déformation, à l'aide duquel vous pourrez retoucher un portrait afin d'améliorer l'expression du sujet : transformer une moue en sourire, rehausser des pommettes, remonter des sourcils, etc. Naturellement, ce filtre vous permettra également de transformer une photo en caricature, ou de déformer n'importe quel visage, sujet ou objet de votre choix.

Pour produire ce type d'effet, le filtre Fluidité exploite une grille vectorielle qui est associée à l'image. Lorsque vous déformez une portion de l'image, vous déformez en fait cette grille en déplaçant ou en déformant une ou plusieurs de ses mailles.

Comme vous allez le voir dans les lignes qui suivent, la mise en œuvre de l'outil Fluidité est plutôt simple ; nous allons l'exploiter ici pour rendre un peu plus souriant un modèle qui faisait la moue.

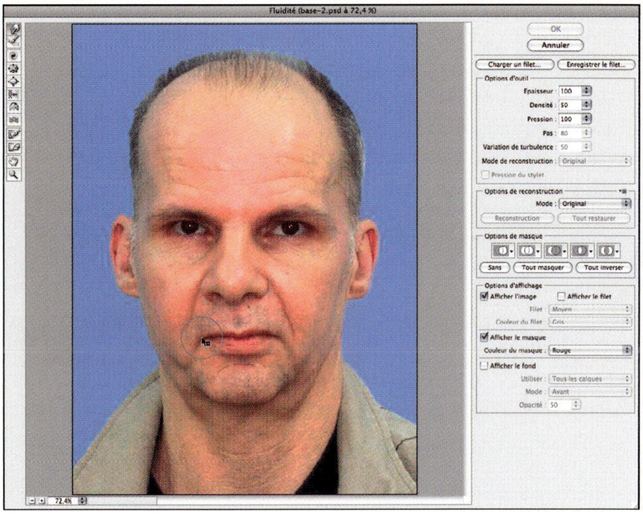

- Après avoir ouvert la photo du modèle à corriger dans Photoshop, lancez le filtre Fluidité à partir du menu Filtre : l'application affiche une nouvelle interface contenant la photo du modèle. Vous y trouverez, à gauche, une barre d'outils spécifique au filtre Fluidité, et à droite, un panneau de réglage qui vous permettra de paramétrer ces différents outils.

En pratique, vous utiliserez essentiellement l'outil Déformation avant, situé en haut de la barre d'outils, et les outils Contraction et Dilatation que vous trouverez en quatrième et cinquième position.

- L'outil Déformation avant permet de déplacer un ensemble de pixels : remonter un œil, rehausser une pommette ou le coin d'un sourire, etc.
- Les outils Contraction et Dilatation permettent, eux, de réduire ou d'agrandir une zone de l'image ; dans le cas d'une retouche de portrait, cela peut être réduire la taille d'un menton ou d'un nez, agrandir la taille des yeux, etc.

Pour retoucher notre portrait, nous utiliserons l'outil Déformation avant, avec différents réglages de diamètre. Tout dépend en effet de la zone à retoucher. Si vous devez relever le coin d'une bouche, le rayon de l'outil devra couvrir au moins le quart de la bouche de manière à ce que la déformation soit fluide.

- Après avoir activé l'outil Déformation avant dans la barre d'outils, rendez-vous dans le panneau de réglage, ajustez le diamètre de l'outil et conservez les autres réglages avec leurs valeurs par défaut : Densité 50 et Pression 100.
- Placez l'outil sur le coin droit de la bouche du modèle et déplacez cette zone vers le haut en effectuant un cliquer-glisser. Répétez l'opération avec le coin gauche de la bouche.

- Revenez ensuite dans le panneau de réglage, augmentez le diamètre de l'outil, puis cliquez cette fois au milieu de la bouche du sujet et décalez-la légèrement vers le bas, de manière à renforcer l'expression du sourire.

- Pour terminer, appliquez le même traitement aux yeux : relevez légèrement les coins des deux yeux et augmentez leur ouverture.

- Une fois le travail de retouche terminé, validez les transformations à l'aide du bouton OK : Photoshop referme l'interface du filtre Fluidité et calcule le rendu de l'image. Vous ne pourrez pas rééditer cet effet de filtre, à moins d'annuler l'opération via le panneau Historique.

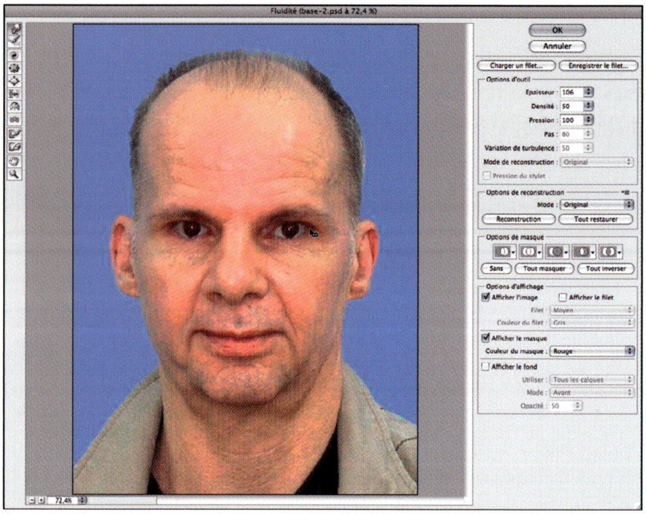

ASTUCE Enregistrer un filet : le filtre Fluidité étant basé sur l'exploitation d'une grille vectorielle, vous avez la possibilité d'enregistrer celle-ci avant de valider le filtre. Ceci vous permettra de reproduire une déformation identique sur un autre visuel, ou de rééditer une déformation réalisée précédemment.

Pour enregistrer la grille, utilisez la commande Enregistrer le filet, située dans la partie supérieure du panneau de réglage. Photoshop ouvre alors une boîte de dialogue d'enregistrement qui vous permettra d'enregistrer le fichier au format .MSH.

Pour réutiliser une grille de déformation, ouvrez d'abord l'interface du filtre Fluidité, puis cliquez sur le bouton Charger un filet, Photoshop affiche alors une boîte de dialogue d'ouverture de fichiers. Sélectionnez un fichier .MSH, enregistré précédemment, et validez : la déformation est appliquée automatiquement au visuel ouvert dans l'interface du filtre.

ASTUCE Utiliser l'outil Reconstruction : en plus des commandes d'annulation et de retour en arrière, accessibles via le menu Edition, l'interface du filtre Fluidité dispose d'un outil Reconstruction (le second outil de la barre d'outils). Ce dernier s'applique comme un pinceau et permet de restituer partiellement ou totalement l'image de départ.

Chapitre 8
Dessiner et peindre

Comme vous l'aurez compris à la lecture du chapitre précédent, les outils de retouche et de maquillage exploitent des formes (de brosses) paramétrables qui sont identiques à celles du Pinceau, l'outil de dessin de Photoshop dont nous allons parler dans ce chapitre.

Certes, Photoshop n'est pas une application spécialisée dans le dessin ou l'illustration, comme Painter ou ArtRage, mais avec cet outil Pinceau, qui peut aussi être configuré en aérographe, et un panneau Formes, aux options multiples, vous pourrez réaliser tous types d'illustrations, à condition, bien sûr, de travailler avec une tablette graphique.

L'environnement de travail pour le dessin

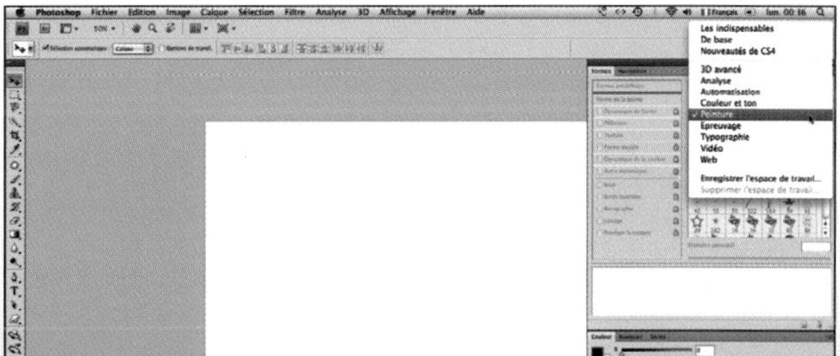

De même que pour les corrections chromatiques, Photoshop dispose d'un espace de travail prédéfini pour la peinture et le dessin. Il s'agit de la configuration Peinture, accessible via le sous-menu Fenêtre->Espace de travail, ou bien via le menu de configuration, situé dans la partie droite de la barre de l'application.

Lorsque vous choisissez l'espace de travail Peinture, Photoshop affiche les panneaux Couleur, Nuancier et Formes, que vous exploiterez en liaison directe avec les cases échantillon de couleur de la barre d'outils et le Sélecteur de couleur. Dans les lignes qui suivent, nous allons voir d'un peu plus près ces différents éléments.

Le Sélecteur de couleur

Dans sa partie inférieure, la barre d'outils affiche deux cases échantillons de couleur superposées qui permettent de contrôler la couleur de premier plan et la couleur d'arrière-plan. De quoi s'agit-il ? La couleur de premier plan est la couleur utilisée par les outils de dessin et par l'outil Texte ; la couleur d'arrière-plan est la couleur de fond d'un document vierge. C'est aussi celle qui apparaît lorsque vous supprimez le contenu d'une sélection.

Les cases échantillons affichent par défaut le noir comme couleur de premier plan et le blanc comme couleur d'arrière-plan, mais elles afficheront des réglages personnalisés, dès que vous aurez sélectionné ou créé de nouvelles couleurs à partir des panneaux Nuancier ou Couleur, ou bien via le Sélecteur de couleurs. Voyons d'abord ce dernier.

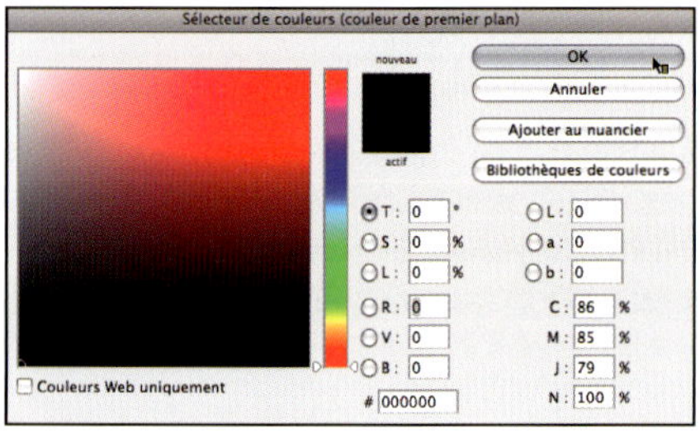

Lorsque vous cliquez sur l'une des cases échantillons, Photoshop ouvre la boîte de dialogue Sélecteur de couleurs, composée de trois zones distinctes : au centre un ruban de couleurs qui affiche le spectre des couleurs disponibles ; à gauche, une zone dégradée qui permet d'affiner la couleur sélectionnée dans le ruban ; et à droite, un ensemble de champs de saisie qui permettent de définir une couleur à partir de valeurs numériques, suivant les différents modes colorimétriques gérés par Photoshop (TSL, RVB, CMJN, Lab). En pratique, à moins d'avoir à recréer une teinte précise, vous exploiterez le ruban coloré.

- Pour définir une nouvelle couleur à partir du Sélecteur de couleurs, commencez par cliquer dans le ruban de couleurs vertical. Puis affinez votre sélection en cliquant dans la zone dégradée située dans la partie gauche de la boîte de dialogue. La couleur sélectionnée s'affiche dans la case échantillon Nouveau, située à droite du ruban de couleurs.
- À partir de là, vous avez deux possibilités : si vous validez votre choix à l'aide du bouton OK, la nouvelle couleur vient remplacer la couleur par défaut dans la case échantillon de couleur de la barre d'outils. Si vous cliquez sur le bouton Ajouter au nuancier, Photoshop affiche la boîte de dialogue Nom de la nuance, qui vous permettra de nommer la nouvelle couleur, et après validation, cette nouvelle couleur viendra s'afficher dans le panneau Nuancier.

ASTUCE Si, par inadvertance, vous avez défini une nouvelle couleur de premier plan au lieu de définir une nouvelle couleur d'arrière-plan, vous avez la possibilité de permuter ces couleurs, soit en cliquant sur la double flèche située au-dessus des deux cases échantillons de la barre d'outils, soit plus simplement en tapant X. De même, si vous souhaitez réinitialiser les couleurs de premier plan et d'arrière-plan, vous taperez D, ou vous utiliserez l'icône située à gauche de la flèche de permutation des couleurs.

La boîte de dialogue Sélecteur de couleurs permet d'accéder à des nuanciers de couleurs, via le bouton Bibliothèques de couleurs. Il s'agit de nuanciers de référence qui sont utilisés par les graphistes professionnels et les imprimeurs. Si vous utilisez Photoshop pour faire de l'illustration, ces nuanciers ne vous seront d'aucune utilité ; en revanche, si vous devez réaliser un document destiné à l'impression quadri (affiche, flyer, couverture de livre, etc.), en respectant les couleurs d'une charte graphique, vous serez amené à exploiter ces nuanciers, soit à partir du Sélecteur de couleurs, soit à partir du panneau Nuancier.

- Après avoir ouvert le Sélecteur de couleurs, cliquez sur le bouton Bibliothèques de couleurs ; Photoshop ouvre une nouvelle boîte de dialogue qui affiche par défaut les couleurs du nuancier Pantone.

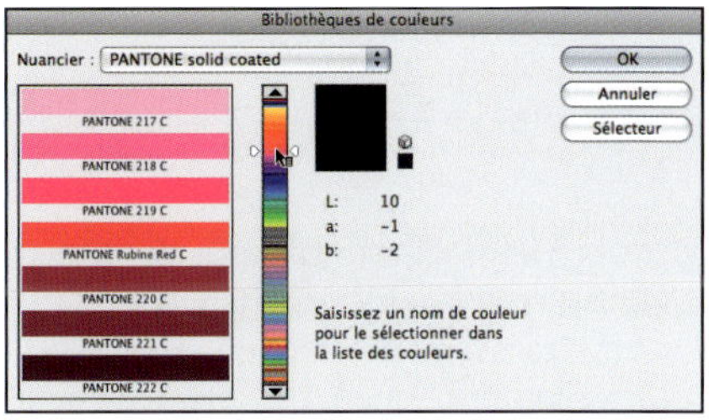

- Cliquez sur le ruban coloré pour sélectionner une gamme de couleurs, puis affinez votre choix dans la partie gauche de la boîte de dialogue qui affiche la liste des couleurs disponibles, et validez : la nouvelle couleur s'affiche dans la case échantillon de la barre d'outils.

BON À SAVOIR

Par défaut Photoshop affiche les nuanciers Pantone, mais la boîte de dialogue Bibliothèques de couleurs permet de choisir d'autres nuanciers, via le menu local situé dans sa partie supérieure. Suivant vos besoins, vous pourrez ainsi afficher les nuanciers Toyo, Folcoltone ou HKS qui sont également utilisés par les imprimeurs.

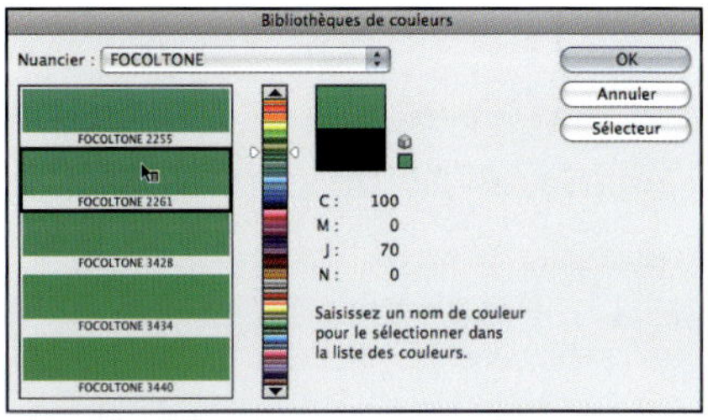

Le panneau Couleur

Avec le panneau Couleur, accessible via le menu Fenêtre, Photoshop propose une alternative au Sélecteur de couleurs, pour la création de nouvelles couleurs.

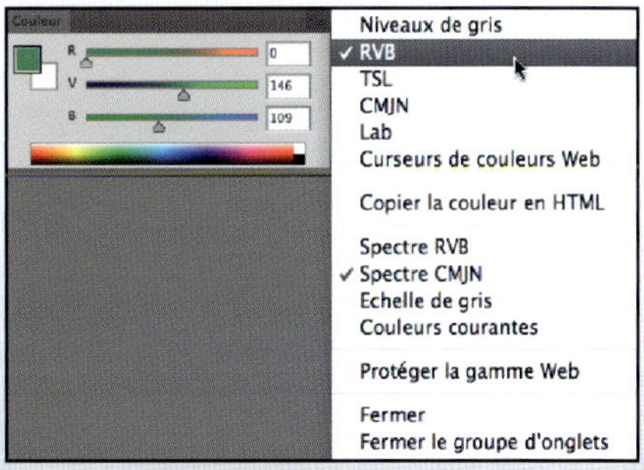

- Pour créer une nouvelle couleur à partir du panneau Couleur, commencez par activer la case échantillon Couleur de premier plan ou Couleur d'arrière-plan, dans la partie gauche du panneau.
- Choisissez ensuite un mode de couleur (Niveaux de gris, RVB, TSL, etc.), via le menu local du panneau, en cliquant sur la flèche située dans la partie droite de sa barre de titre. Puis

définissez la nouvelle couleur à l'aide du spectre affiché dans la partie inférieure du panneau, ou en utilisant les curseurs de réglage. La nouvelle couleur s'affiche automatiquement dans la case échantillon de la barre d'outils.

- Pour mémoriser cette nouvelle couleur, déplacez le pointeur vers le panneau Nuancier : celui-ci s'affiche sous forme de pot de peinture. Cliquez en dessous des couleurs déjà enregistrées ; Photoshop affiche la boîte de dialogue Nom de la nuance. Nommez la couleur et validez. La nouvelle couleur est ajoutée au nuancier.

Le panneau Nuancier

Comme vous l'aurez compris, le panneau Nuancier permet de stocker vos couleurs personnalisées, afin de pouvoir les réutiliser d'un document à l'autre. Mais sa fonction ne s'arrête pas là, puisqu'à partir de ce même panneau vous pourrez charger les bibliothèques de couleurs que nous avons évoquées avec le Sélecteur de couleurs.

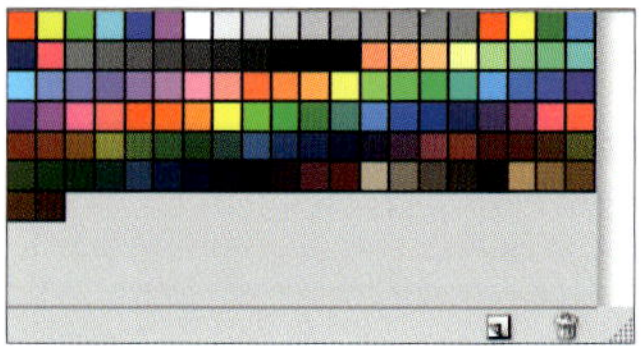

- Pour charger une bibliothèque de couleurs, commencez par afficher le menu local du panneau, en cliquant sur la flèche située dans la partie droite de sa barre de titre ; celui-ci liste les nuanciers disponibles (Pantone, Toyo, Focoltone, etc.).
- Sélectionnez le nuancier de votre choix : Photoshop affiche une boîte de dialogue vous proposant soit de remplacer le nuancier actif par le nouveau nuancier, soit de l'ajouter. Choisissez Remplacer et validez ; le nouveau nuancier est chargé dans le panneau.

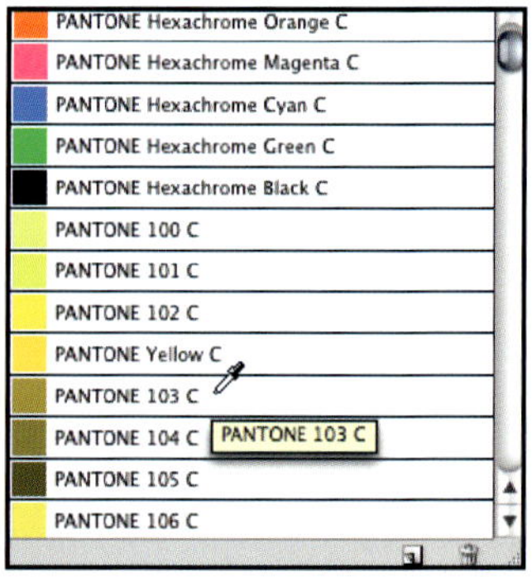

ASTUCE Le panneau Nuancier dispose de différentes options de présentation, accessibles via son menu local ; si vous chargez un nuancier de type Pantone, vous aurez intérêt à choisir une option de présentation par liste, afin de visualiser chaque couleur, accompagnée de son numéro d'identification.

L'outil Pipette

Pour la retouche d'image comme pour le dessin, l'outil Pipette fait partie des accessoires indispensables puisqu'il permet de prélever une couleur de l'image pour la stocker dans le panneau Nuancier, ou pour la réutiliser directement avec les outils Pinceau, Crayon ou Pot de peinture.

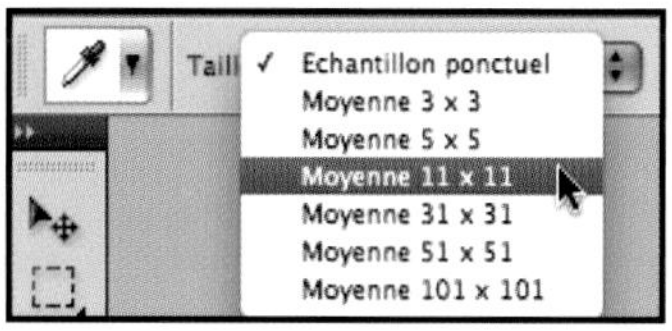

- Avant d'utiliser l'outil Pipette, réglez sa Taille via la barre d'options. Ce réglage permet de définir les dimensions du carré de pixels à partir duquel est calculée la valeur de la couleur prélevée. Par défaut ce réglage est fixé sur Echantillon ponctuel, mais si vous travaillez en haute résolution, la couleur prélevée ne sera pas représentative. Mieux vaut donc choisir les réglages Moyenne 11 x 11, ou Moyenne 31 x 31.
- Cliquez ensuite sur la zone de l'image à échantillonner : la couleur prélevée s'affiche dans la case échantillon Couleur de premier plan de la barre d'outils et du panneau Couleur.
- Si vous souhaitez prélever une couleur directement utilisable comme couleur d'arrière-plan, cliquez sur l'image avec la touche Option enfoncée : la couleur prélevée s'affiche alors dans la case échantillon Couleur d'arrière-plan.

Utiliser le pinceau et l'aérographe

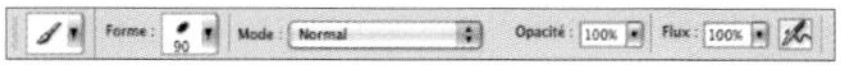

Si vous inspectez la barre d'outils de Photoshop, vous y trouverez l'outil Pinceau, situé au-dessus de l'outil Tampon, et associé aux outils Crayon et Remplacement de couleur. En revanche, vous n'y trouverez pas l'aérographe car ce dernier n'est accessible qu'à partir de la barre d'options de l'outil Pinceau.

Quelle différence existe-t-il entre les deux outils ? Le pinceau et l'aérographe disposent des mêmes réglages Diamètre, Dureté, etc., et exploitent le même panneau Formes, mais leur comportement diffère : lorsque vous appliquez le pinceau en pressant le bouton de la souris, vous créez une tache de couleur dont la taille et l'opacité son fixées par les réglages de l'outil. Lorsque vous effectuez la même opération avec l'aérographe, vous produisez une tache de couleur qui s'étend et s'opacifie tant que vous ne relâchez pas le bouton de la souris (ou la pression du stylet sur la tablette graphique). En résumé, l'outil Pinceau reproduit le comportement d'un véritable pinceau sur un support sec, et l'aérographe, celui d'un véritable aérographe. Toutefois, contrairement aux outils proposés par les applications spécialisées dans l'illustration et le dessin, les outils de Photoshop ne font pas la différence entre un rendu à l'huile, à l'aquarelle ou à l'acrylique.

Le réglage des outils

Lorsque vous activez le Pinceau à partir de la barre d'outils, la barre d'options affiche les réglages de base de l'outil ; réglages qui pourront être affinés via le panneau Formes que nous détaillerons plus loin. Comme nous l'avons vu avec les outils de retouche (voir Chapitre 7), la première opération à effectuer est le choix de la brosse (la forme). Soit en sélectionnant une forme prédéfinie, soit en réglant manuellement le diamètre et la dureté de l'outil.

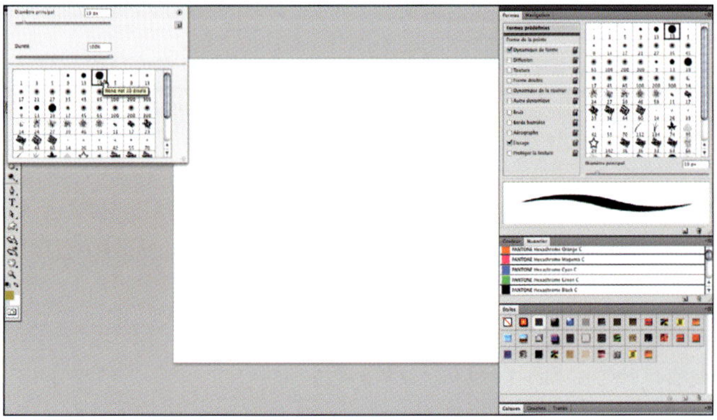

- Affichez le sélecteur de formes prédéfinies en cliquant sur la case échantillon située à droite de l'option Forme dans la barre d'options. Sélectionnez ensuite une forme prédéfinie dans la partie inférieure du panneau.
- Si vous préférez définir des réglages personnalisés, ajustez d'abord le diamètre de la brosse à l'aide du curseur Diamètre, puis réglez sa dureté, à l'aide du curseur homonyme. Ce réglage permet de contrôler la netteté du coup de pinceau : avec un réglage de dureté proche de 0, vous produisez un trait au contour flou ; avec un réglage de dureté proche de 100, vous générez un trait au contour net.

Reste ensuite à régler l'Opacité et le Flux ; le réglage Opacité permet de contrôler la transparence de la couleur que vous appliquez, et sa valeur dépendra de l'effet que vous souhaitez produire. Le réglage Flux permet de contrôler la pression de l'outil (la quantité de peinture ajoutée au document à chaque application). Si vous dessinez au pinceau, vous pourrez tester des valeurs comprises entre 50 et 100 ; en revanche, si vous utilisez l'aérographe, réglez le Flux à 50 %, de manière à mieux contrôler l'outil qui est assez puissant.

BON À SAVOIR Charger une bibliothèque de formes : lorsque vous ouvrez le sélecteur de formes prédéfinies, celui-ci affiche dans sa partie inférieure un jeu de formes par défaut. Mais Photoshop dispose de bibliothèques de formes supplémentaires que vous pourrez charger à partir de ce panneau :

- Ouvrez le menu local du sélecteur de formes prédéfinies en cliquant sur la flèche noire située dans son angle supérieur droit. Puis sélectionnez une bibliothèque de formes dans la partie inférieure du menu.
- Photoshop affiche alors une boîte de dialogue demandant s'il faut remplacer le jeu de formes par défaut, ou bien ajouter les nouvelles formes à la suite de celles existantes. Choisissez Ajouter, et validez : les nouvelles formes s'affichent dans la partie inférieure du panneau.

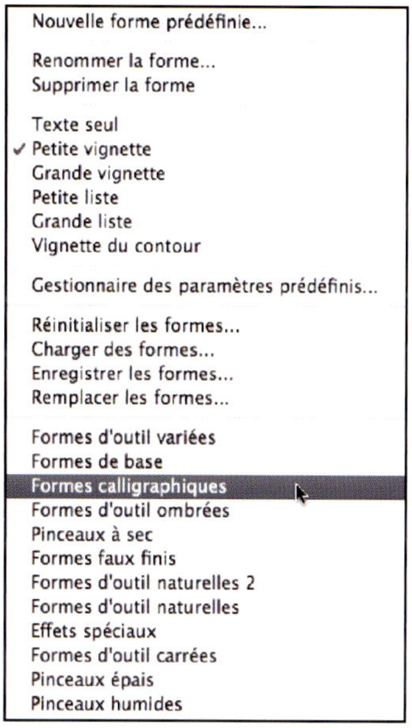

Le panneau Formes

Pour aller plus loin avec les outils de dessin, Photoshop dispose du panneau Formes (accessible via le menu Fenêtre) qui propose un ensemble d'options supplémentaires et permet de modifier les paramètres des formes prédéfinies ou de créer des brosses personnalisées.

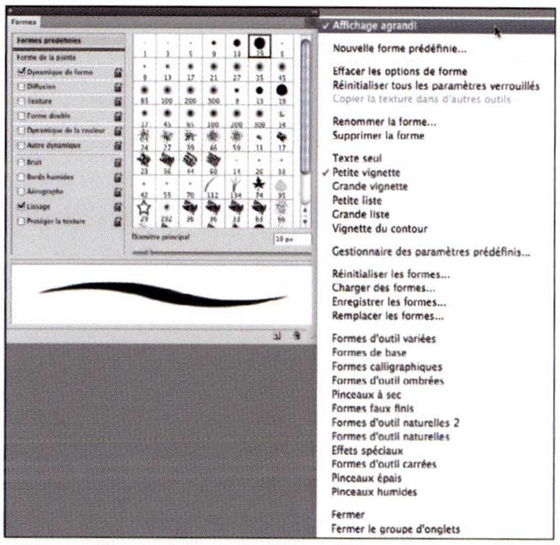

Lorsque vous ouvrez le panneau Formes, celui-ci affiche par défaut, dans sa partie droite, un jeu de formes prédéfinies identique à celui du sélecteur de formes prédéfinies, de la barre d'options. Mais il affiche en plus dans sa partie gauche deux rubriques et un ensemble d'options supplémentaires, ainsi qu'une prévisualisation du coup de pinceau produit avec la forme sélectionnée.

À partir de ce panneau, différentes utilisations sont possibles : sélectionner une forme, modifier les paramètres de base d'une forme, ou bien exploiter les options avancées pour modifier une forme existante ou définir une forme personnalisée.

- Sélectionner une forme : la sélection d'une forme se fait de la même manière que dans le sélecteur de formes prédéfinies. Cliquez sur la forme de votre choix ; elle s'affiche dans la case échantillon de la barre d'options de l'outil actif (Pinceau, Tampon, Eponge, Densité +, etc).

- Modifier les paramètres de base d'une forme : après avoir sélectionné une forme dans le panneau Formes, cliquez sur la rubrique Forme de la pointe, située dans la partie gauche du panneau. Ce dernier affiche alors dans sa partie droite les caractéristiques de base de la forme sélectionnée.
  Vous pourrez modifier les réglages de diamètre et de dureté, mais aussi régler la forme de la brosse, en agissant directement sur le diagramme affiché dans le panneau.
  Vous pourrez également régler le Pas de l'outil ; celui-ci, fixé par défaut à 25 % du diamètre de la brosse, permet de contrôler la continuité du trait. Avec le réglage par défaut, le pinceau produit un trait continu ; en augmentant la valeur du pas, les traces de pinceau s'espacent pour former finalement un trait en pointillé.

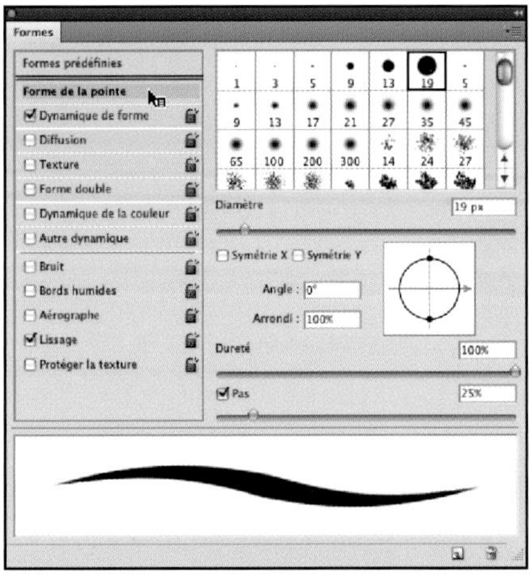

- Exploiter les réglages avancés : lorsque vous sélectionnez une forme prédéfinie, vous avez accès à une série de réglages supplémentaires, qui s'affichent dans la partie gauche du panneau : Dynamique de la forme, Diffusion, Texture, etc.
  Pour exploiter l'un de ces réglages, cliquez sur son nom afin d'afficher ses options, et activez-le à l'aide de la case à cocher qui jouxte son nom.
  Chacun de ces réglages disposant d'options particulières, nous ne les détaillerons pas ici. En revanche, vous retrouverez pour chaque réglage l'option Contrôle et son menu local ; celui-ci permet de choisir un mode de contrôle des variations des paramètres du pinceau. Par défaut, ce contrôle est désactivé, mais si vous travaillez avec une tablette graphique, vous aurez tout intérêt à modifier cette option, afin d'exploiter au maximum le ressources de votre outil. (Voir section suivante.)

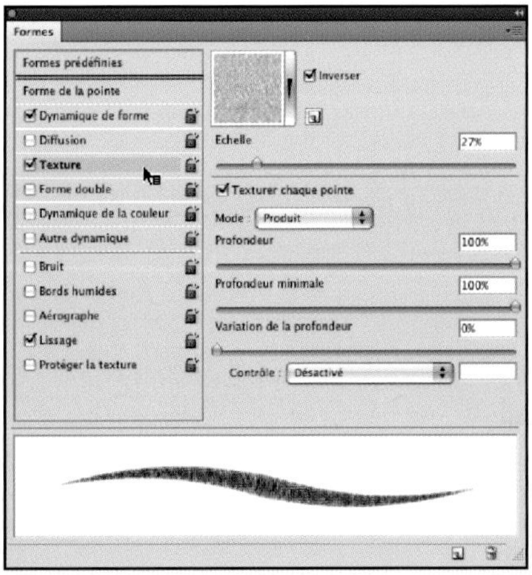

Travailler avec une tablette graphique

Depuis que Wacom n'a plus le monopole des tablettes graphiques pour Mac, cet outil est devenu abordable pour le particulier, même dans un grand format comme le A4. Par conséquent, si vous envisagez d'exploiter Photoshop pour faire de l'illustration, il est indispensable de vous équiper de ce type de matériel.

Une fois l'installation effectuée et votre tablette connectée, le panneau Préférences du Mac affiche une nouvelle rubrique, à partir de laquelle vous pourrez régler les paramètres généraux de votre stylet, sensibilité de la pointe, actions des boutons, etc. Ensuite, vous n'aurez qu'à relancer Photoshop et afficher le panneau Formes pour accéder aux options de contrôle dynamique.

Dans les lignes qui suivent, nous allons voir comment paramétrer le réglage Dynamique de la forme, mais vous retrouverez un paramétrage identique pour les autres réglages : Texture, Diffusion, etc.

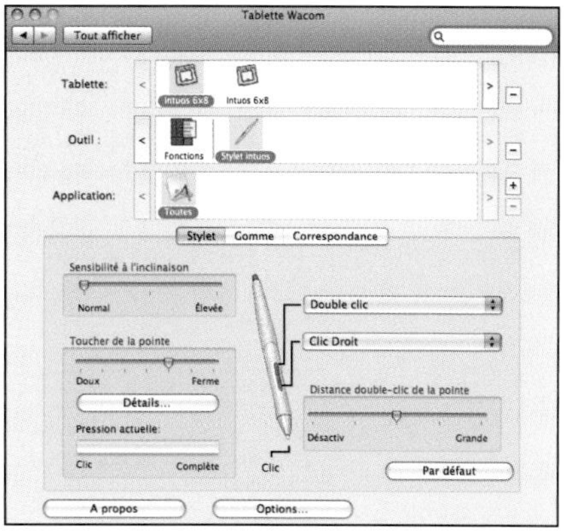

- Après avoir sélectionné une forme prédéfinie, dans le panneau Formes, activez le réglage Dynamique de la forme, dans la partie gauche du panneau. Dans la partie droite s'affichent les options Variation de la taille, Variation de l'angle, Variation de l'arrondi.
- Ouvrez le menu local Contrôle, de l'option Variation de la forme, et choisissez Pression de la plume. Réglez ensuite le curseur Variation de la taille sur 0 %, puis ajustez le diamètre minimal de la plume à l'aide du curseur situé en dessous de l'option Contrôle.

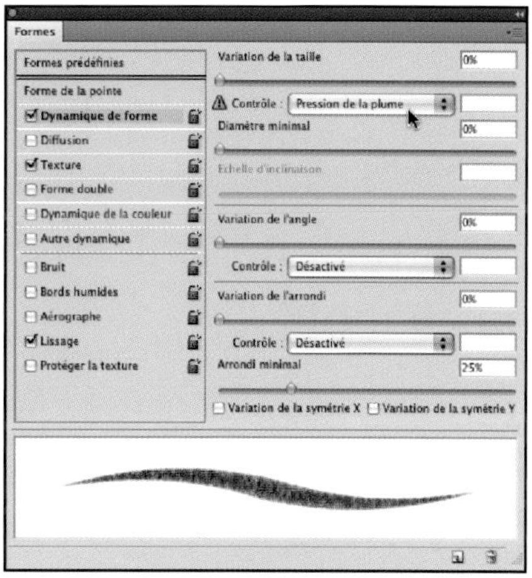

- Passez à l'option Variation de l'angle ; ramenez le curseur à 0 %, puis choisissez, dans le menu local Contrôle, Inclinaison de la plume. Attention, ce réglage ne produit un effet que si vous avez défini une forme de brosse elliptique.

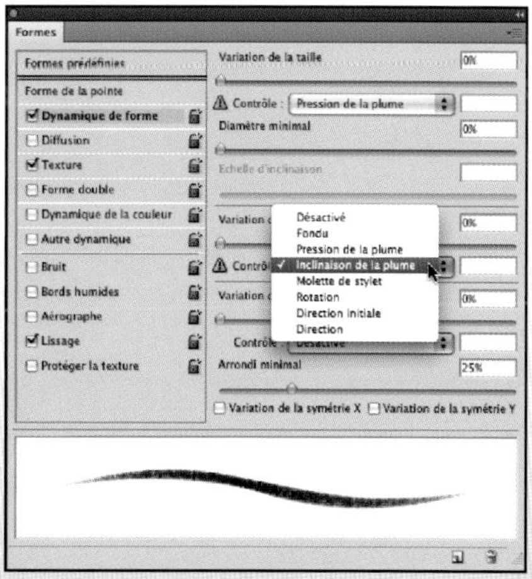

- Une fois les réglages effectués, testez votre pinceau sur un document vierge. Si le résultat vous convient, enregistrez la nouvelle forme, via la commande Nouvelle forme prédéfinie, du menu local du panneau. Après enregistrement, la nouvelle forme est accessible à partir de la rubrique Formes prédéfinies du panneau Formes, ou bien à partir du sélecteur de formes prédéfinies de la barre d'options.

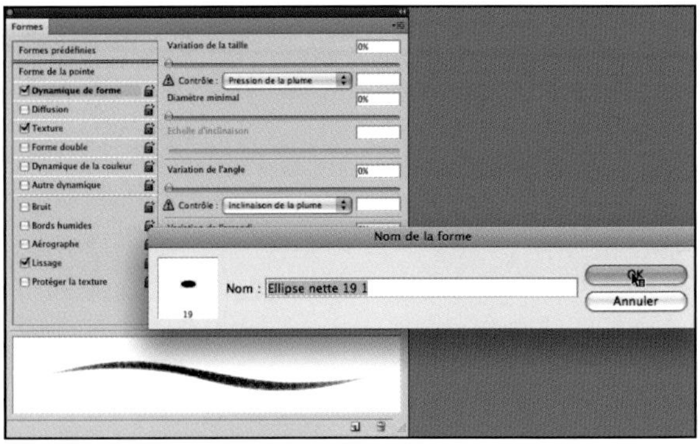

Comme vous l'aurez constaté en lisant cette section, nous n'avons pas véritablement parlé du maniement du pinceau, ni de l'aérographe, car en pratique ces outils se manipulent comme leurs homologues traditionnels. Si vous savez manier le pinceau ou l'aérographe, vous retrouverez rapidement vos gestes avec le stylet de la tablette graphique. En revanche, si vous n'avez jamais dessiné, Photoshop et votre tablette graphique ne vous seront pas d'un grand secours, et il faudra faire votre apprentissage avec un bon manuel de dessin !

Créer un fond, uni, en dégradé ou en motif

En complément des outils de dessin, Photoshop dispose de différents outils et commandes qui permettent de créer un fond rempli d'une couleur unie, d'un dégradé ou bien d'un motif. Ce fond pourra être utilisé comme base pour une illustration ou dans une composition quelconque.

- **La commande Remplir :** accessible via le menu Edition, cette commande permet de remplir un calque ou une sélection avec une couleur unie ou un motif.

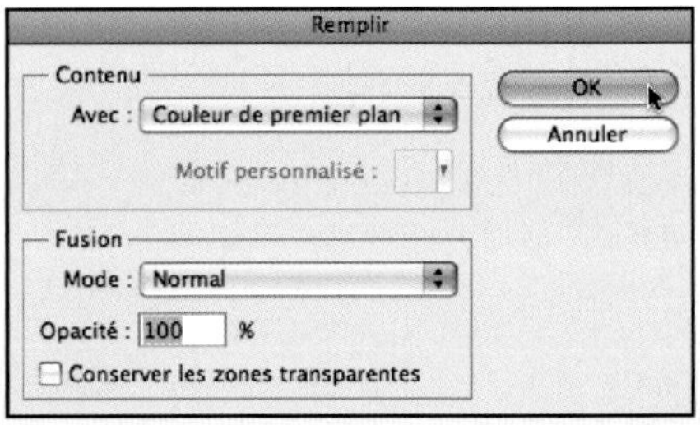

- **Le Pot de peinture :** associé à l'outil Dégradé dans la barre d'outils, le Pot de peinture permet de remplir une zone de l'image ou une sélection, avec une couleur unie ou un motif. Lorsqu'il est utilisé sans sélection, le Pot de peinture a un comportement proche de celui de la baguette magique.

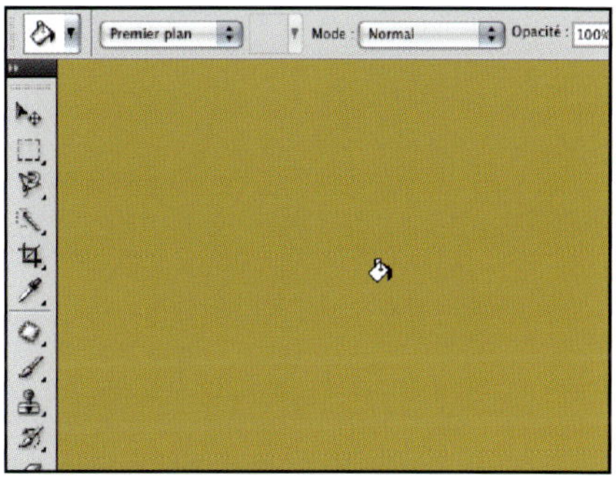

- **L'outil Dégradé :** accessible via la barre d'outils, cet outil permet de créer des dégradés, linéaires, radiales, miroirs, etc. en remplissage d'une sélection, ou bien sur l'ensemble d'un calque.
- **Les calques de remplissage :** accessibles à partir du panneau Calques ou du menu Calque, les calques de remplissage permettent de créer des fonds dynamiques dotés d'une couleur unie, d'un dégradé, ou d'un motif.

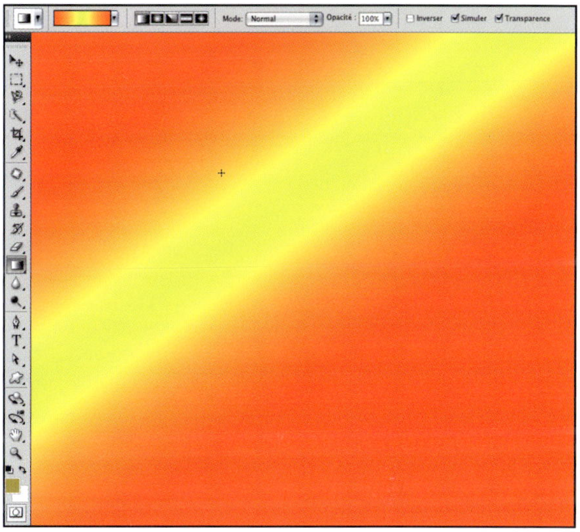

Si vous débutez avec Photoshop, vous vous interrogerez sur la solution à choisir pour créer votre nouveau fond. En pratique, dans la plupart des cas, vous aurez intérêt à exploiter les calques de remplissage dont nous allons voir la mise en œuvre dans la section qui suit.

Utiliser les calques de remplissage

Pour créer un fond de couleur, la technique la plus simple est sans doute l'utilisation de la commande Edition->Remplir. Toutefois, cette commande ne vous laisse aucune marge de manœuvre ; une fois votre fond de couleur créé, vous ne pourrez pas le modifier à moins de réutiliser cette même commande avec de nouveaux paramètres.

Avec les calques de remplissage, Photoshop propose un autre moyen beaucoup plus souple pour gérer la création d'un fond, que ce soit avec une couleur unie, un dégradé ou un motif. En effet, le calque de remplissage permet de modifier à tout moment les attributs du fond : modifier la couleur de remplissage, ou utiliser un masque de découpe pour créer une forme remplie.

Côté mise en œuvre, la création d'un calque de remplissage n'est pas plus compliquée que l'utilisation de la commande Remplir ou de l'outil Dégradé. Dans les lignes qui suivent, nous allons voir comment créer un fond de couleur unie.

- Après avoir ouvert un document quelconque dans Photoshop, ouvrez le menu Calque et choisissez Nouveau calque de remplissage->Couleur unie.

- Photoshop affiche une première boîte de dialogue qui permet de modifier certains paramètres du calque. En pratique, validez-la avec ses réglages par défaut.

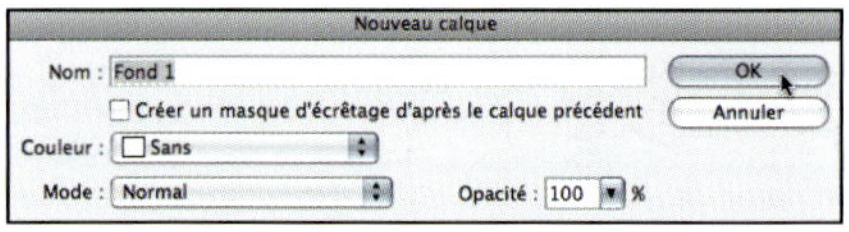

- Comme vous avez choisi l'option Couleur unie, Photoshop ouvre le Sélecteur de couleur. Choisissez votre couleur de remplissage et validez.

Après validation, le nouveau fond apparaît sur votre document, et le panneau Calques affiche le calque de remplissage, au-dessus du calque d'arrière-plan. Ce calque est composé de deux vignettes : à gauche, celle du calque de remplissage, à droite celle du masque de fusion, associé au calque.

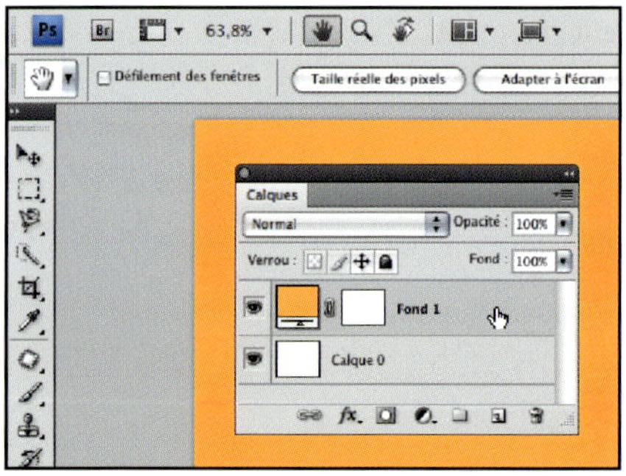

- Pour modifier la couleur de remplissage, double-cliquez sur la vignette de gauche : Photoshop rouvre le Sélecteur de couleurs. Choisissez une autre couleur et validez ; la modification est répercutée sur le document.
- Si vous souhaitez remplacer le fond de couleur unie, par un dégradé ou un motif, vous devrez créer un nouveau calque de remplissage en choisissant l'option Dégradé ou Motif, puis supprimer ou masquer le premier calque de remplissage que vous avez créé.

BON À SAVOIR

Jusqu'à sa version CS3, Photoshop proposait dans son menu Calque la commande Modifier le contenu du calque. Cette commande permettait de modifier un calque de remplissage ou un calque de réglage : par exemple, transformer un fond de couleur en dégradé, ou bien transformer un calque de réglage Niveaux en calque de réglage Courbes. Dans la présente version, cette commande fort utile a disparu. Mais il n'est pas impossible qu'elle revienne dans une prochaine mise à jour si de nombreux utilisateurs en font la demande.

ASTUCE Créer un calque de remplissage à partir du panneau Calques : plutôt que d'aller dans le menu Calque pour créer un nouveau calque de remplissage, vous pouvez effectuer cette opération à partir du panneau Calques :

- Dans la partie inférieure du panneau Calques, cliquez sur la quatrième icône, en partant de la gauche : Photoshop ouvre un menu local listant les différentes options de remplissage et de réglage. Sélectionnez l'option de votre choix, l'application affiche, selon le cas, le Sélecteur de couleurs, la boîte de dialogue Dégradés ou la boîte de dialogue Motifs. La suite de la mise en œuvre est identique à ce que nous avons détaillé plus haut.

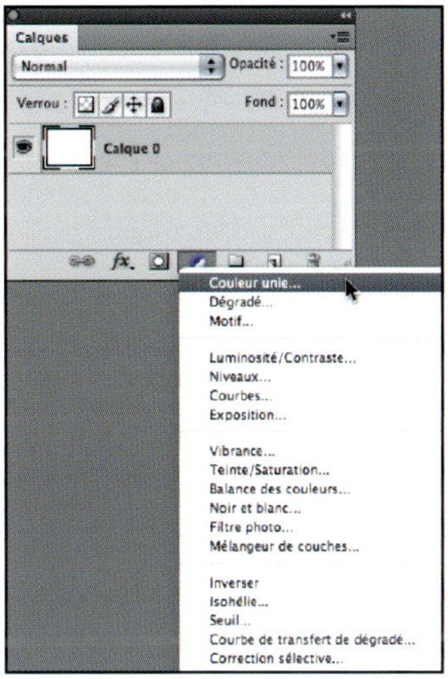

Créer un fond dégradé

Photoshop propose quatre types de dégradés : linéaire, radial, incliné, réfléchi et losange, ainsi que de nombreuses bibliothèques de dégradés qui peuvent être exploitées soit directement à l'aide de l'outil Dégradé de la barre d'outils, soit par l'intermédiaire d'un calque de remplissage.

Comme vous allez le découvrir, la mise en œuvre d'un fond dégradé à l'aide des calques de remplissage est identique à celle d'un fond de couleur unie. Seuls changent les paramètres de remplissage qui se feront ici dans la boîte de dialogue Fond en dégradé.

- Commencez par créer un calque de remplissage, via le menu Calque et choisissez l'option Dégradé. Après validation de la première boîte de dialogue, Photoshop ouvre la boîte de dialogue Fond en dégradé.

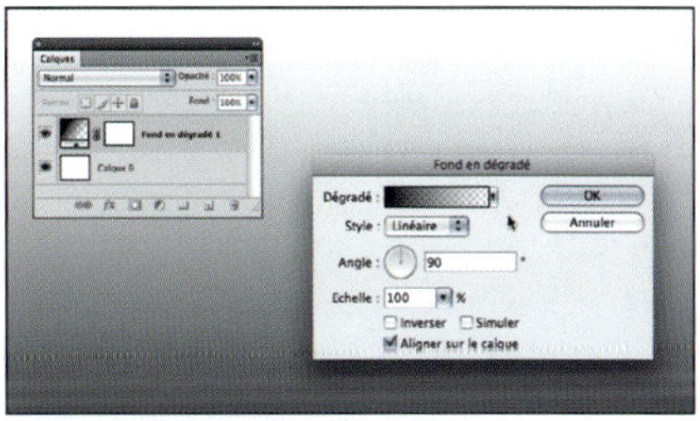

- Dans la partie supérieure de la boîte de dialogue, cliquez sur la flèche noire qui jouxte la case échantillon afin d'afficher le Sélecteur de dégradé. Double-cliquez sur le dégradé de votre choix : ce dernier s'affiche sur votre document, et dans la case échantillon de la boîte de dialogue.

- Sélectionnez un style de dégradé dans le menu local de l'option Style ; réglez éventuellement son orientation via l'option Angle, et son échelle. Puis validez : le nouveau calque de remplissage s'affiche dans le panneau Calques.

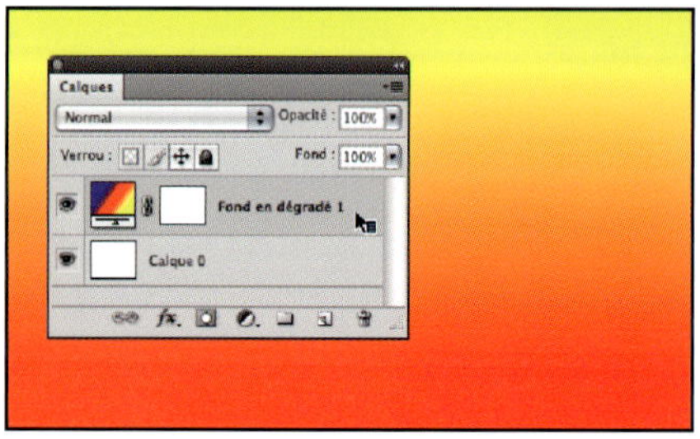

Comme vous l'aurez constaté, le Sélecteur de dégradés n'affiche qu'une petite dizaine de modèles, mais vous pourrez charger d'autres bibliothèques de dégradés, via son menu local :

- Commencez par afficher le Sélecteur de dégradés, à partir de la boîte de dialogue Fond en dégradé, puis cliquez sur la flèche noire située sur le côté droit du sélecteur. Photoshop ouvre un menu local qui liste les bibliothèques de dégradés disponibles.

- Sélectionnez une bibliothèque, l'application affiche une nouvelle boîte de dialogue vous demandant si vous souhaitez ajouter le nouveau jeu de dégradés, ou bien remplacer le jeu existant. Cliquez sur Ajouter ; le nouveau jeu de dégradés s'affiche dans le Sélecteur de dégradés.

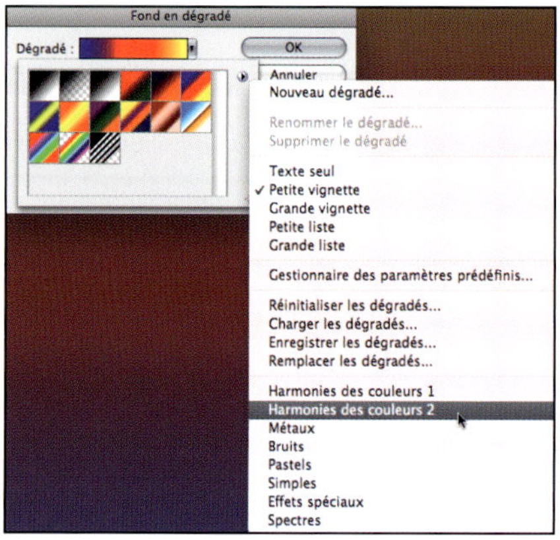

Créer un fond de motif

Photoshop dispose de différentes collections de motifs qui permettent de créer des fonds de toutes sortes : textures de papier, tissus, roches, parterres fleuris, décors abstraits, etc. Ces motifs sont exploitables à partir de la commande Remplir (menu Edition), à l'aide des outils Pot de peinture et Tampon de motif, ou bien encore via les calques de remplissage.

Comme vous allez le découvrir, la mise en œuvre d'un fond de motif à l'aide d'un calque de remplissage est identique à celle d'un fond de couleur unie. Seuls changent les paramètres de remplissage qui se feront ici dans la boîte de dialogue Motif.

- Commencez par créer un nouveau calque de remplissage via la commande du menu Calques, et choisissez dans le sous-menu Nouveau calque de remplissage, l'option Motif. Après l'inévitable boîte de dialogue Options de calque, Photoshop ouvre la boîte de dialogue Motif.

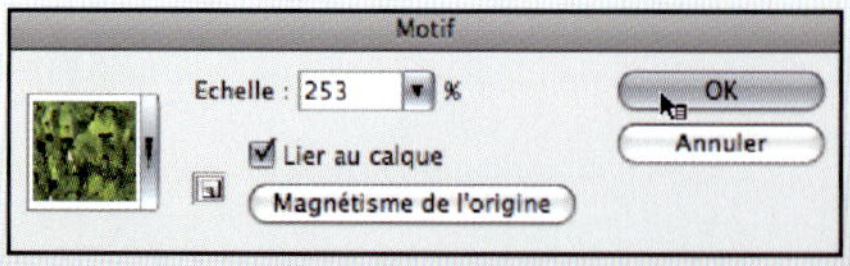

Créer un nouveau dégradé

En dépit du nombre de dégradés proposés par Photoshop, vous ne trouverez pas forcément celui qui vous convient. Dans ce cas, vous devrez créer un nouveau dégradé à l'aide de l'Editeur de dégradés, accessible à partir de la barre d'options de l'outil Dégradé, ou bien de la boîte de dialogue Fond en dégradé, des calques de remplissage.

- Après avoir activé l'outil Dégradé, cliquez sur la case échantillon qui s'affiche dans sa barre d'options : Photoshop ouvre l'interface de l'Editeur de dégradés.
- Dans le champ Nom qui s'affiche dans la partie médiane de l'interface, saisissez le nom du nouveau dégradé, puis cliquez sur le bouton Nouveau : votre dégradé est ajouté au jeu de dégradés actifs.
- Descendez ensuite en dessous du ruban dégradé, dans la partie inférieure de l'interface ; double-cliquez sur le marqueur qui s'affiche sous l'extrémité gauche du ruban pour définir la couleur de départ. Photoshop ouvre le Sélecteur de couleurs.
- Sélectionnez la couleur de votre choix, et validez, la nouvelle couleur vient remplacer la couleur de départ du dégradé. Pour définir la couleur d'arrivée, double-cliquez sur le marqueur situé sous l'extrémité droite du ruban, et procédez de la même manière.

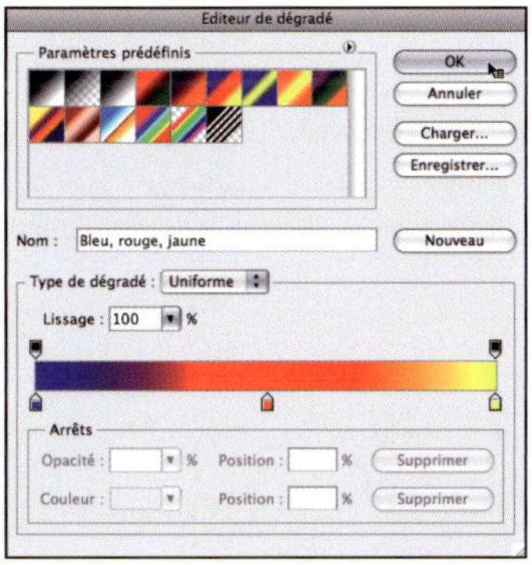

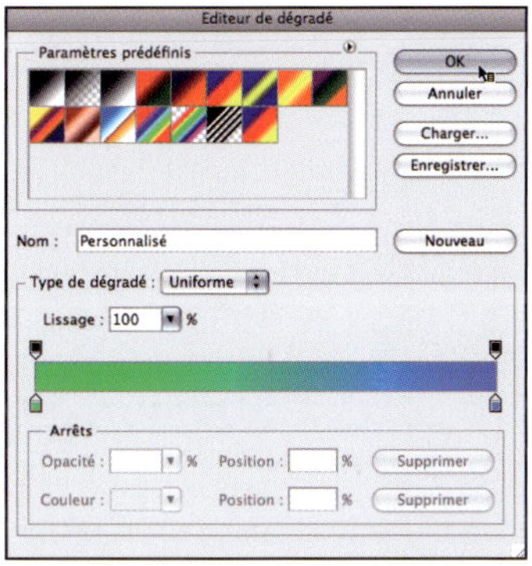

Ces simples manipulations suffisent à créer un nouveau dégradé prêt à l'emploi. Mais quid des dégradés transparents ou de ceux multicolores ?

Le ruban dégradé situé dans la partie inférieure de l'éditeur de dégradé dispose de deux séries de marqueurs : les premiers, situés en dessous du ruban, permettent, comme vous l'avez vu, de définir les couleurs de départ et d'arrivée du dégradé. Si vous cliquez entre les deux marqueurs existants, vous créez un nouveau marqueur et une nouvelle couleur dans le dégradé.

Les marqueurs situés au-dessus du ruban permettent, eux, de régler l'opacité des couleurs. Ils sont indépendants des marqueurs de couleurs et peuvent être déplacés librement le long du ruban. Pour régler la transparence d'un marqueur, cliquez sur celui-ci, puis descendez dans le champ Opacité qui s'affiche dans la partie inférieure du panneau et saisissez une valeur comprise entre 0 et 100 %.

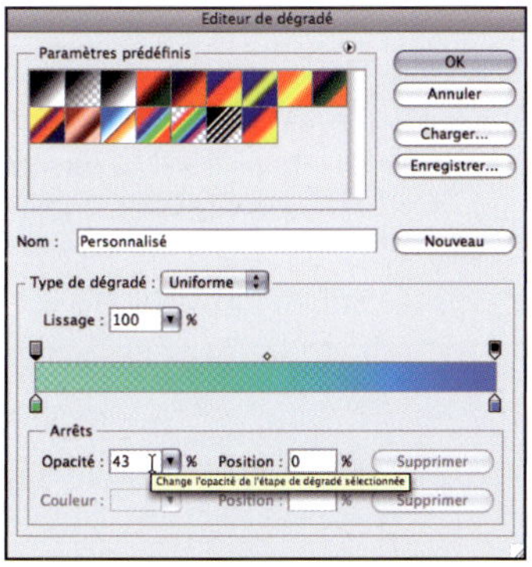

- Cliquez sur la case échantillon, située dans la partie gauche de la boîte de dialogue, pour ouvrir le Sélecteur de motifs et sélectionnez le motif de votre choix : Photoshop affiche une prévisualisation du nouveau fond en motif.
- Ajustez éventuellement la taille du motif, via le champ Echelle, puis validez : Photoshop génère le nouveau calque de remplissage et l'affiche dans le panneau Calques.

ASTUCE Charger une bibliothèque de motifs : le menu local du Sélecteur de motifs liste les bibliothèques de motifs disponibles. Pour charger l'une de ces bibliothèques, cliquez sur son nom, puis choisissez Ajouter, dans la boîte de dialogue qui s'affiche ensuite.

Créer un motif

Si les motifs proposés par Photoshop ne vous conviennent pas, vous pourrez naturellement créer les vôtres et les enregistrer dans le Sélecteur de motifs, ou bien télécharger de nouveaux motifs à partir d'un site Web spécialisé.

- Pour créer un motif, activez l'outil Rectangle de sélection, puis rendez-vous dans la barre d'options, réglez Style sur Taille fixe, et dans les champs L et H qui jouxtent l'option Style, saisissez les dimensions de votre futur motif. En général, 64 x 64, 80 x 80, ou 200 x 200 pixels.
- Cliquer ensuite sur votre document Photoshop génère automatiquement un tracé de sélection aux dimensions que vous avez définies. Déplacez ce tracé jusqu'à la zone de l'image que vous souhaitez exploiter comme motif.

- Activez la commande Edition->Utiliser comme motif : une nouvelle boîte de dialogue s'affiche, dans laquelle vous saisirez le nom de votre motif avant de valider. Après validation, vous retrouverez le nouveau motif dans le Sélecteur de motifs, accessible à partir de la barre d'options des outils Pot de peinture et Tampon de motifs.

Chapitre 9
Utiliser les outils de dessin vectoriel

Avec sa version 6.0, Photoshop apportait une mise à jour majeure en intégrant le support des calques vectoriels. Si vous faites vos premiers pas dans le monde de l'image numérique, vous vous interrogerez sans doute sur l'utilité de ce type de calques dans un éditeur bitmap. Comme vous allez le découvrir dans ce chapitre, les calques vectoriels et les outils de dessin qui leur sont associés permettent de créer simplement des formes rééditables, qui pourront être exploitées comme formes de découpe ou comme formes remplies. Et vous verrez dans le Chapitre 13 que ces mêmes calques permettent de conserver le texte sous forme vectorielle et non plus sous forme bitmap, comme c'était le cas avec les versions antérieures.

Outils de forme, calques de forme et plume

Avant d'entrer dans le vif du sujet, nous allons effectuer une petite expérience qui vous permettra de mieux comprendre quels sont les véritables avantages des calques vectoriels : il s'agit simplement de créer une forme elliptique et de la remplir d'une couleur unie :

- Après avoir créé un nouveau document de dimensions quelconques, affichez le panneau Calques, via le menu Fenêtre, et créez un nouveau calque en cliquant sur l'icône Créer un calque, située dans la partie inférieure du panneau.
- Activez l'outil Ellipse de sélection dans la barre d'outils, et tracez une ellipse sur le nouveau calque, en effectuant un cliquer-glisser (voir Chapitre 10). Rendez-vous ensuite dans le menu Edition, faites Remplir, et dans la boîte de dialogue de la commande, choisissez une couleur de remplissage quelconque. Puis validez.

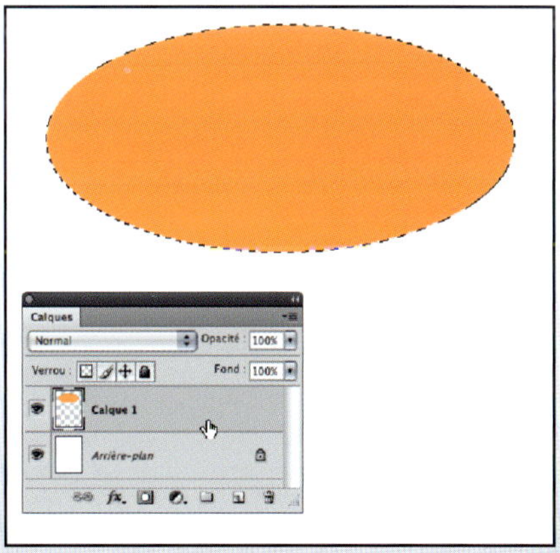

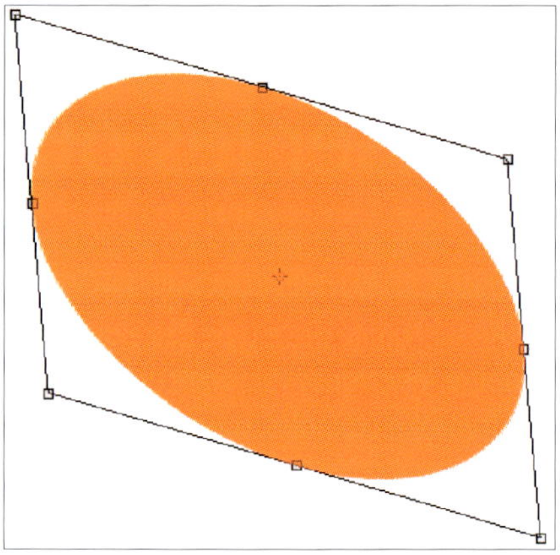

Votre document affiche à présent une forme elliptique, dotée d'un fond de couleur, que vous pourrez déplacer à l'intérieur du calque à l'aide du pointeur de déplacement (après avoir désactivé la sélection, en tapant Commande D), étirer, contracter, ou pivoter à l'aide de la commande Transformation manuelle du menu Edition (voir Chapitre 11). En revanche, si vous souhaitez changer la couleur de remplissage, ou remplacer le fond de couleur par un motif, vous devrez récupérer la sélection de votre forme elliptique et relancer la commande Remplir.

Vous penserez peut-être que ce petit détail de mise en œuvre n'est pas gênant. En réalité, ce n'est qu'un détail, car le véritable problème se situe au niveau de la transformation de cette forme remplie. En effet, lorsque vous appliquez une transformation au contenu d'un calque (rotation, inclinaison, changement d'échelle...). Photoshop recalcule l'ensemble de ses pixels. Après deux ou trois transformations de ce type, le contenu du calque est immanquablement détérioré, en particulier si sa forme est complexe et son remplissage constitué d'un motif ou d'un dégradé.

De plus, cette mise en œuvre basée sur les sélections vous interdit de modifier le contour de la forme, comme par exemple, transformer cette ellipse en forme concave.

Les avantages du vectoriel

Fort de cette expérience, vous aurez compris que l'outil de sélection n'était pas l'outil idéal pour créer une forme remplie. D'autant plus que vous disposez d'outils de dessin vectoriel. Quels sont les avantages du format vectoriel ? Comme nous l'avons évoqué au début de ce livre, un objet vectoriel est défini mathématiquement par une suite de vecteurs et matérialisé par un tracé doté d'un contour et d'un fond. Ce tracé étant composé de points d'ancrage et de tangentes, il est très facilement modifiable à l'aide d'un outil comme l'outil Plume et, vectoriel oblige, il ne pèse rien et peut être déformé en tous sens sans aucune perte de qualité.

L'environnement de travail vectoriel

Voyons maintenant quelles sont les solutions que propose Photoshop pour travailler en mode vectoriel. Dans la barre d'outils, vous trouverez en dessous de l'outil Densité + une section regroupant les outils de dessin vectoriel :

- **L'outil Plume :** il s'agit de l'outil de base des applications de dessin vectoriel qui permet de créer des formes quelconques, en assemblant des segments de droites et de courbes. Dans Photoshop, cet outil a un statut particulier, puisqu'il peut être utilisé aussi bien comme outil de sélection que comme outil de dessin. L'outil dispose d'un menu local qui permet d'accéder à la déclinaison de l'outil : Plume standard, Plume libre, Ajout de point, Suppression de point, et Conversion de point.

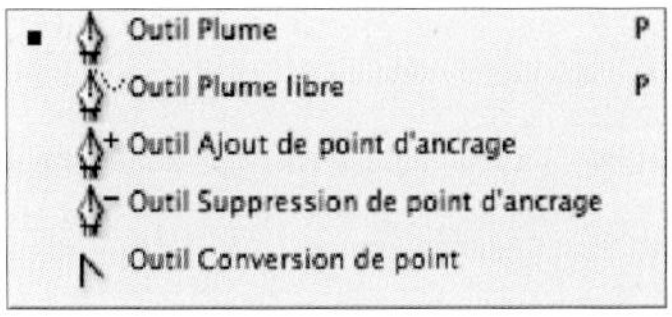

- **L'outil Texte :** cet outil permet d'insérer un élément de texte dans une composition : simple titre ou pavé de texte. Tout comme l'outil Plume, il se décline en Texte standard, Texte vertical, Masque de texte horizontal et Masque de texte vertical, variantes qui sont accessibles à partir de son menu local (nous reparlerons de l'outil texte dans le Chapitre 13).

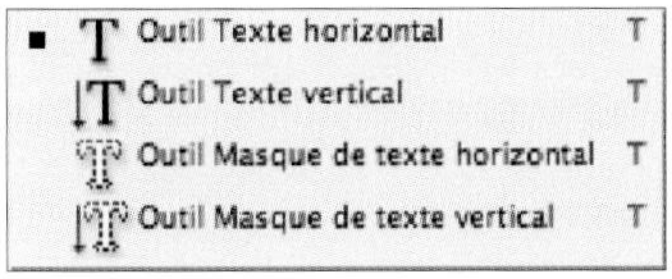

- **L'outil Sélection de tracé :** pour manipuler les tracés vectoriels, Photoshop dispose de deux outils spécifiques : l'outil Sélection de tracé et l'outil Sélection directe. Le premier permet de manipuler l'ensemble d'un tracé vectoriel, le second permet de modifier le tracé, en manipulant ses points d'ancrage et ses tangentes.

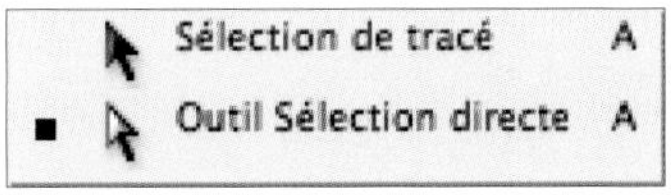

- **L'outil Rectangle :** ce dernier outil, qui se décline en Ellipse, Polygone, Trait, Forme personnalisée, permet de créer des formes vectorielles prédéfinies qui peuvent ensuite être modifiées à l'aide des outils de sélection et de la déclinaison de l'outil Plume.

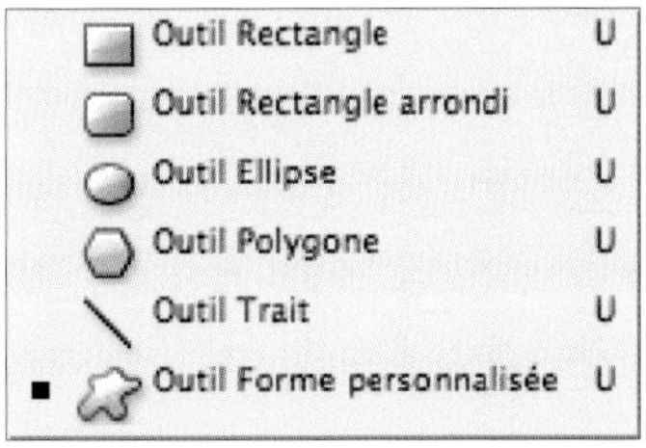

Créer une forme vectorielle prédéfinie

Pour créer une forme vectorielle, vous avez donc le choix entre l'outil Plume et la déclinaison de formes prédéfinies, accessibles à partir de l'outil Rectangle. L'outil Plume étant un peu délicat à manier, surtout si vous n'avez aucune expérience des outils de dessin vectoriel, nous parlerons d'abord des outils de dessin de formes prédéfinies : Rectangle, Ellipse, etc.

Comme vous allez le constater dans les lignes qui suivent, la mise en œuvre de ces différents outils est identique, et vous retrouverez le même mode opératoire pour l'outil Plume.

Pour commencer, nous allons créer un simple rectangle doté d'un fond de couleur unie :

- Après avoir ouvert un nouveau document de dimensions quelconques, activez l'outil Rectangle dans la barre d'outils : Photoshop affiche la barre d'options de l'outil dans la partie supérieure de la fenêtre de travail.

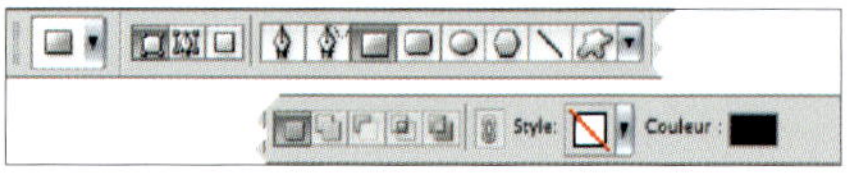

- Vérifiez que l'option Calque de formes est activée (la seconde icône en partant de la gauche), puis tracez un rectangle en effectuant un cliquer-glisser. Lorsque vous relâchez le bouton de la souris, le rectangle s'affiche dans le document ; il utilise comme couleur de fond la couleur de premier plan active dans la case échantillon de la barre d'outils.

Du côté du panneau Calques, l'opération génère un nouveau type de calque qu'on appelle calque de formes. Il s'agit de l'assemblage d'un calque de remplissage (vignette de gauche) et d'un masque vectoriel (vignette de droite). Nous reparlerons des masques vectoriels dans le Chapitre 12 ; pour le moment, tout ce que vous devez retenir c'est que le tracé vectoriel est enregistré dans le masque vectoriel et qu'il s'applique comme découpe sur le calque de remplissage.

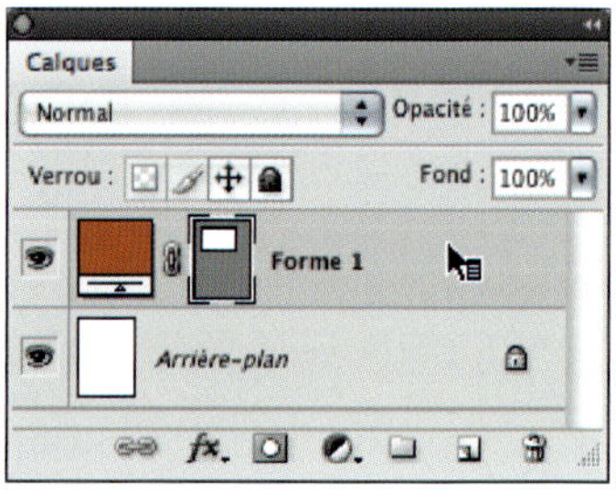

Régler les paramètres de la forme

Dans la section précédente, nous avons créé une forme prédéfinie en utilisant les paramètres par défaut de l'outil Rectangle. À présent, nous allons revenir sur les réglages que propose la barre d'options de l'outil, tout en sachant que vous retrouverez ces options quel que soit l'outil de forme sélectionné.

La barre d'options propose, dans sa partie gauche, un premier groupe de trois icônes qui permettent de sélectionner le type de contenu généré par l'outil. Vous trouverez de gauche à droite : calque de forme, tracé, ou pixels de remplissage.

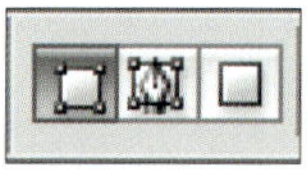

- **Calque de forme :** cette option par défaut génère un calque de forme, composé d'un calque de remplissage associé à un masque vectoriel.

- **Tracé :** cette option génère un simple tracé vectoriel, sans fond ni contour, qui vient s'afficher dans le panneau Tracés. Comme nous le verrons plus loin, ce tracé peut être exploité pour créer un masque vectoriel, ou une sélection.
- **Pixels de remplissage :** cette option génère une forme bitmap remplie d'un fond de couleur unie ; elle produit le même résultat que la manipulation que nous avons réalisée au début de ce chapitre. Attention, si le calque actif contient déjà une image, la forme créée sera fusionnée avec le contenu existant.

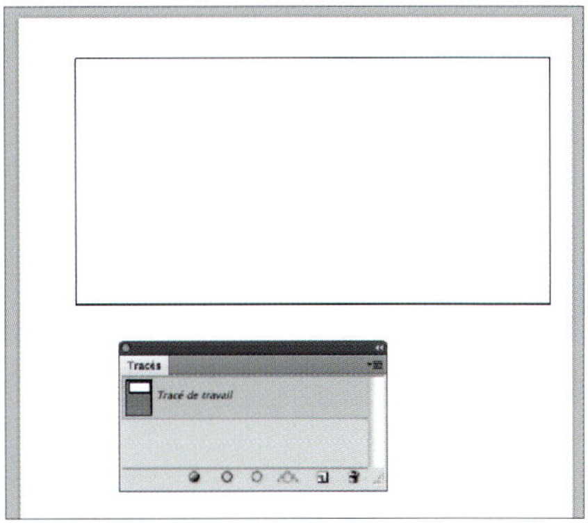

Quelle que soit l'option sélectionnée (Calque de forme, Tracé ou Pixels de remplissage) la barre d'options de l'outil affiche un second groupe d'icônes qui reprend les outils de dessin vectoriel de la barre d'outils. Vous y retrouverez donc les outils Plume, Rectangle, Ellipse, Trait, etc.

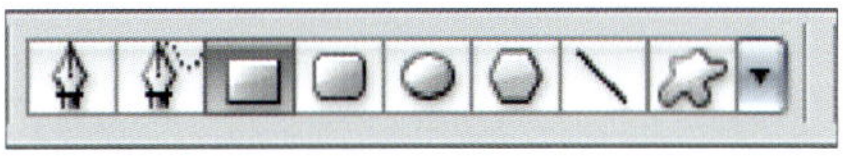

Lorsque vous sélectionnez l'un de ces outils, vous pourrez accéder à des options supplémentaires en cliquant sur la flèche noire située à droite du groupe d'icônes.

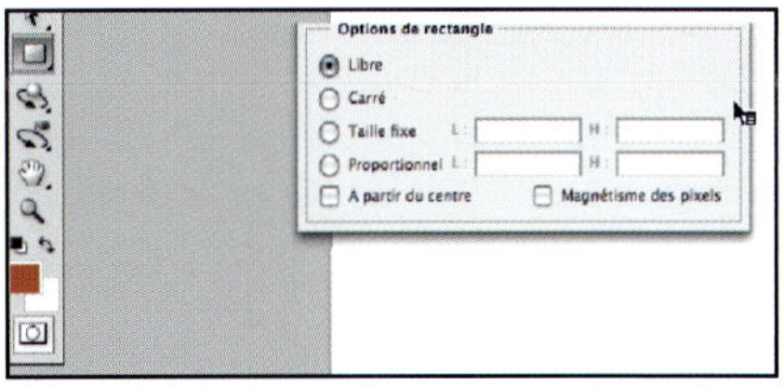

Lorsque vous travaillez avec l'option Calque de forme, la barre d'options affiche un troisième groupe d'icônes qui permet de contrôler le mode de l'outil :

- **Créer un nouveau calque de forme :** ce mode est sélectionné par défaut lorsque vous activez un outil de dessin vectoriel ; il génère automatiquement un calque de forme pour chaque nouveau tracé.

Les quatre modes qui suivent permettent de combiner des formes vectorielles à l'intérieur d'un même calque de forme. Vous avez dessiné un premier rectangle sur un calque de forme, et à présent vous avez sélectionné l'outil Ellipse :

- **Etendre la zone de la forme :** si vous activez ce mode pour tracer l'ellipse, cette dernière sera ajoutée au rectangle existant.

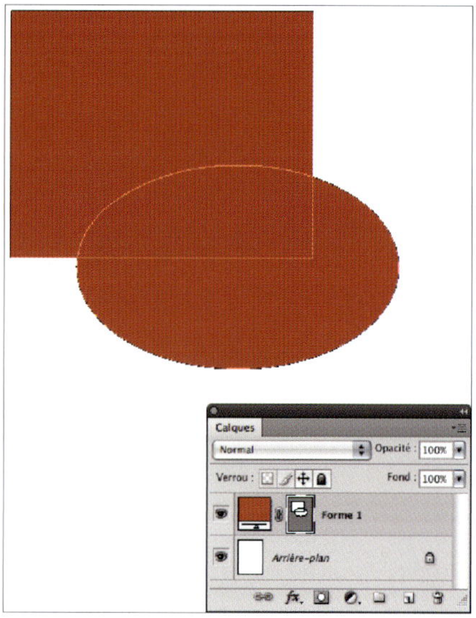

- **Soustraire de la zone de forme :** si vous activez ce mode pour tracer l'ellipse, sa forme sera retranchée à celle du rectangle existant.

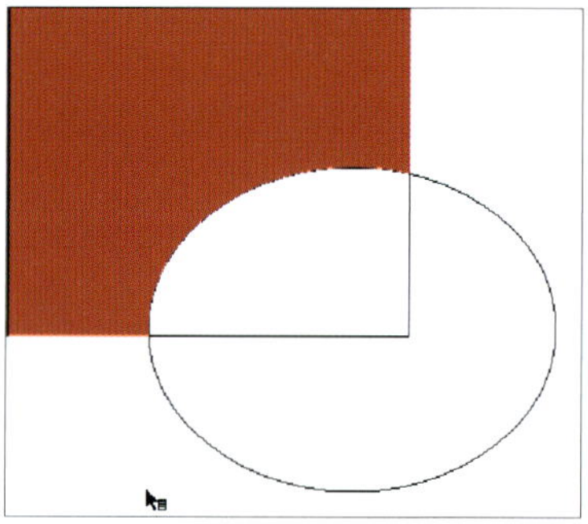

- **Intersection des zones de formes :** si vous activez ce mode pour tracer l'ellipse, la forme résultante sera l'intersection du rectangle et de l'ellipse (à condition que les deux formes se chevauchent).

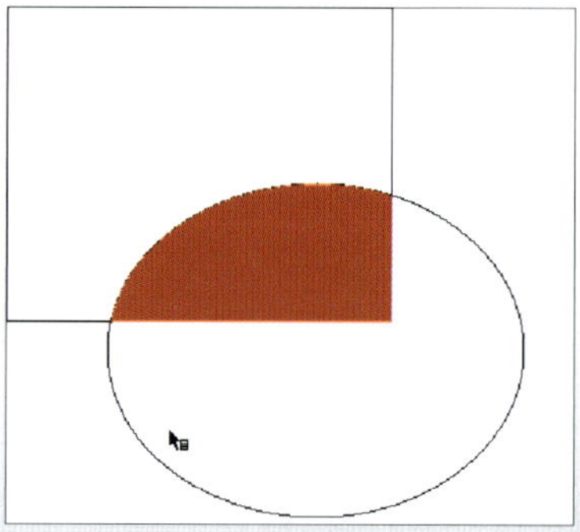

- **Exclure les zones de formes se chevauchant :** si vous activez ce mode pour tracer l'ellipse, la forme résultante sera la réunion du rectangle et de l'ellipse à l'exclusion de la zone correspondant à leur intersection.

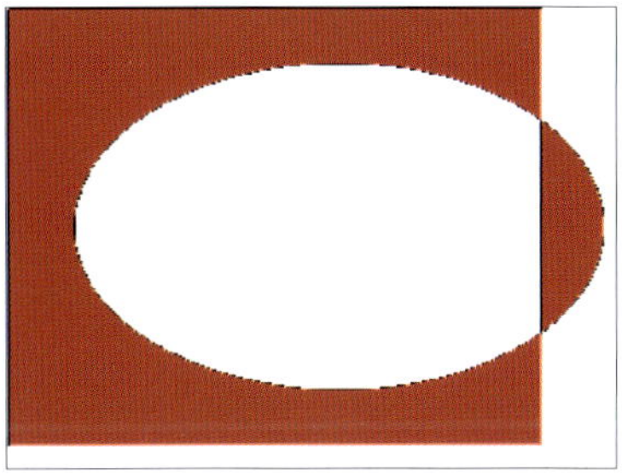

ASTUCE Contrôle du mode de dessin de l'outil Plume : lorsque vous activez l'option Tracé dans la barre d'options des outils vectoriels, vous retrouvez les différents modes de dessin Etendre, Soustraire, etc., à l'exception du mode Créer un nouveau calque de forme qui n'existe pas en mode Tracé.

Choix de la couleur

Comme nous l'avons vu plus haut, par défaut les outils de dessin exploitent comme couleur de remplissage la couleur de premier plan active dans la case échantillon de la barre d'outils. Vous pouvez toutefois redéfinir cette couleur avant le tracé de la forme, à l'aide de la case échantillon Couleur qui s'affiche dans la barre d'options.

Lorsque vous cliquez sur cette case échantillon, Photoshop ouvre le Sélecteur de couleurs dont nous avons déjà parlé dans le Chapitre 8.

Choix du style

Lorsque vous créez une forme vectorielle avec l'option Calque de forme, la barre d'options affiche dans sa partie droite la rubrique Style, accompagnée de sa case échantillon. En cliquant sur cette case, vous ouvrez le Sélecteur de styles qui affiche un jeu de styles par défaut. Il s'agit de réglages dynamiques combinant différents effets : ombre portée, relief, incrustation de motifs ou de dégradés, etc.

Comme nous le verrons dans le Chapitre 15, ces réglages peuvent être appliqués au contenu d'un calque quelconque, à partir du panneau Calques et du panneau Styles.

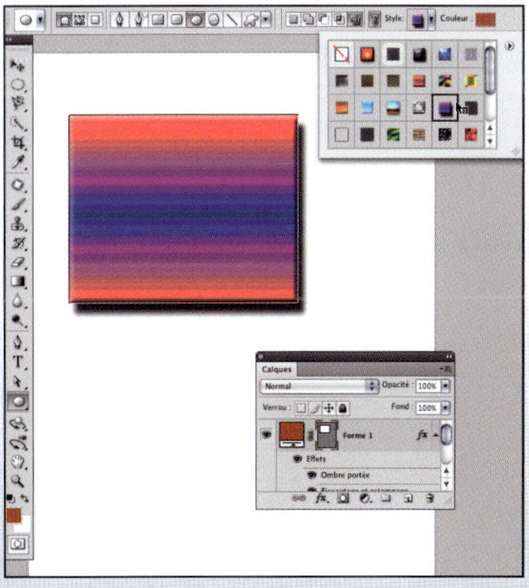

ASTUCE Créer une forme vectorielle dotée d'un fond en dégradé ou en motif : comme vous l'avez constaté, les outils de dessin vectoriel ne permettent que la création d'une forme dotée d'un fond de couleur unie. Quid des dégradés et des motifs que vous avez appris à exploiter avec les calques de remplissage, dans le Chapitre 8 ?

Comme nous l'avons déjà expliqué, Photoshop CS4 a perdu une commande fort utile qui permettait de modifier le contenu d'un calque de remplissage, en remplaçant, par exemple, un fond de couleur unie par un fond en dégradé. En l'absence de cette commande, le remplissage d'une forme vectorielle avec un dégradé ou un motif est beaucoup moins facile, à moins d'utiliser les styles de calques (voir Chapitre 15).

Il existe néanmoins une solution que nous vous livrons ci-dessous. Dans cet exemple, nous utiliserons l'outil Rectangle, mais vous pourrez effectuer la manipulation avec un outil de dessin vectoriel quelconque (Ellipse, Plume, Polygone, etc.) :

- Après avoir activé l'outil Rectangle, rendez-vous dans la barre d'options et sélectionnez l'option Tracé. Dessinez un rectangle sur votre document : il s'affiche comme un simple tracé, sans fond ni contour.
- Dans le menu Calque, choisissez Nouveau calque de remplissage->Dégradés, réglez les options du dégradé dans la boîte de dialogue Fond en dégradé, et validez : le rectangle apparaît dans la fenêtre de travail, avec son fond dégradé ; tandis que le panneau Calques affiche un nouveau calque de remplissage, associé à un masque vectoriel, c'est-à-dire un calque de forme.

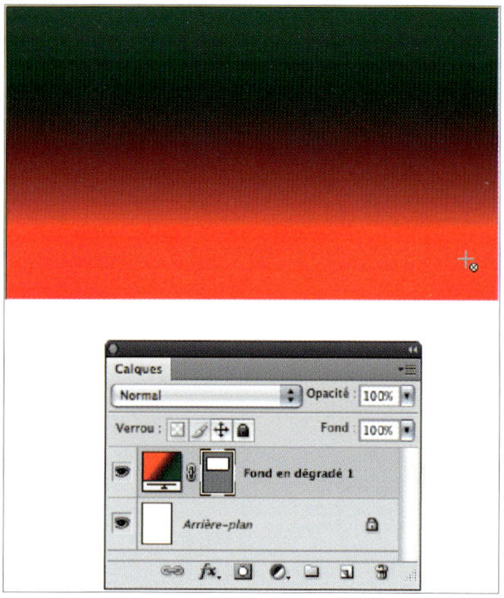

Si vous souhaitez créer une forme vectorielle dotée d'un fond en motifs, vous devrez reprendre la manipulation depuis le début, en choisissant l'option Motifs lors de la création du calque de remplissage.

Travailler avec l'outil Plume

Comme nous l'avons annoncé au début de ce chapitre, l'outil Plume est un outil à part, car il cumule les fonctions d'outil de dessin vectoriel et d'outil de sélection.

En pratique, vous pourrez l'utiliser pour créer une forme quelconque destinée à un calque de forme, pour créer un tracé vectoriel que vous exploiterez dans un masque vectoriel, ou bien encore pour tracer un contour de sélection sur une image bitmap ; dans le cas où les outils classiques de sélection se révèlent inadaptés.

Créer un tracé avec l'outil Plume

Avant de parler de ces différentes utilisations, nous allons d'abord voir sa mise en œuvre générale, car le maniement de cet outil est un peu particulier. Pour ce faire, nous partirons d'un nouveau document vierge, doté d'un fond blanc, dans lequel nous essaierons de dessiner un quadrilatère.

- Après avoir créé un nouveau document doté d'un fond blanc, sélectionnez l'outil Plume dans la barre d'outils, puis activez l'option Tracé dans sa barre d'options.
- Cliquez une première fois sur le document pour insérer le point de départ du tracé : un point d'ancrage carré s'affiche sous le pointeur.
- Déplacez le pointeur vers la droite et cliquez à nouveau sur le document : un second point d'ancrage s'affiche, relié au premier par un segment de droite.

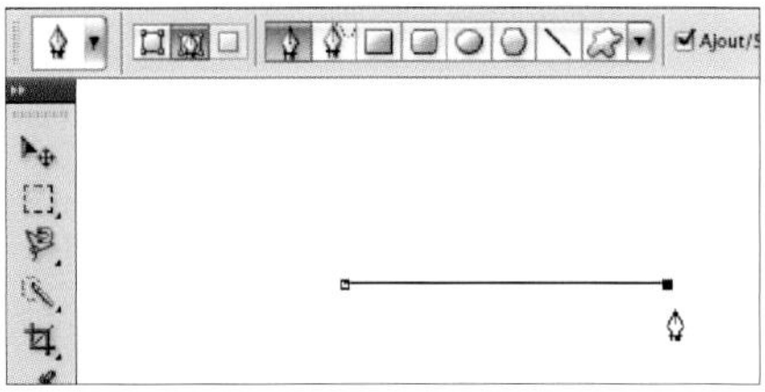

- Déplacez le pointeur vers le bas et cliquez encore une fois pour insérer un troisième point d'ancrage ; puis déplacez le pointeur vers la gauche, à la verticale du point de départ, et insérez un quatrième point d'ancrage.
- Pour refermer cette ébauche de rectangle, ramenez le pointeur sur le point de départ, et cliquez sur ce dernier : le tracé est refermé et affiche quatre segments de droite reliant les quatre points d'ancrage.

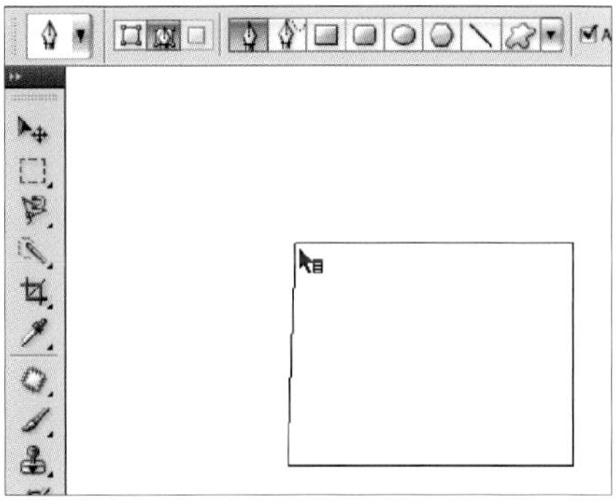

Et ensuite ? la première chose à faire est d'enregistrer le tracé dans le panneau Tracés. Ce qui vous permettra de le conserver avec le document, et de l'utiliser lorsque vous en aurez besoin :

- Commencez par afficher le panneau Tracés via le menu Fenêtre, celui-ci affiche une vignette nommée Tracé de travail. Double-cliquez sur cette vignette ; Photoshop ouvre la boîte de dialogue Mémoriser le tracé. Nommez le tracé « rectangle 1 » et validez, le tracé est enregistré dans le document.

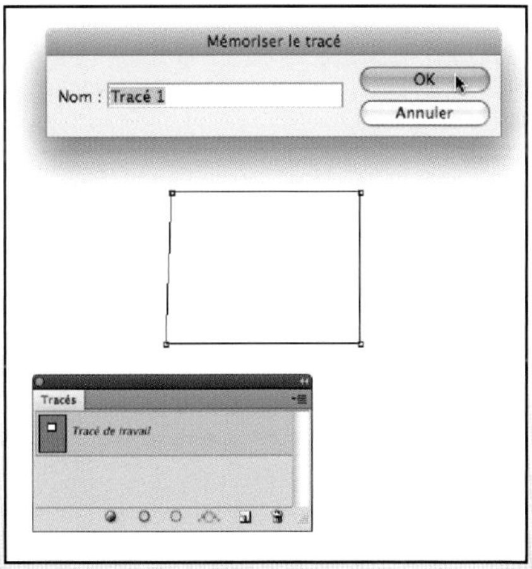

Voyons maintenant comment créer une forme composée de courbes. Dans l'exemple qui suit, nous allons essayer de dessiner une ellipse, en partant, comme précédemment, d'un document vierge, doté d'un fond blanc :

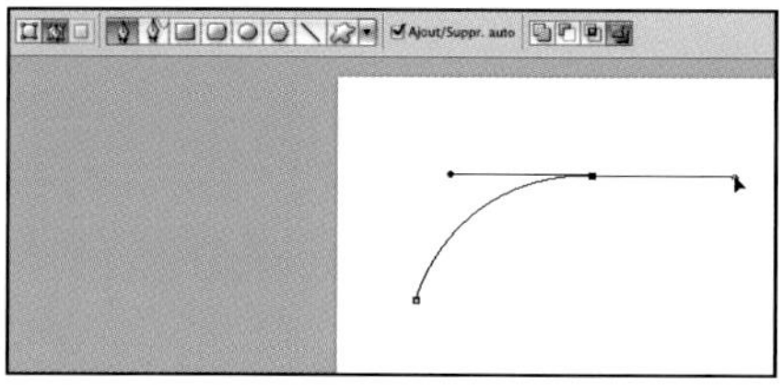

- Après avoir activé l'outil Plume et sélectionné l'option Tracé, cliquez sur le document pour insérer le point de départ du tracé. Déplacez ensuite le pointeur vers le haut et vers la droite, puis effectuez un cliquer-glisser horizontal : un nouveau point d'ancrage apparaît, relié au premier par un segment de courbe, et accompagné de deux poignées horizontales. Il s'agit de deux demi-tangentes qui vous permettront de contrôler l'inflexion de la courbe.
- Déplacez à nouveau le pointeur, vers le bas et vers la droite, de manière à revenir à l'horizontale du point de départ. Puis effectuez un cliquer-glisser vertical : un nouveau point d'ancrage s'affiche, relié au précédent par un nouveau segment de courbe.
- Déplacez le pointeur vers le bas et ramenez-le à la verticale du second point d'ancrage. Insérez un nouveau point de contrôle, en effectuant cette fois un cliquer-glisser horizontal.
- Pour terminer le tracé de l'ellipse, ramenez le pointeur sur le point de départ et faites un cliquer-glisser sur ce dernier : le tracé est refermé et s'affiche sous la forme d'une courbe continue qu'il faudra sans doute retoucher. Enregistrez-le dans le panneau Tracé, comme vous l'avez fait avec le tracé du rectangle.

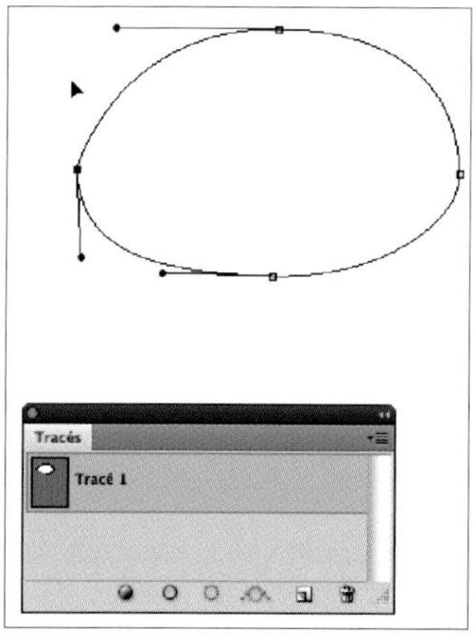

L'outil Plume étant plutôt difficile à contrôler, vos premiers tracés ne seront pas parfaits. Vous devrez donc les corriger à l'aide du pointeur de Sélection directe, que vous trouverez en dessous de l'outil Texte dans la barre d'outils. Vous aurez principalement deux types de corrections à effectuer : déplacement d'un point d'ancrage, et correction d'une courbe.

- Déplacer un point d'ancrage : après avoir activé le tracé en cliquant sur celui-ci à l'aide du pointeur de Sélection directe, effectuez un cliquer-glisser sur le point d'ancrage à déplacer.

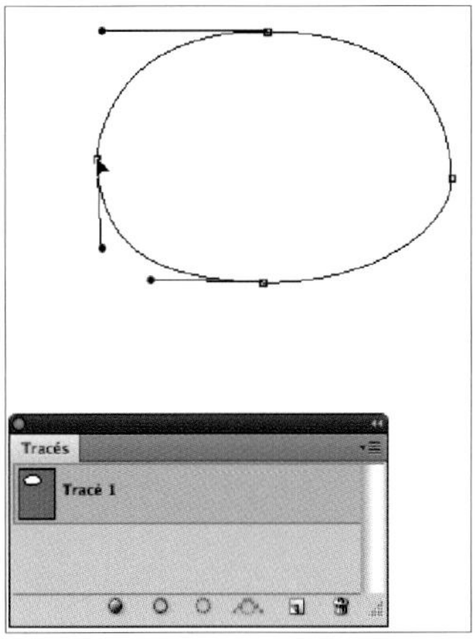

- Modifier une portion de courbe : après avoir activé le tracé en cliquant sur celui-ci à l'aide du pointeur de Sélection directe, cliquez sur la portion de courbe à modifier : les points d'ancrage situés aux deux extrémités du segment affichent les poignées des tangentes.

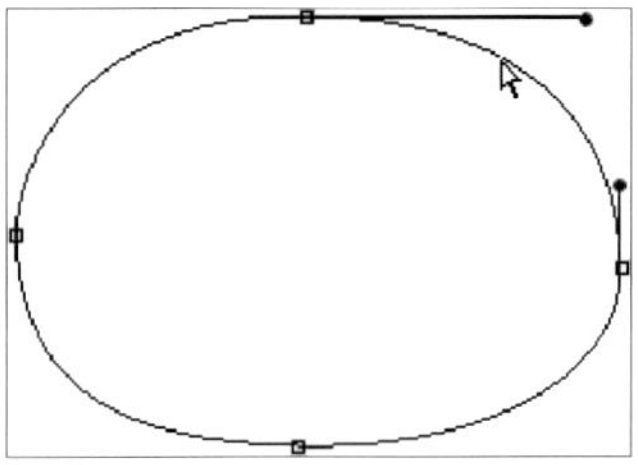

- Effectuez un cliquer-glisser au milieu de la courbe pour modifier son inflexion, ou bien cliquez à l'extrémité de l'une des poignées de tangentes et modifiez son orientation ou sa longueur.

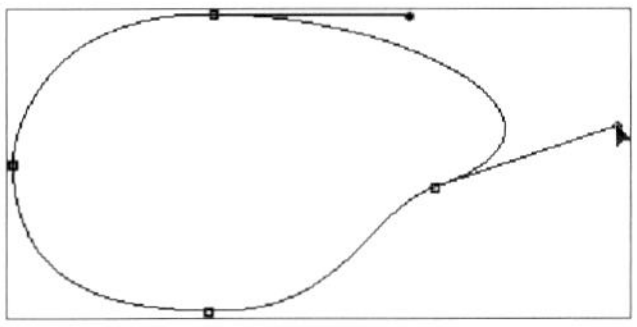

Dans certains cas, vous serez amené à transformer un sommet (point d'ancrage reliant deux segments de droite) en point de tangentes (point d'ancrage reliant deux portions de courbes), ou inversement. Ces opérations se font à l'aide du pointeur de Sélection directe :

- Pour effectuer la première conversion, enfoncez les touches Option et Commande : le pointeur se transforme en tête de flèche. Effectuez un cliquer-glisser sur le point à convertir de manière à faire apparaître les poignées de tangentes, puis ajustez la forme de la courbe comme précédemment.
- Pour effectuer la conversion inverse, cliquez simplement sur le point de tangente, en maintenant enfoncées les touches Option et Commande.

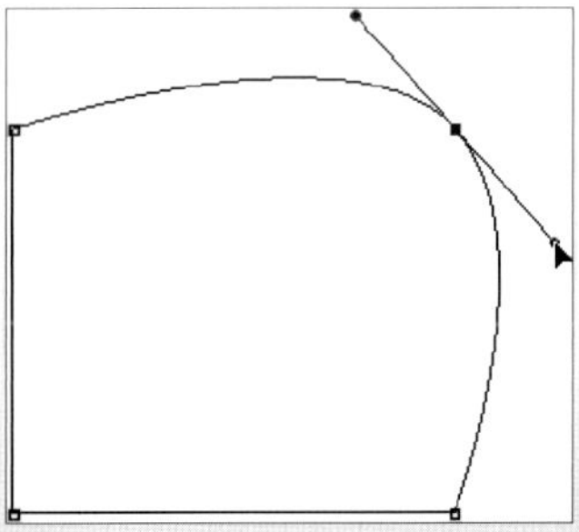

Enfin, reste la question de l'ajout ou de la suppression de points. Ces deux opérations s'effectuent à l'aide de l'outil Plume.

- Après avoir activé le tracé, à l'aide du pointeur de Sélection directe, reprenez l'outil Plume dans la barre d'outils. Pour supprimer un point d'ancrage existant, cliquez sur celui-ci avec l'outil Plume. Pour ajouter un point d'ancrage au milieu d'un segment, cliquez simplement sur ce dernier.

Exploiter un tracé créé avec l'outil Plume

À présent que vous possédez les rudiments d'utilisation de l'outil Plume, reste une question fondamentale : que faire avec ces tracés ? En pratique, vous avez trois possibilités : exploiter le tracé dans un masque vectoriel, générer un calque de forme, ou bien convertir le tracé en sélection pour travailler sur un contenu bitmap. Toutes ces manipulations se font en liaison avec le panneau Tracés dans lequel vous aurez, au préalable, enregistré ce tracé.

- Pour créer un masque vectoriel, commencez par activer le tracé mémorisé dans le panneau Tracés, en cliquant sur sa vignette, puis lancez la commande Calque->Masque vectoriel->Tracé sélectionné (voir aussi Chapitre 12).

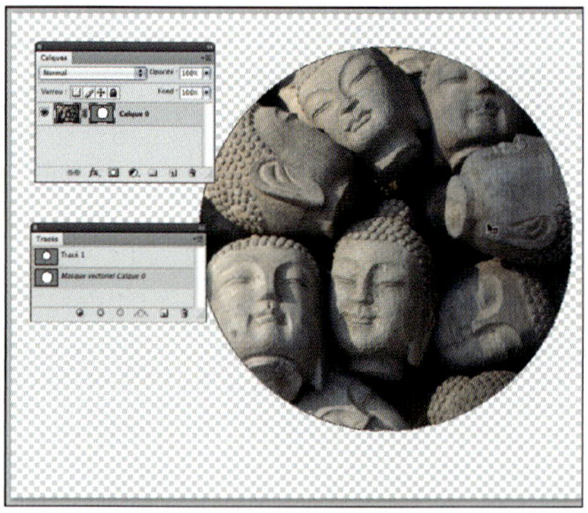

- Pour créer un calque de forme, commencez par activer le tracé mémorisé dans le panneau Tracés, en cliquant sur sa vignette, puis faites Calques->Calque de remplissage et choisissez le type de remplissage dans le sous-menu qui s'affiche.
- Pour convertir un tracé en sélection, commencez par l'activer en cliquant sur sa vignette, dans le panneau Tracés. Puis, affichez le menu contextuel du panneau, en effectuant un clic droit sur le nom du tracé, et choisissez Définir une sélection.

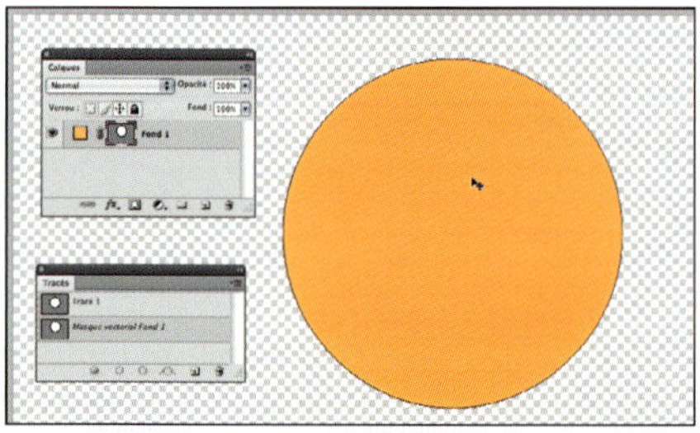

- Photoshop ouvre la boîte de dialogue Définir une sélection ; validez-la en conservant les réglages par défaut. Le tracé est converti en un contour de sélection et s'affiche sous forme de pointillés clignotants. Vous pourrez alors le manipuler et l'exploiter comme une sélection ordinaire, telle celles réalisées avec les outils Lasso, Baguette magique, etc. (Voir Chapitre 10.)

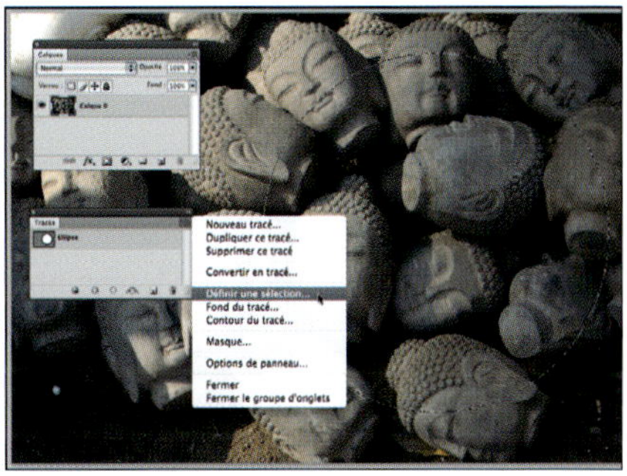

Editer une forme vectorielle

Dans les précédentes sections de ce chapitre, nous avons vu comment créer une forme vectorielle, comment créer et modifier un tracé vectoriel ; reste la question de l'édition des formes vectorielles : vous avez créé un calque de forme contenant une ellipse, un rectangle ou une forme quelconque et vous souhaitez modifier ce contenu. Comment procéder ?

Tout comme les tracés, les formes vectorielles sont composées d'un ensemble de points d'ancrage que vous pouvez manipuler à l'aide du pointeur de Sélection directe. L'unique différence entre ces éléments est que les premiers ne sont rattachés à aucun calque, alors que les seconds appartiennent au masque vectoriel, qui est associé au calque de remplissage pour constituer le calque de forme.

Pour modifier une forme vectorielle, vous retrouverez donc une mise en œuvre identique à celle utilisée pour modifier un tracé (voir plus haut), à la différence qu'ici vous travaillerez directement sur le masque vectoriel.

Dans l'exemple qui suit, nous avons créé un calque de forme, superposé à une image bitmap. Nous allons voir comment effectuer les principales opérations de modification :

- **Déplacer un point d'ancrage :** à l'aide du pointeur de Sélection directe, cliquez sur le tracé pour afficher ses point d'ancrages, puis effectuez un cliquer-glisser sur le point d'ancrage que vous souhaitez déplacer.

- **Transformer un point d'ancrage :** à l'aide du pointeur de Sélection directe, cliquez sur le tracé pour afficher ses points d'ancrage, puis enfoncez les touches Option et Commande et cliquez sur le point d'ancrage à transformer.

- **Supprimer un point d'ancrage :** à l'aide du pointeur de Sélection directe, cliquez sur le tracé pour afficher ses point d'ancrages, puis activez l'outil Plume et cliquez sur le point d'ancrage à supprimer. Pour ajouter un point d'ancrage, cliquez simplement sur le tracé, entre deux points d'ancrage existants.

Chapitre 10

Sélectionner une portion d'image

Les sélections sont omniprésentes dans le travail sur l'image numérique, que ce soit en retouche, en photomontage ou en illustration, et leur création n'est pas toujours des plus simples. De plus, Photoshop proposant divers outils et commandes de sélection qui permettent plus ou moins d'obtenir le même résultat, le choix de l'outil n'est pas toujours facile.

Dans ce chapitre, nous allons donc faire le point sur les différents outils et les différentes techniques de sélection que propose Photoshop.

À quoi servent les sélections ?

Réaliser une sélection n'est pas réservé aux spécialistes du détourage ou du photomontage. En effet, chaque fois que vous souhaitez limiter l'action d'une commande ou d'un outil à une zone de l'image, vous devrez au préalable définir un ensemble de pixels, c'est-à-dire, une sélection. Ainsi, vous aurez recours aux sélections dans les cas suivants (et la liste n'est pas exhaustive) :

- Corrections chromatiques d'une portion d'image.
- Recadrage.
- Suppression d'un détail inesthétique, d'un personnage, etc.
- Remplissage d'une portion d'image avec une couleur unie, un motif ou un dégradé.
- Application d'un filtre sur une portion de l'image.
- Création d'un masque de détourage (masque de fusion, ou masque vectoriel).
- Maquillage, réparation d'accrocs, etc.

En pratique, il vous faut donc au départ une bonne vue d'ensemble des différentes techniques de sélection ; ce qui vous permettra ensuite de choisir l'outil adéquat.

Le b à ba des sélections

Que vous utilisiez le Rectangle de sélection, l'outil Lasso, ou la Baguette magique, tous ces outils produisent un contour de sélection identique qui s'affiche sous forme de pointillés clignotants, et dont les propriétés sont semblables. Et même si les mises en œuvre diffèrent, vous retrouverez pour chacun de ces outils les mêmes principes généraux d'utilisation.

Dans cette première section, nous allons donc voir les principes de mise en œuvre généraux et les caractéristiques communes à l'ensemble des outils de sélection, en prenant comme outil de base le Rectangle de sélection.

Principes généraux d'utilisation

Lorsque vous activez l'outil Rectangle, Photoshop affiche dans la barre d'options, située au-dessus de la fenêtre de travail, un ensemble de réglages dont les deux premiers sont communs à tous les outils de sélection :

- **Le Sélecteur d'outils prédéfinis :** accessible en cliquant sur la flèche noire qui jouxte l'icône de l'outil, le Sélecteur d'outils prédéfinis propose une liste de réglages prédéfinis pour les différents outils de l'application. Dans la partie droite du sélecteur, l'icône Créer un outil prédéfini permet d'enregistrer les réglages de la barre d'options comme nouvel outil prédéfini.

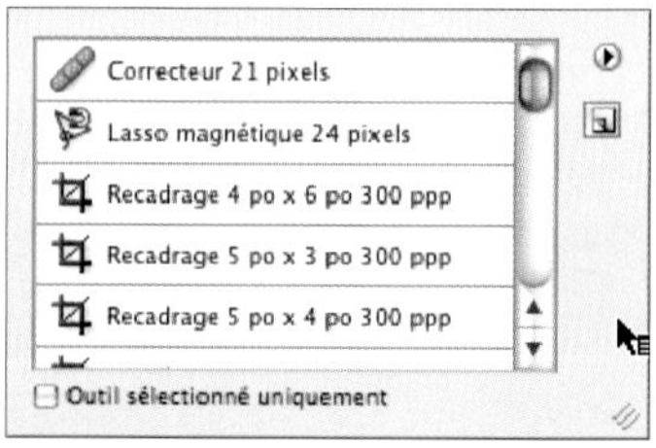

- **Le mode de l'outil :** à droite du Sélecteur d'outils prédéfinis, la barre d'options affiche un groupe de quatre icônes qui permettent de choisir le mode de l'outil : ajout, soustraction, ou intersection de sélections (voir plus bas).

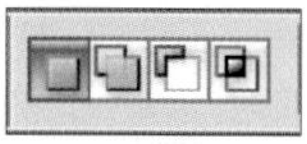

Voyons à présent la mise en œuvre par défaut de l'outil ; vous souhaitez définir une sélection rectangulaire sur votre image de travail :

- Après avoir activé l'outil rectangle, effectuez un cliquer-glisser sur le document ; lorsque vous relâchez le bouton de la souris, le tracé de sélection s'affiche sous forme de pointillés clignotants.

À partir de là, vous pouvez effectuer différentes opérations : supprimer le contenu de la sélection, remplir la sélection avec une couleur ou un motif, ou bien appliquer un filtre ou une commande de corrections.

Vous pouvez également déplacer cette sélection, l'étendre ou la réduire, à l'aide d'un nouveau tracé de sélection et les modes de l'outil, accessibles à partir de la barre d'options.

- **Supprimer le contenu de la sélection :** le contour de sélection étant actif, tapez la touche Retour arrière (Backspace) ou Suppr ; le contenu de la sélection est supprimé, laissant apparaître la couleur d'arrière-plan si vous travaillez un calque d'arrière-plan, ou bien un fond transparent si vous travaillez sur un véritable calque.

- **Remplir la sélection :** activez la commande Edition-> Remplir, Photoshop ouvre la boîte de dialogue de la commande. Choisissez une option de remplissage dans le menu local Contenu->avec, et validez : les pixels appartenant à la sélection sont remplacés par la couleur ou le motif que vous avez choisi dans la boîte de dialogue.

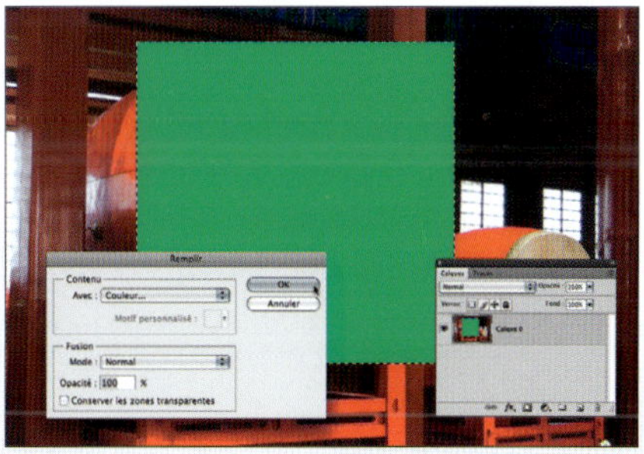

- **Déplacer une sélection :** si vous souhaitez simplement déplacer le tracé de sélection, effectuez un cliquer-glisser à l'intérieur de ce dernier. Pour déplacer le contenu de la sélection, reprenez le pointeur de déplacement (V), puis effectuez un cliquer-glisser à l'intérieur du cadre de sélection. Cette dernière opération révèle la couleur d'arrière-plan ou un fond transparent, selon la nature du calque sur lequel vous travaillez.

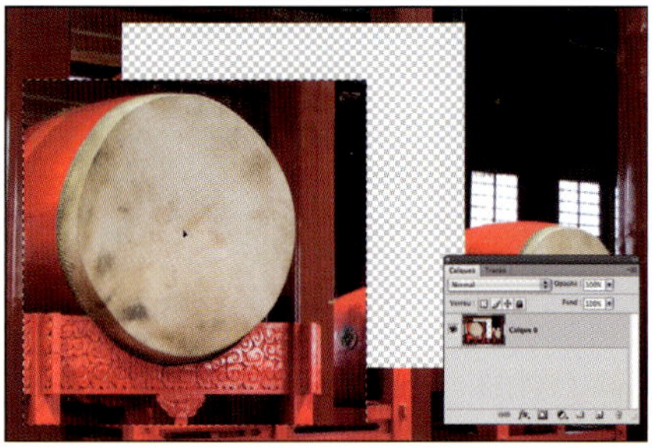

ASTUCE Dupliquer le contenu d'une sélection : pour dupliquer les pixels d'une sélection, vous pouvez procéder par copier-coller, mais lorsque vous activez la commande Coller, Photoshop génère automatiquement un nouveau calque. Pour éviter cela, faites une copie par déplacement : activez le pointeur de déplacement, enfoncez la touche Option, et déplacez la sélection à dupliquer.

- **Ajouter une sélection :** pour compléter une sélection, vous aurez souvent besoin de créer une nouvelle sélection et de l'ajouter à la première (lors de la sélection d'un ciel, à l'aide de la Baguette magique, par exemple). Pour effectuer cette opération, cliquez sur l'icône Ajouter à la sélection, dans la barre d'options, puis tracez la nouvelle sélection. Vous pouvez également tracer la nouvelle sélection, en enfonçant la touche Majuscule (dans tous les cas, le pointeur de l'outil s'orne du signe +).

- **Soustraire une sélection :** pour soustraire une sélection à une sélection existante, choisissez le mode Soustraire de la sélection, dans la barre d'options, ou bien tracez la nouvelle sélection, avec la touche Option enfoncée.

- **Intersection de sélections :** dans certains cas, vous souhaiterez obtenir une sélection résultant de l'intersection de deux tracés de sélection. Pour ce faire, choisissez le mode Intersection avec la sélection, dans la barre d'options, puis tracez la nouvelle sélection.

BON À SAVOIR

À quel calque appartient la sélection ? Avant de tracer une sélection, vous commencez en général par activer le calque contenant le sujet à sélectionner. Mais une fois la sélection effectuée, rien ne vous empêche de l'exploiter dans un autre calque, car un tracé de sélection, tout comme un tracé vectoriel, ne dépend d'aucun calque en particulier ; il appartient au document.

Caractéristiques communes

En plus des modes de l'outil qui permettent de gérer les ajouts, les soustractions et les intersections de sélections, les outils de sélection disposent pour la plupart des options Contour progressif et Lissage. Ces options peuvent être réglées avant le tracé de la sélection, via la barre d'options, ou bien après coup, via la boîte de dialogue Améliorer le contour, accessible à partir du menu Sélection (voir plus bas).

- **Contour progressif :** par défaut lorsque vous tracez une sélection (rectangulaire, par exemple), cette dernière est dotée d'un contour net. Avec l'option Contour progressif, vous avez la possibilité de définir un contour flou : les pixels situés à la périphérie de la sélection s'estompent peu à peu pour devenir transparents. Dans l'exemple qui suit, nous avons créé une sélection avec un contour progressif de 50 pixels. Nous avons ensuite copié son contenu et nous l'avons collé dans un nouveau calque doté d'un fond de couleur unie : ainsi paramétré, le bord de la sélection s'estompe progressivement pour se fondre dans l'arrière-plan.

BON À SAVOIR

Dans quel cas peut-on exploiter le contour progressif ? Au-delà de son aspect décoratif, le contour progressif est utile pour le photomontage en haute résolution ; il permet, en effet, d'améliorer la fusion entre deux éléments provenant de deux clichés distincts. Dans ce cas, vous paramétrerez cette option avec une valeur de 10 ou 15 pixels.

- **Lissage :** l'option de lissage permet de lisser les bords d'une sélection dont le contour est composé de courbes ou de lignes obliques : sélections réalisées avec l'outil Ellipse, les outils Lasso ou la Baguette magique ; elle n'est pas disponible pour l'outil Rectangle.
  En règle générale, l'option Lissage, qui est activée par défaut, améliore le rendu du contour de la sélection ; toutefois, avec certains objets de formes irrégulières, situés sur une arrière-plan très foncé ou très clair, l'option de lissage fait apparaître une frange à la périphérie de la sélection. Cette frange devient gênante si vous collez l'objet sur un arrière-plan de couleur différente de celui d'origine. Pour éviter cet effet, il faudra penser à ajuster le contour de la sélection, via la commande Améliorer le contour, du menu Sélection.

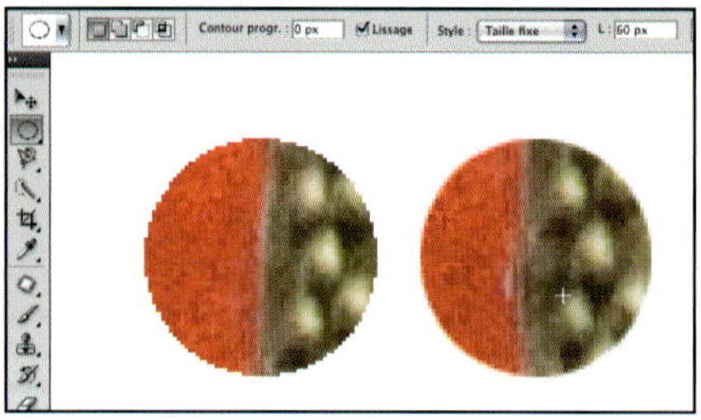

La boîte à outils

Avant d'aborder l'aspect pratique des sélections, faisons un rapide inventaire de la boîte à outils de Photoshop. Il ne s'agit pas de détailler un par un les différents outils de sélection, mais simplement de savoir qu'ils existent et quelles sont leurs spécificités.

- **Les outils Rectangle et Ellipse :** outils de sélection de zones, le Rectangle et l'Ellipse permettent de définir une sélection de forme rectangulaire ou elliptique. En plus des options communes aux autres outils, les outils Rectangle et Ellipse disposent d'une option Style qui permet de paramétrer une taille de sélection fixe ou simplement de fixer les proportions de la sélection.

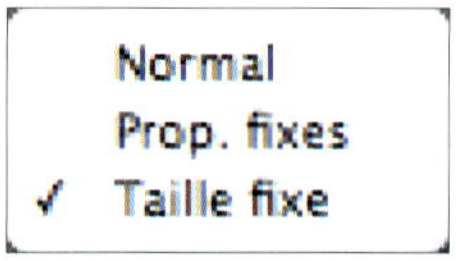

Dans la déclinaison de l'outil Rectangle de sélection, vous trouverez les outils Rectangle de sélection 1 rangée, Rectangle de sélection 1 colonne. Ces deux outils permettent de sélectionner une rangée ou une colonne de pixels à l'intérieur d'une image. Dans quel but ? Pour créer un motif de remplissage, destiné au fond d'une page Web.

- **L'outil Lasso et sa déclinaison :** avec sa déclinaison, l'outil Lasso est à la fois un outil de sélection de zones et un outil de sélection de contour. En pratique, le Lasso standard permet de tracer une sélection de forme quelconque, le Lasso polygonal de définir une sélection polygonale, et le Lasso magnétique de tracer une sélection basée sur le contour d'un objet (voir plus loin).

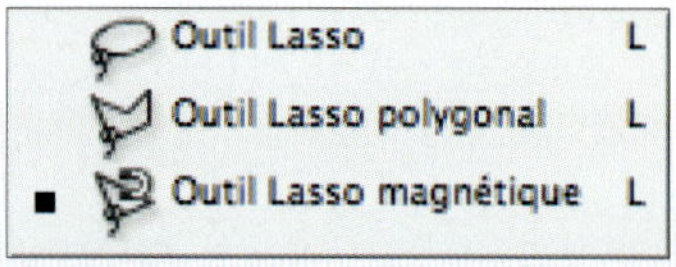

- **La Baguette magique et l'outil Sélection rapide :** contrairement aux outils précédents, les outils Baguette magique et Sélection rapide sont des outils de sélection par le contenu. Le premier permet de sélectionner un ensemble de pixels contigus appartenant à une même plage de couleurs ; le second est une version améliorée de la Baguette magique qui prend en compte la couleur et les contours de l'objet à sélectionner. Nous en reparlerons dans les sections qui suivent.
- **La commande Plage de couleurs :** accessible à partir du menu Sélection, la commande Plage de couleurs permet le même type de sélections que la Baguette magique, à la différence qu'elle opère via une boîte de dialogue, et permet de sélectionner des plages de couleurs identiques mais non contiguës. Nous en reparlerons un peu plus loin.
- **Le filtre Extraire :** le filtre Extraire est une commande spécialisée, réservée aux cas difficiles ; à partir d'une interface dédiée, accessible via le menu Filtre, elle permet le détourage de sujets complexes : nuage de fumée, chevelure, etc. (Voir plus loin.)

Sélectionner par le contenu

Vous souhaitez sélectionner un arrière-plan de ciel, avec ses nuances de bleus, ou bien une portion d'image de forme quelconque contenant une gamme de couleurs restreintes ? Vous utiliserez pour cela l'outil Baguette magique. En effet, cet outil permet de sélectionner un ensemble de pixels contigus, dont les valeurs de couleur RVB sont proches ; elle fonctionne avec un réglage unique, la tolérance, qui détermine l'étendue de la plage de couleurs prise en compte par l'outil.

Vous démarrez, par exemple, en cliquant sur un pixel dont la valeur RVB est 67-155-201 (valeur affichée par le panneau Informations lorsque vous survolez l'image avec un outil quelconque) ; vous avez conservé le réglage de tolérance par défaut (20). L'outil ainsi paramétré va sélectionner tous les pixels dont la valeur de Rouge est comprise entre 67 - 20 et 67 + 20, la valeur de Vert comprise entre 155 - 20 et 155 + 20, et la valeur de Bleu comprise entre 201 - 20 et 201 + 20.

Comme vous l'aurez compris, plus la tolérance est élevée, plus la plage de couleurs sélectionnées est étendue. En pratique, vous aurez intérêt à exploiter l'outil avec une valeur de tolérance réduite (entre 20 et 40), et à effectuer votre sélection en plusieurs étapes.

Pour ce type de sélections, basées sur les plages de couleurs, Photoshop dispose également d'une commande accessible à partir du menu Sélection, la commande Plages de couleurs. Cette commande permet de sélectionner rapidement les différentes zones de l'image contenant une même plage de couleurs.

Lorsque vous lancez la commande Plage de couleurs, Photoshop ouvre une boîte de dialogue affichant une vue réduite de l'image, ainsi qu'un menu local Sélection qui liste un ensemble de plages de couleurs prédéfinies, et un jeu de pipettes. Pour réaliser une sélection à l'aide de cette commande, procédez de la manière suivante :

- Dans la partie inférieure de la boîte de dialogue, cochez l'option Sélection, et choisissez Prévisualisation Masque. Ces deux réglages permettent d'afficher une vue réduite de la sélection dans la boîte de dialogue, et dans la fenêtre du document, un masque rouge semi-opaque qui vient se superposer à l'image de travail et matérialise la sélection.
- Choisissez Pipette dans le menu local Sélection, réglez la tolérance de l'outil à 30, et dans la fenêtre du document, cliquez sur la plage de couleurs à sélectionner : la zone sélectionnée s'affiche en blanc dans la vue réduite de la boîte de dialogue, et sans voile rouge dans la fenêtre de travail.
- Reste à affiner cette sélection : pour ce faire, augmentez légèrement le réglage de tolérance, ou bien activez la pipette +, dans la partie droite de la boîte de dialogue et cliquez dans l'image de travail sur la zone que vous souhaitez inclure dans la sélection.

- Si la sélection déborde la plage de couleurs à sélectionner, activez l'outil pipette – et cliquez dans la plage de couleurs à retrancher. Une fois la sélection complétée, validez la boîte de dialogue : le contour de sélection s'affiche en pointillés clignotants.

Sélectionner par le contour

Hormis quelques cas particuliers comme un ciel, le plus souvent l'objet à sélectionner est composé de différentes zones de couleurs qui rendent difficile, voire impossible, la sélection à la baguette magique. Dans ce cas, vous définirez la sélection à partir du contour de l'objet, à condition que ce contour soit suffisamment net ou qu'il existe un contraste important entre l'objet lui-même et l'arrière-plan.

Pour réaliser ce type de sélection, vous disposez de l'outil Lasso, ainsi que de sa variante Lasso polygonal. Mais ces deux outils ne sont pas d'une utilisation facile car leur mise en œuvre se fait à main levée, en suivant le contour de l'objet à sélectionner. Heureusement, l'outil Lasso se décline également en Lasso magnétique, un outil capable de détecter automatiquement le contour d'un objet lorsque ce dernier présente un contraste de luminosité ou de couleur suffisant avec son arrière-plan.

- Pour réaliser une sélection à l'aide du Lasso magnétique, commencez par activer l'outil dans la barre d'outils, puis cliquez sur un point quelconque du contour de l'objet à sélectionner. Bouton de la souris relâché, déplacez lentement le pointeur le long du contour de l'objet ; au fur à mesure du déplacement, l'outil insère un trait plein qui matérialise le contour de sélection, ponctué à intervalles réguliers de points d'ancrage (carré) qui viennent verrouiller la position du tracé.
- Suivez le contour de l'objet jusqu'à revenir à votre point de départ : un petit cercle noir s'affiche à côté du pointeur. Cliquez sur le point de départ : le tracé de sélection s'affiche en pointillés clignotants. Il y aura souvent quelques petites retouches à faire pour améliorer le résultat, mais plutôt que de réutiliser le Lasso magnétique, vous ferez ce travail en mode Masque (voir plus bas).

Pour ceux qui maîtrisent les outils de dessin vectoriel, il y a bien sûr l'outil Plume dont nous avons déjà parlé dans le chapitre précédent. A l'aide de cet outil, vous pourrez définir une sélection sur un contour quelconque, puisque l'opération est entièrement manuelle. Vous commencerez par dessiner un tracé vectoriel en suivant le contour de l'objet à sélectionner. Puis, vous convertirez ce tracé en sélection, via la commande Définir la sélection du menu local du panneau Tracés.

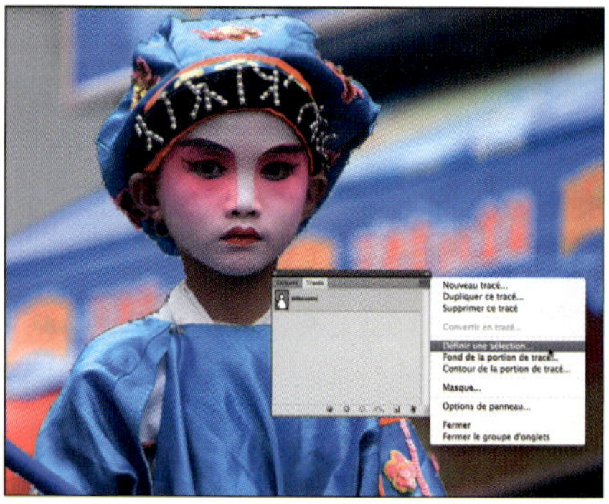

L'avantage de ce procédé est que le tracé réalisé avec l'outil Plume étant un tracé vectoriel, il peut être facilement modifié, grâce à ses points d'ancrage et ses tangentes, avant d'être converti en sélection. De plus, comme nous l'avons vu dans le Chapitre 9, ce tracé peut être mémorisé dans le panneau Tracés, et réutilisé plus tard sous forme de tracé vectoriel ou bien sous forme de sélection.

Sélectionner un sujet bien contrasté

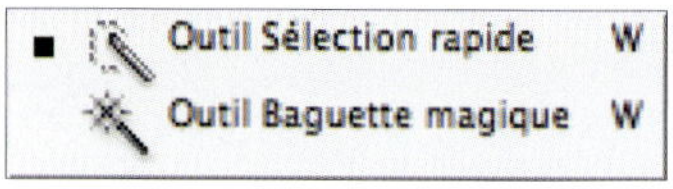

Si le contour de l'objet que vous devez sélectionner manque de netteté ou si sa découpe est complexe, l'utilisation d'un outil de sélection basée sur le contour risque d'être difficile. Dans ce cas, vous utiliserez l'outil Sélection rapide. Il s'agit d'une sorte de Baguette magique «intelligente» qui permet de réaliser très rapidement une sélection englobant des zones de couleurs différentes, à condition que ces zones présentent un fort contraste avec l'arrière-plan. Vous le trouverez dans le menu local de l'outil Baguette magique.

- Après avoir activé l'outil Sélection rapide, rendez-vous dans la barre d'options et réglez le diamètre de la forme que vous allez utiliser. Puis appliquez l'outil par petites touches sur les différentes zones de couleurs à sélectionner ; celui-ci étend automatiquement la sélection aux pixels voisins qui appartiennent à la même plage de couleurs.

Le filtre Extraire

Quelle que soit votre habilité à manier les outils de sélection, vous rencontrerez tôt ou tard des sujets dont le détourage vous semblera impossible : un visage de femme, cheveux au vent, une fumée de cigarette, la silhouette de votre chat angora, etc.

Dans ce cas, inutile de perdre votre temps avec les outils classiques, car il n'existe qu'une seule solution ; la commande Extraire. Et si cette commande ne produit pas le résultat escompté, vous devrez vous rabattre sur un outil professionnel spécialisé, comme FluidMask ou MaskPro.

Vu la complexité de la mise en œuvre et la diversité des cas de figure, nous n'allons pas détailler l'utilisation complète de la commande Extraire ; nous verrons simplement son principe d'utilisation. À vous ensuite de creuser la question si le sujet vous intéresse.

Avant de commencer, noter que la commande Extraire n'est pas installée par défaut dans le menu Filtre de Photoshop CS4. Vous devrez aller à la pêche dans votre DVD d'installation, localiser le dossier Bonus, trouver le fichier ExtractPlus.plugin et le recopier dans le dossier Adobe Photoshop CS4->Plug-ins->Filter. Si vous avez téléchargé l'application depuis le site Web d'Adobe, vous pourrez télécharger la commande, ainsi que d'autres plug-ins optionnels à l'adresse suivante : `http://www.adobe.com/support/downloads/thankyou.jsp?ftpID=4047&fileID=3768`.

- Après avoir ouvert le sujet à détourer, lancez la commande Extraire à partir du menu Filtre : Photoshop affiche l'interface de la commande.
- Dans la partie gauche de l'interface, activez le premier outil, Sélecteur de contour, et tracez un contour le long du sujet à détourer. Cet outil fonctionne comme un pinceau dont vous pouvez ajuster le diamètre dans la partie droite de l'interface.

- Une fois le contour défini, activez l'outil Remplissage (le pot de peinture) et cliquez dans la zone de l'image que vous souhaitez conserver ; un masque bleu semi-opaque s'affiche sur cette zone.

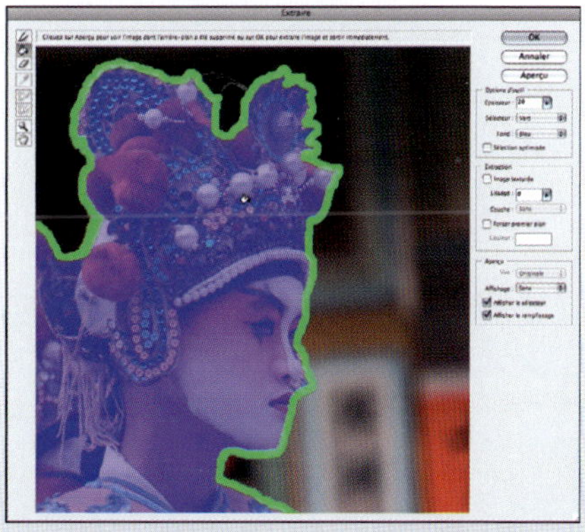

- Cliquez ensuite sur le bouton Aperçu, dans la partie droite de l'interface : le filtre calcule le rendu et affiche le sujet détouré sur un fond transparent.
- Si le résultat vous convient, validez. Sinon, réaffichez la vue originale, via la rubrique Aperçu->Vue->Originale, dans la partie inférieure du panneau de réglage, et retouchez le tracé de sélection, en augmentant son épaisseur dans les zones de l'image où le contour est flou, en réduisant son épaisseur dans les zones de l'image où le contour est net.

Travailler en mode masque

Quel que soit l'outil utilisé, vous aurez toujours quelques retouches à effectuer pour compléter la sélection. Pour ce faire, vous disposez bien sûr des modes Ajouter la sélection et Retrancher la sélection qui sont accessibles à partir de la barre d'options de l'outil. Toutefois, si ces modes sont pratiques pour dégrossir une sélection, je vous conseille plutôt pour la retouche d'exploiter le mode Masque que propose Photoshop. Il s'agit de convertir la sélection active en un masque semi-opaque qui vient se superposer à l'image, puis de retoucher ce masque à l'aide du pinceau en utilisant le noir et le blanc.

Le mode Masque est accessible à partir de son icône, située en bas de la barre d'outils, via la commande Mode Masque du menu Sélection, ou plus simplement en tapant la touche Q. Une fois ce mode activé, Photoshop affiche un masque rouge semi-opaque sur les zones de l'image qui ne sont pas sélectionnées. Vous effectuerez alors vos corrections, en procédant de la manière suivante :

- Pour révéler une zone masquée (élargir la sélection), activez l'outil Pinceau, sélectionnez le blanc comme couleur de premier plan, puis appliquez l'outil sur les zones de l'image que vous souhaitez révéler.
- Pour masquer une zone visible, choisissez le noir comme couleur de premier plan, et appliquez le pinceau sur la zone de l'image à masquer.

- Une fois les corrections effectuées, réaffichez la sélection en tapant la touche Q, ou en cliquant à nouveau sur l'icône Mode Masque.

Affiner la sélection

Dernière étape avant de pouvoir exploiter la sélection : l'affinage. Il ne s'agit plus cette fois d'effectuer des retouches locales, mais d'ajuster l'ensemble de la sélection par rapport au contour de l'objet, soit en la dilatant ou la contractant de quelques pixels, soit en créant un contour progressif qui produira une fusion plus douce lors d'une utilisation dans un photomontage.

Cette opération se fait via la commande Améliorer le contour, du menu Sélection, soit à partir de la sélection active, soit à partir du masque de fusion. Lorsque vous lancez cette commande, Photoshop ouvre une boîte de dialogue qui regroupe les options Rayon, Contraste, Lisser, Contour progressif, Contracter /Dilater.

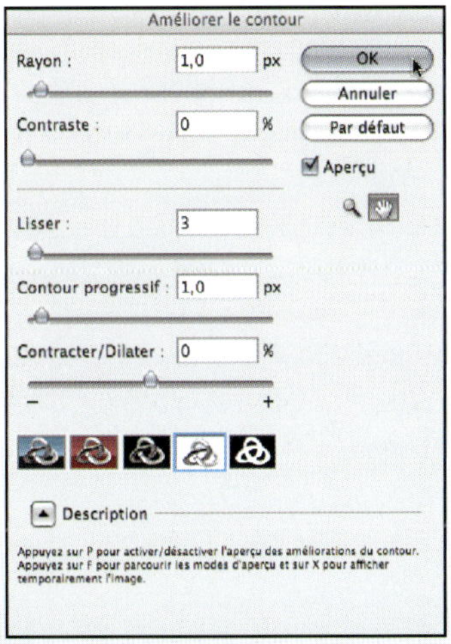

En pratique, le paramétrage de ces options dépend de la destination finale de la sélection. S'il s'agit d'un détourage destiné à être incorporé dans un fond blanc ou un aplat de couleur, vous essayerez de supprimer tous les effets de contour progressif ou de frange. En revanche, s'il s'agit d'une sélection destinée à un photomontage, vous conserverez les options de lissage et de contour progressif.

Comme vous l'aurez compris, chaque cas est un cas particulier, et il n'existe pas de réglages prédéfinis, hormis le réglage par défaut de la boîte de dialogue. Vous devrez donc tester les différentes options, en zoomant sur l'image, de manière à bien évaluer leur impact sur le contour de sélection.

- **Lisser :** l'option de lissage permet de lisser les bords d'une sélection dont le contour est composé de courbes ou de lignes obliques.
- **Contour progressif :** l'option de contour progressif permet de générer un bord flou sur le pourtour de la sélection, soit dans un but esthétique, soit pour faciliter l'intégration d'une sélection dans un photomontage.
- **Contracter/Dilater :** ces deux options permettent de réduire ou d'étendre la sélection, en décalant le tracé de sélection par rapport à sa position originale.

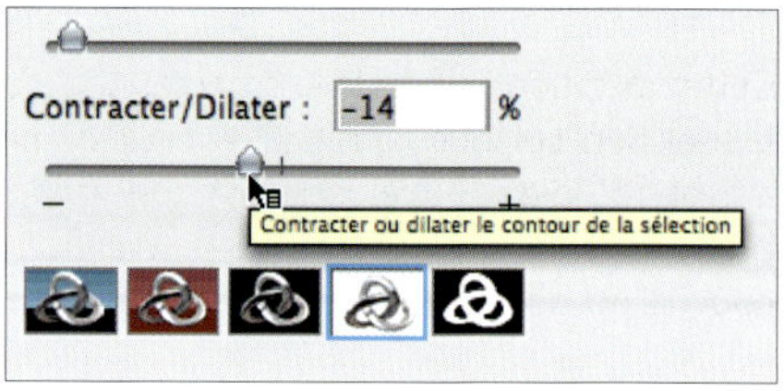

- **Rayon :** cette option permet d'adoucir le contour de sélection dans les zones où le bord du sujet n'est pas net.

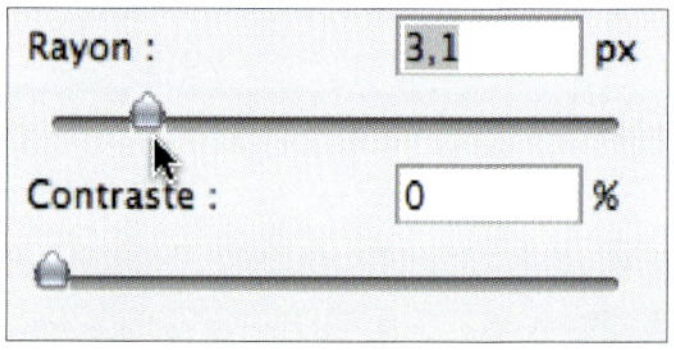

- **Contraste :** cette option permet d'améliorer la netteté du contour de sélection.

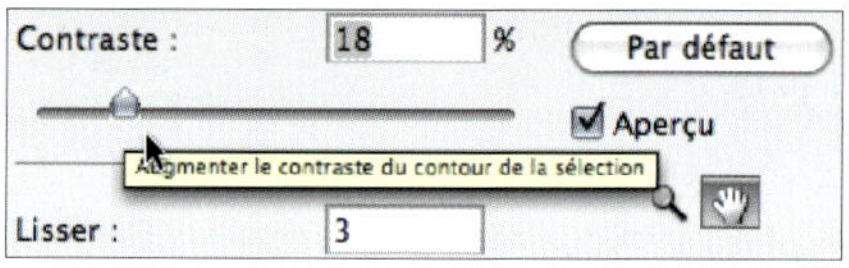

ASTUCE Choisir un mode de prévisualisation : par défaut, la commande Améliorer le contour affiche en aperçu, dans la fenêtre du document, le sujet détouré sur un fond blanc. Mais vous pouvez sélectionner un autre mode d'aperçu, à l'aide des vignettes situées dans la partie inférieure de la boîte de dialogue.

BON À SAVOIR Vous noterez que cette commande reprend les options Lissage et Contour progressif qui sont également disponibles à partir de la barre d'options des outils de sélection. Mais il s'agit ici d'options dynamiques qui permettent de modifier en direct la sélection ou le masque actif et que vous pourrez rééditer autant de fois que nécessaire.

Mémoriser la sélection

Lorsqu'il s'agit d'un sujet difficile, la réalisation d'une sélection peut être longue, mais il suffit de quelques secondes pour perdre le fruit de votre travail : une fausse manœuvre ou une coupure de courant. Pour éviter ce genre de déconvenues, prenez l'habitude de mémoriser les sélections complexes dans votre fichier de travail.

Cette opération se fait via la commande Sélection->Mémoriser la sélection. Lorsque vous activez cette commande, Photoshop affiche la boîte de dialogue Mémoriser la sélection qui vous propose par défaut d'enregistrer la sélection dans une nouvelle couche du document actif. En pratique, il ne vous reste qu'à saisir un nom identifiant la sélection dans le champ Nom et à valider.

Après validation, la sélection est mémorisée dans une couche Alpha, que vous retrouverez dans le panneau Couches. Il s'agit d'une couche en niveaux de gris, dans laquelle les zones appartenant à la sélection s'affichent en blanc, et celles situées hors sélection s'affichent en noir.

À partir de ce panneau Couches qui permet également d'accéder aux couches primaires de l'image, vous pourrez visualiser la couche Alpha et l'éditer comme une couche ordinaire :

- Pour éditer la couche Alpha contenant la sélection, cliquez sur sa vignette dans le panneau Couches : la couche s'affiche en noir et blanc dans la fenêtre de travail.

- Choisissez ensuite l'outil Pinceau, réinitialiser les couleurs de premier plan et d'arrière-plan par défaut, en tapant la touche D. Puis corrigez la couche Alpha en utilisant alternativement le noir et le blanc, en fonction de la zone à retoucher.
- Une fois les corrections effectuées, réaffichez votre document en cliquant sur la vignette RVB, située en haut du panneau Couches ; les modifications de la couche Alpha sont automatiquement enregistrées dans le document.

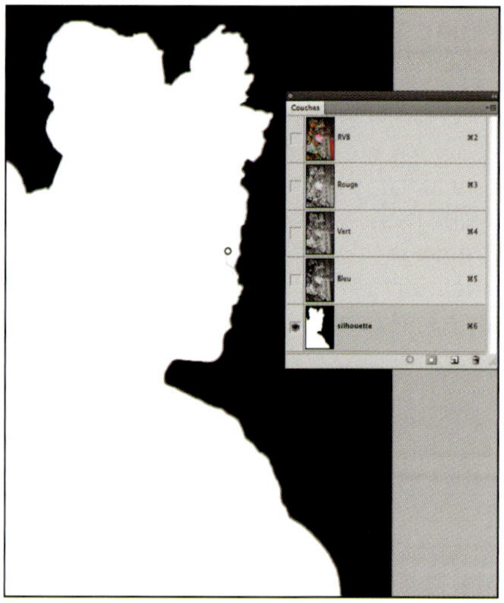

ASTUCE

Inverser la sélection : comme vous le constaterez, il est parfois plus facile de sélectionner un arrière-plan que le sujet lui-même. Mais se pose alors la question de récupérer la sélection sur le sujet. Heureusement, Photoshop dispose de deux commandes qui permettent d'intervertir une sélection ou d'inverser le contenu d'un masque.

Si vous travaillez sur une couche Alpha ou sur un masque de fusion, vous pouvez inverser la sélection, en tapant le raccourci clavier Commande I. Si vous travaillez sur la sélection active, vous obtiendrez le même résultat à l'aide de la commande Sélection->Intervertir, ou en tapant le raccourci Majuscule Commande I.

Récupérer une sélection

Vous avez mémorisé une sélection de manière à pouvoir l'exploiter plus tard ; comment faire pour récupérer cette sélection, le moment venu ?

- Dans le menu Sélection, choisissez Récupérer la sélection ; Photoshop ouvre alors la boîte de dialogue Récupérer la sélection. Déroulez le menu local de l'option Couche, et sélectionnez le nom que vous avez saisi en mémorisant la sélection.

Gérer les ajouts et soustractions de sélections

Lorsque vous mémorisez une nouvelle sélection dans une couche alpha existante, ou bien chargez une sélection dans un document contenant déjà une sélection active, les boîtes de dialogue des commandes Mémoriser la sélection et Récupérer la sélection proposent une série d'options qui permettent de gérer les ajouts, les soustractions et les intersections de sélections.

Dans le premier cas, la boîte de dialogue Mémoriser la sélection propose les options suivantes :

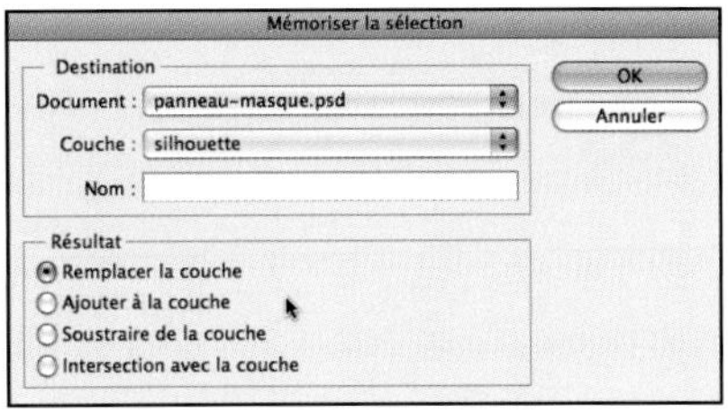

- **Remplacer la couche :** cette option, activée par défaut, mémorise la nouvelle sélection dans la couche Alpha en écrasant le contenu existant.
- **Ajouter à la couche :** cette option ajoute à la couche Alpha les zones sélectionnées qui ne faisaient pas partie de la première sélection.
- **Soustraire à la couche :** cette option retranche à la couche Alpha les zones appartenant à la nouvelle sélection.
- **Intersection avec la couche :** cette option mémorise dans la couche Alpha l'intersection entre la nouvelle sélection et la sélection déjà enregistrée dans la couche.

Dans le second cas, la boîte de dialogue Récupérer la sélection propose les options suivantes :

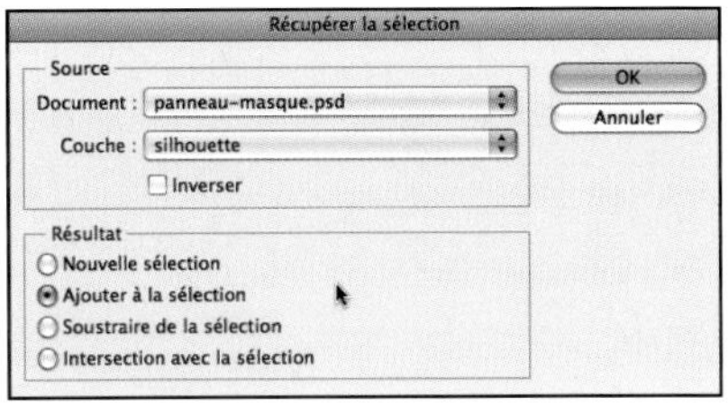

- **Nouvelle sélection :** cette option activée par défaut charge dans le document la sélection associée à la couche Alpha, en écrasant la sélection active.
- **Ajouter à la sélection :** cette option étend la sélection active, en lui ajoutant la sélection associée à la couche Alpha.
- **Soustraire à la sélection :** cette option réduit la sélection active, en lui retranchant la sélection associée à la couche Alpha.
- **Intersection avec la sélection :** cette option calcule l'intersection entre la sélection active et celle associée à la couche Alpha, puis la charge dans le document.

- Après validation, la sélection est chargée dans le calque actif et s'affiche sous forme de pointillés clignotants.

ASTUCE Charger une sélection à partir du panneau Couches : lorsque vous éditez une couche Alpha à partir du panneau Couches, vous pouvez charger directement la sélection qui lui est associée, sans passer par la commande Récupérer la sélection : cliquez sur la vignette de la couche Alpha, avec la touche Commande enfoncée.

Notez que vous pouvez exploiter la même technique pour charger une sélection associée à un masque de fusion ou à un masque vectoriel : dans le panneau Calques, cliquez sur la vignette du masque, avec la touche Commande enfoncée.

Troisième partie

Le workflow

Chapitre 11
Gérer une composition multicalque

S'il est toujours possible de travailler sans calques dans Photoshop, ceux-ci deviennent incontournables dès lors que vous souhaitez créer une forme vectorielle, un remplissage dynamique, un réglage de correction chromatique rééditable, ou bien ajouter un élément de texte.

Dans les chapitres précédents, nous avons déjà parlé des calques de réglage, de remplissage et de formes, et vous n'avez sans doute pas attendu ce chapitre pour ouvrir le panneau Calques et comprendre son fonctionnement. A présent, il est temps de voir plus en détail comment gérer ces différents types de calques, en exploitant ce même panneau.

Le panneau Calques

Accessible à partir du menu Fenêtre, le panneau Calques est là pour vous aider à gérer la structure du document : ajout et suppression de calques, affichage et masquage, et réorganisation de la pile de calques.

Mais son rôle ne s'arrête pas là, puisqu'il permet également de contrôler les propriétés spécifiques à chaque calque, opacité et mode de fusion, et aussi d'insérer des calques de réglage, calques de remplissage, et des masques de fusion, sans passer par les commandes des menus.

Enfin le panneau Calques permet d'exploiter et de gérer les styles de calques, nous en reparlerons dans le Chapitre 15.

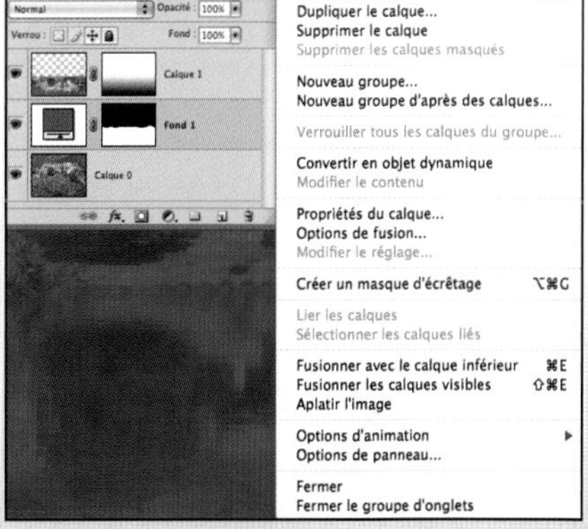

Les différents types de calques

Avant de voir plus en détails l'exploitation du panneau Calques, revenons d'abord sur les différents types de calques ; Photoshop en distingue six :

- **Le calque bitmap :** il s'agit du type de calques par défaut de Photoshop ; il ne peut contenir que des pixels. Un calque bitmap peut être créé soit via la commande Nouveau calque, du menu Calque, soit en effectuant un glisser-déposer depuis un autre document bitmap, soit encore à partir d'un copier-coller d'une sélection.

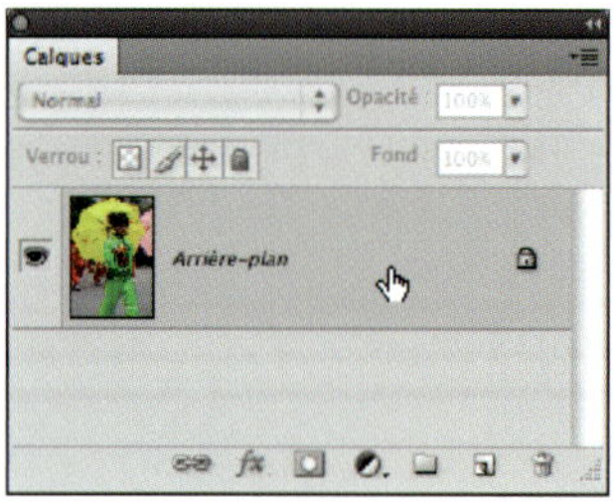

- **Le calque de réglages :** comme nous l'avons expliqué dans le Chapitre 6, ce type de calque permet d'appliquer un réglage de correction chromatique sur une image ou une portion d'image. Il est généré à partir du panneau Réglages, ou bien via la commande Nouveau calque de réglage du menu Calque, et s'affiche dans le panneau Calques sous la forme de deux vignettes : à gauche la vignette du calque de réglage, à droite celle du masque de fusion qui lui est associé (voir aussi Chapitre 6).

- **Le calque de remplissage :** comme nous l'avons expliqué dans le Chapitre 8, ce type de calque permet de créer un fond de couleur unie, un fond en dégradé, ou bien un fond en motifs, dont les paramètres sont rééditables. Il est généré à partir de la commande Nouveau calque de remplissage, du menu Calque, et s'affiche dans le panneau Calques sous la forme de deux vignettes : à gauche celle du calque de remplissage, à droite celle du masque de fusion qui lui est associé (voir aussi Chapitre 8).

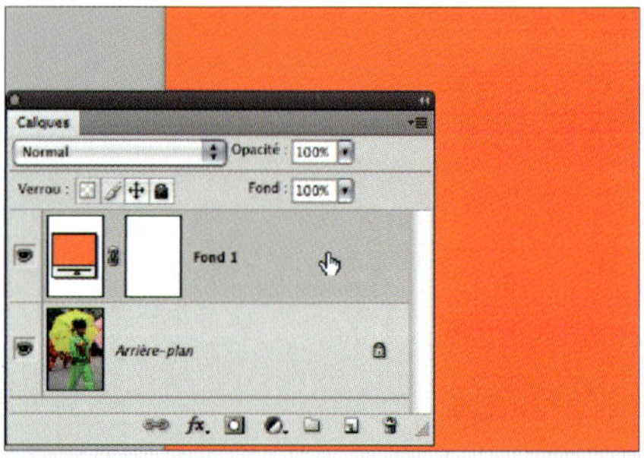

- **Le calque de formes :** comme nous l'avons expliqué dans le Chapitre 9, ce type de calque permet de créer une forme vectorielle rééditable. Il est généré à partir des outils de dessin vectoriels de la barre d'outils, et s'affiche dans le panneau Calques sous la forme de deux vignettes : à gauche celle du calque de remplissage, à droite celle du masque vectoriel qui contient la découpe de la forme (voir aussi Chapitre 9).

- **Le calque de texte :** ce type de calques permet de créer un texte rééditable (titre, simple paragraphe ou colonnes de texte chaînées). Il est généré à partir de l'outil Texte de la barre d'outils, et s'affiche dans le panneau Calques sous la forme d'une simple vignette, ornée d'un T (nous en reparlerons dans le Chapitre 12).

- **Le calque dynamique :** ce type de calque est un peu particulier puisqu'il permet de gérer un contenu externe sous forme d'objet dynamique. Ce dernier fait référence à un fichier externe qui peut être modifié en dehors de la composition et qui sera mis à jour automatiquement. Le calque dynamique s'affiche dans le panneau Calques sous la forme d'une vignette de calque ordinaire, ornée dans son angle inférieur droit d'une icône d'alias. (Nous détaillerons la mise en œuvre des calques dynamiques, un peu plus loin dans ce chapitre.)

Gérer les calques

Qu'il s'agisse de gérer de simples calques bitmap, ou une pile de calques de tous types (comme c'est le cas le plus souvent), le recours au panneau Calques est indispensable, puisque lui seul permet d'effectuer les manipulations de base que nous allons détailler ci-dessous.

Ajouter – supprimer un calque :

Comme vous l'avez compris à la lecture des précédents chapitres, l'ajout d'un calque se fait d'une façon différente, selon qu'il s'agit d'un calque bitmap, d'un calque de réglage, d'un calque de formes, etc. Mais, dans la plupart des cas, ces ajouts peuvent se faire à partir du panneau Calques, à l'aide des icônes situées dans sa partie inférieure :

- Ajouter un calque bitmap : pour insérer un calque bitmap vide, cliquez sur l'icône Créer un calque, située à gauche de la corbeille, dans l'angle inférieur droit du panneau. Notez que si vous souhaitez insérer une portion d'image ou une image entière dans un nouveau calque, il n'est pas nécessaire de créer un nouveau calque bitmap ; en effet, le simple fait de coller une sélection de pixels génère un nouveau calque.

- Ajouter un calque de remplissage : pour insérer un nouveau calque de remplissage, cliquez sur l'icône Créer un nouveau calque de remplissage, située à droite de l'icône Masque, dans la partie inférieure du panneau. Dans le menu local qui s'affiche, sélectionnez le type de remplissage (Couleur unie, Dégradé, Motif) : Photoshop ouvre alors la boîte de dialogue qui vous permettra cde régler les paramètres de remplissage du nouveau calque (voir Chapitre 8).

- Ajouter un calque de réglage : pour insérer un nouveau calque de réglage, cliquez d'abord sur la vignette du calque bitmap contenant l'image à corriger, puis ouvrez le menu local que vous avez utilisé pour créer le calque remplissage. Dans la partie inférieure du menu, sélectionnez le type de correction que vous souhaitez appliquer : Photoshop active alors le panneau Réglages qui affiche les paramètres du réglage sélectionné (voir Chapitre 6).

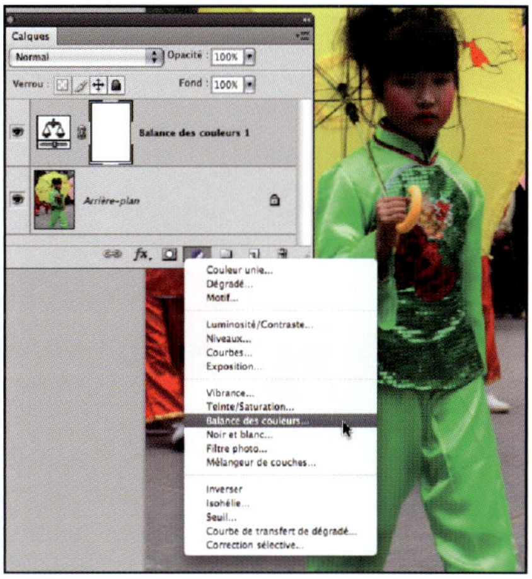

ASTUCE

Associer le calque de réglage au calque à corriger : comme nous l'avons vu dans le Chapitre 6, le calque de réglage s'applique par défaut à l'ensemble des calques situés en dessous de celui-ci. Si vous souhaitez limiter l'effet du calque de réglage au calque immédiatement inférieur, cliquez sur l'icône Créer un nouveau calque de remplissage ou de réglage, en maintenant la touche Option enfoncée : Photoshop affiche alors la boîte de dialogue Nouveau calque, dans laquelle vous cocherez l'option Créer un masque d'écrêtage d'après le calque précédent.

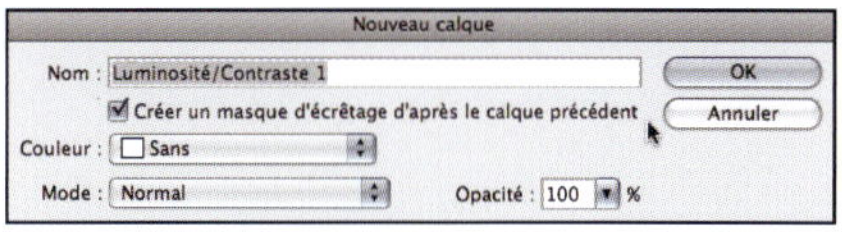

S'il existe plusieurs méthodes permettant d'ajouter des calques dans une composition, leur suppression se fera toujours à partir du panneau Calques :

- Cliquez sur la vignette du calque à supprimer et faites-le glisser vers la Corbeille, située dans l'angle inférieur droit du panneau.

Afficher – masquer un calque

Lorsque vous travaillez sur une composition multicalque, il est parfois utile de masquer temporairement un ou plusieurs calques : pour rendre visible les calques inférieurs, ou pour désactiver l'effet d'un calque de réglage. Cette opération se fait à l'aide de l'icône Œil, située à gauche de la vignette du calque

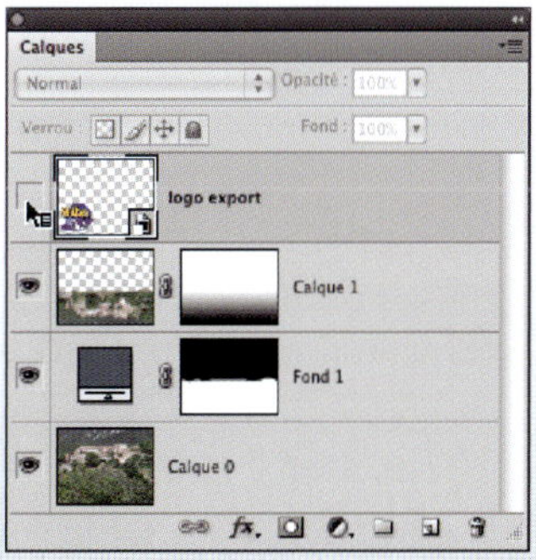

Organiser les calques

Le panneau Calques permet bien sûr de modifier l'ordre d'empilement des calques, ce qui est particulièrement utile pour le photomontage, mais aussi pour déplacer un calque de réglage inséré au mauvais endroit.

- Pour déplacer un calque dans le panneau Calques, faites simplement un cliquer-glisser sur celui-ci.

ASTUCE Déplacer le calque d'arrière-plan : si vous essayez de déplacer le calque d'arrière-plan, situé en bas de la pile de calques, vous constaterez dans certains cas que l'opération est impossible. Effectivement, lorsque vous ouvrez un simple cliché dans Photoshop, celui-ci s'affiche dans le panneau Calques, sous la forme d'un calque, nommé Arrière-plan qui n'est pas transparent. Pour pouvoir déplacer ce calque et l'exploiter comme un calque ordinaire, vous devrez au préalable le convertir en calque. Pour ce faire, double-cliquez sur la vignette, puis validez la boîte de dialogue qui s'affiche en conservant les réglages par défaut.

Lier les calques

Lorsque vous créez un masque de fusion, celui-ci est lié au calque auquel il s'applique, de sorte que si vous déplacez le contenu du calque, à l'aide du pointeur de déplacement, le masque suit le mouvement. Au niveau du panneau Calques, ce lien s'affiche sous la forme d'un maillon de chaîne qui est placé entre la vignette du calque et celle du masque.

De la même manière, le panneau Calques permet de lier deux calques, ou plus (quelle que soit leur position dans la pile de calques). Dans quel but ? Afin de pouvoir déplacer leur contenu en une seule opération, tout en préservant les positions relatives des éléments qu'ils contiennent.

Ainsi, dans l'exemple qui suit, nous avons créé un document constitué d'une photo d'arrière-plan, dans laquelle sont incrustées deux vignettes rectangulaires. Pour déplacer les deux vignettes sans modifier leur position relative, vous devrez lier les calques :

- Dans le panneau Calques, activez le calque Vignette 1, puis pressez la touche Majuscule et activez le calque Vignette 2. Rendez-vous ensuite dans la partie inférieure du panneau, et cliquez sur l'icône Lier les calques (le maillon de chaîne) : une icône identique apparaît en regard du nom des calques liés.

- Activez ensuite le pointeur de déplacement, dans la fenêtre du document, cliquez sur l'une des vignettes et déplacez-la ; la vignette appartenant au second calque suit le mouvement.
- Si vous rompez le lien, revenez dans le panneau Calques, activez l'un des calques liés, puis cliquez à nouveau sur l'icône de chaînage, dans la partie inférieure du panneau.

Utiliser les calques dynamiques

Si vous connaissez Flash, vous exploitez sans doute ses bibliothèques, qui permettent d'insérer des occurrences de symboles dans un document. Ces occurrences sont en fait des objets dynamiques qui sont liés à un objet de référence enregistré dans une bibliothèque,

Depuis sa version CS2, Photoshop a adopté un concept similaire, avec ses objets dynamiques et les calques dynamiques qui les contiennent ; ils permettent de créer une composition en exploitant des fichiers externes qui sont insérés dans le document sous forme d'objets dynamiques.

Quel intérêt ? Vous élaborez une composition à partir d'images brutes, qui doivent être utilisées dans d'autres documents. Plutôt que de corriger ces images dans les documents qui les exploitent, vous corrigerez les fichiers enregistrés comme objets dynamiques. Ces derniers seront alors automatiquement mis à jour dans chacun des documents.

Mais voyons plutôt comment exploiter cette fonctionnalité. Nous allons travailler sur un exemple simple : une photo d'arrière-plan dans laquelle vous souhaitez insérer des vignettes.

- Après avoir ouvert le cliché qui servira de fond à votre composition, activez la commande Ouvrir en tant qu'objet dynamique… (menu Fichier). Dans la boîte de dialogue qui s'affiche, sélectionnez la photo que vous souhaitez utiliser pour la première vignette. Puis validez.

- La photo s'ouvre comme un cliché ordinaire, à la seule différence que sa barre de titre indique le nom du fichier suivi de la mention « en tant qu'objet dynamique ». Du côté du panneau Calques, le cliché s'affiche dans un calque dynamique.

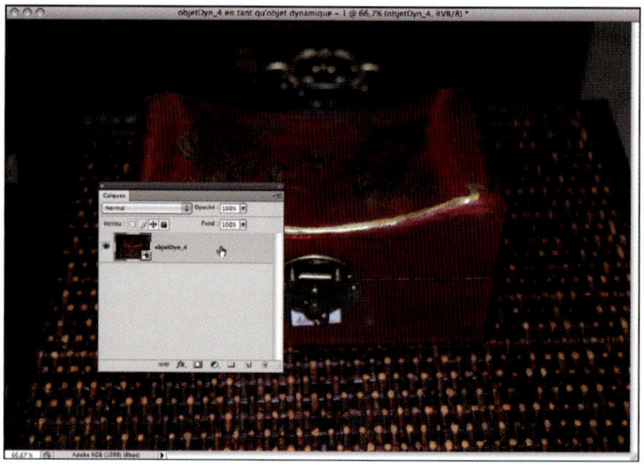

- À l'aide du pointeur de déplacement, faites glisser la nouvelle photo dans le document contenant l'image de fond. Cette opération génère un nouveau calque qui est un calque dynamique.

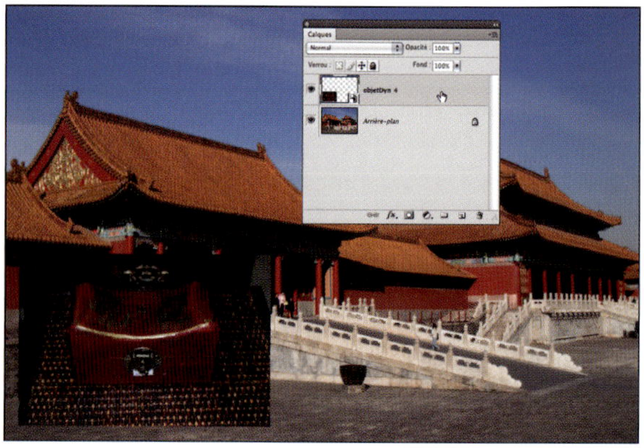

- Ajustez la taille de l'image que vous venez d'insérer, à l'aide de la commande Transformation manuelle (voir section suivante) ; repositionnez-la. Puis peaufinez éventuellement votre effet d'incrustation, en ajoutant un contour progressif et un masque de fusion.

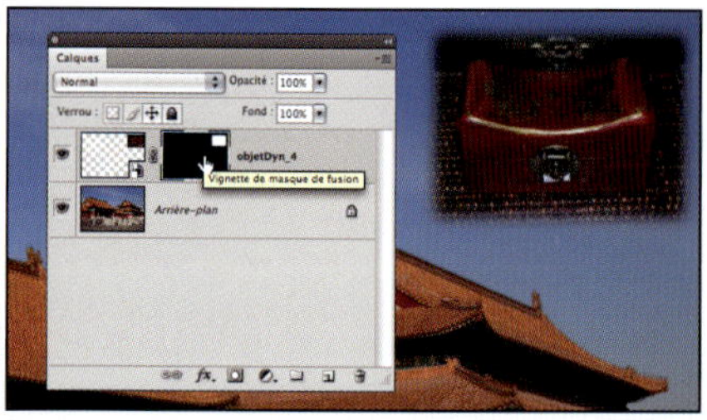

- À présent, vous souhaitez corriger la photo que vous avez utilisée à l'état brut. Revenez dans le panneau Calques, et double-cliquez sur la vignette du calque dynamique : Photoshop rouvre le fichier original.

- Effectuez vos corrections chromatiques à l'aide d'un calque de réglage, validez, puis enregistrez les modifications du fichier et fermez-le. De retour dans le document de montage, vous constaterez que la vignette a été mise à jour.

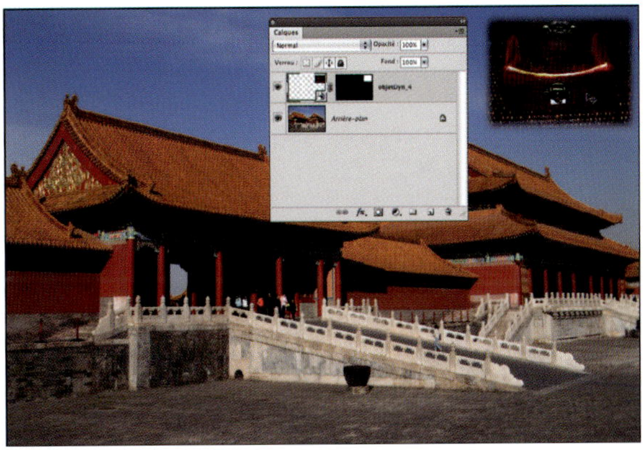

BON À SAVOIR Les limites des objets dynamiques : à la suite de cet exemple, vous vous interrogez sans doute sur les limites d'exploitation des objets dynamiques. En pratique, vous pouvez effectuer n'importe quelle opération, à l'exception de celles qui modifient directement les pixels du calque. Sont donc exclues toutes les opérations de retouche et de dessin, ainsi que l'application de commandes de corrections chromatiques (mais vous pouvez exploiter les calques de réglage).

Transformer le contenu d'un calque

Les calques permettent de préserver l'intégrité des différents éléments appartenant à une composition : contenus bitmap, textes, formes vectorielles, fonds ; ils autorisent aussi leur modification individuelle. Ainsi, le contenu d'un calque peut être transformé à l'aide des modes de fusion (voir Chapitre 14), des styles de calques (voir Chapitre 15), des filtres (voir Chapitre 16), ou des commandes de transformation du menu Edition, dont nous allons parler ici.

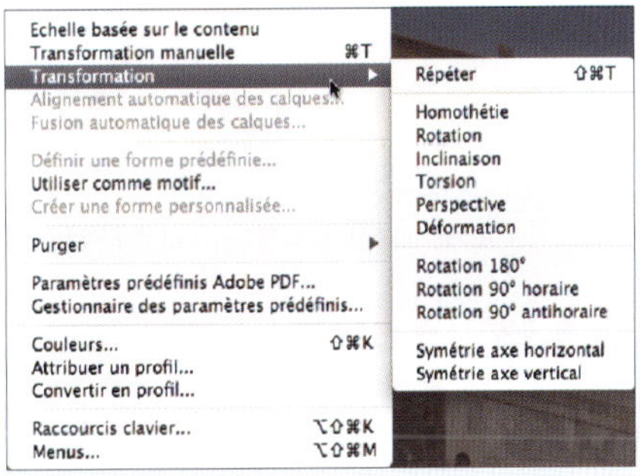

Le menu Edition propose une commande Transformation manuelle, qui permet d'effectuer différents types de transformations : rotation, changement d'échelle, inclinaison, etc., et un sous-menu Transformation qui regroupe un ensemble de commandes de transformations spécialisées : rotation, distorsion, perspective, etc.

En pratique, pour toutes les opérations de transformations simples – rotation, changement d'échelle, inclinaison – vous utiliserez la première commande Transformation manuelle. En revanche, si vous souhaitez appliquer une transformation particulière, comme une perspective ou une distorsion, vous exploiterez les commandes du sous-menu Transformation.

Voyons d'abord comment fonctionne la première commande. Vous avez ouvert un document contenant une image bitmap, vous avez converti le calque d'arrière-plan en véritable calque, et vous souhaitez modifier la taille de l'image ou la faire pivoter, tout en conservant les dimensions du document :

- Activez la commande Edition->Transformation manuelle, ou bien tapez le raccourci Commande T ; un cadre de transformation, doté de huit poignées, apparaît autour du contenu du calque, tandis que la barre d'options affiche les options de transformations.

- Pour redimensionner le contenu du calque, effectuez un cliquer-glisser sur l'une des poignées d'angle, tout en maintenant la touche Majuscule enfoncée.
- Pour faire pivoter le contenu du calque, placez le pointeur à proximité de l'une des poignées d'angle : celui-ci prend la forme d'une double flèche. Effectuez un cliquer-glisser dans le sens de rotation souhaité.
- Une fois la transformation effectuée, si le résultat vous convient, validez-le en tapant la touche Retour : Photoshop recalcule alors les pixels du calque. Si le résultat ne vous convient pas, quittez la commande Transformation manuelle en tapant la touche Escape.

BON A SAVOIR Si vous préférez appliquer une transformation numérique, vous exploiterez les réglages de la barre d'options de la commande Transformation manuelle. Vous y trouverez, de gauche à droite, le réglage de la position de l'objet (champs X et Y), le réglage des dimensions de l'objet (champs L et H), suivi de trois autres champs permettant respectivement de contrôler la rotation de l'objet, son inclinaison horizontale et verticale.

Voyons maintenant comment exploiter les commandes du sous-menu Transformation.

- Reprenez votre image de départ, et activez la commande Edition->Transformation->Perspective : Photoshop affiche un cadre de transformation identique à celui de la commande Transformation manuelle.

Effet de distorsion

Parmi les commandes du sous-menu Transformation, notez la commande Déformation qui permet de déformer le contenu d'un calque en exploitant une grille de distorsion ou une enveloppe prédéfinie.

Lorsque vous lancez la commande Déformation, Photoshop active une grille vectorielle qui vient se superposer au calque cible. À partir de là, vous pourrez déformer l'image en effectuant un cliquer-glisser sur un point quelconque de cette grille, ou de l'image elle-même.

Si vous préférez exploiter une déformation d'enveloppe prédéfinie, remontez dans la barre d'options, déroulez le menu local Déformation et choisissez une forme d'enveloppe : Arc, Drapeau, Onde, etc. Puis validez en tapant la touche Retour.

- Effectuez un cliquer-glisser horizontal sur l'une des poignées d'angle supérieures du cadre de transformation : Photoshop applique un effet de perspective au contenu du calque. Si le résultat vous convient, validez en tapant la touche Retour.

Vous remarquerez que dans cette configuration chaque commande ne permet d'appliquer qu'un effet unique. Si vous avez choisi la commande Homothétie, vous ne pourrez appliquer une rotation, à moins de retourner dans le menu pour activer cette nouvelle commande.

Aplatir une image

Hormis les formats PSD et TIFF, les formats de fichiers bitmap ne reconnaissent pas les calques de Photoshop. Dans ce cas, comment procéder pour enregistrer un document multicalque au format JPEG ? Il faudra l'aplatir. C'est-à-dire, fusionner l'ensemble de ses calques en une image unique.

Les opérations d'aplatissement d'images peuvent se faire directement dans la boîte de dialogue de la commande Enregistrer sous…, mais le menu local du panneau Calques propose également deux commandes qui permettent soit d'aplatir l'image complète, soit de fusionner certains calques sélectionnés dans le panneau.

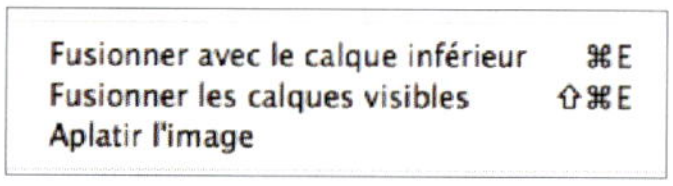

- **Aplatir l'image :** cette commande fusionne l'ensemble des calques du document (quel que soit leur type), en un document opaque qui pourra être enregistré dans un format quelconque.
- **Fusionner les calques :** cette commande fusionne les calques sélectionnés dans le panneauc ; elle permet de réduire le nombre de calques d'une composition. Vous l'utiliserez, par exemple pour fusionner un calque de réglage avec le calque bitmap auquel il est associé, ou pour aplatir un groupe de détourage.

Chapitre 12
Exploiter les masques

En matière de photomontage, il existe deux techniques : celle utilisée par les amateurs qui consiste à détourer un sujet, à le copier, puis à le coller dans une autre image ; celle utilisée par les professionnels, qui consiste d'abord à réunir les clichés dans un même document, puis à isoler le sujet de premier plan à l'aide d'un masque. Quel intérêt ? Comme vous allez le découvrir dans ce chapitre, les masques permettent de réaliser un montage non destructif, en préservant l'intégrité des images qui le composent.

Les masques pour quoi faire ?

Si vous avez déjà fréquenté un labo photo ou un atelier de photogravure, le masque évoque peut-être pour vous la forme de carton découpée aux ciseaux que l'on plaçait sous l'agrandisseur pour occulter une portion de l'image, ou bien le morceau de film inactinique collé sur la maquette pour créer une réserve… Le masque exploité par les éditeurs bitmap n'est rien d'autre que la transposition numérique de ce morceau de carton ou de ce film ; il est utilisé dans le photomontage et permet de masquer une portion d'image pour ne laisser visible que la zone qui sera exploitée.

Si vous détaillez l'image qui suit, vous vous interrogerez sur l'intérêt d'utiliser un masque pour une telle composition. En effet, un visuel de ce type peut être facilement réalisé en copiant et en collant une série de sélections dans un document de montage. En exploitant cette technique, vous obtiendrez un résultat identique, en revanche votre document sera difficilement modifiable, sauf à refaire les opérations de sélection et de copier/coller à partir de vos images d'origine.

La technique du masque présente deux avantages :

- Chaque image qui participe au montage est préservée dans son intégralité, ce qui signifie que vous pourrez très facilement modifier le cadrage.

- Le masque, lui-même, est éditable, ce qui signifie que vous pourrez modifier la forme et/ou les dimensions de la découpe. Ainsi, en trois clics de souris, vous pourrez transformer votre composition pour produire le visuel de la figure ci-dessous.

Les différentes solutions

Avec Photoshop, la création d'un masque peut se faire de différentes façons : soit à l'aide de la technique du groupe d'écrêtage ; soit à l'aide des commandes de Masque de fusion et Masque vectoriel. Ces deux commandes exploitent le même type de construction, la première basée sur une sélection active, la seconde sur un tracé vectoriel. Mais au final, quelle que soit la technique mise en œuvre, vous obtiendrez un résultat identique.

Le groupe d'écrêtage

Le groupe d'écrêtage est constitué d'un calque contenant une forme de découpe, auquel est associé le calque contenant l'image à masquer. Dans les lignes qui suivent, nous allons voir comment exploiter cette technique pour créer le fond d'une carte de vœux :

- Après avoir ouvert l'image que vous souhaitez exploiter pour le fond de votre carte, affichez le panneau Calques et double-cliquez sur la vignette du calque afin de le convertir en véritable calque (pour l'instant votre calque a le statut de calque d'arrière-plan : il est opaque et ne peut être déplacé).
- Insérez ensuite un nouveau calque à l'aide du bouton Nouveau calque, situé dans la partie inférieure du panneau Calques, puis faites-le glisser sous le calque contenant votre image de fond. Ce nouveau calque sera utilisé pour créer le masque.
- Activez l'outil Rectangle de sélection et attribuez-lui un contour progressif de 40 pixels, via la barre d'options ; puis tracez la sélection sur le nouveau calque : le contour de sélection s'affiche sous la forme d'un rectangle doté de coins arrondis.

- Remplissez la sélection avec la couleur Noir, via la commande Edition->Remplir la sélection. Votre masque est prêt.

À partir de cette construction, l'application du masque au calque contenant l'image de fond se fait très simplement à l'aide de la commande Créer un masque d'écrêtage, du menu Calque ou bien directement via le panneau Calques :

- Activez le calque contenant votre image de fond et lancez la commande Calque->Créer un masque d'écrêtage : le masque s'applique à votre image qui s'affiche dans la découpe de celui-ci.
- Pour activer le masque à partir du panneau Calques, placez le pointeur de la souris sur la ligne séparant les deux calques, puis cliquez sur cette dernière en enfonçant les touches Option et Commande.

À présent que votre masque est activé, regardez le panneau Calques. Vous remarquerez que le calque associé au masque s'affiche en retrait de ce dernier. Vous remarquerez également que dans ce type de construction (qu'on appelle groupe d'écrêtage ou groupe de détourage) les zones opaques du masque révèlent le contenu du calque associé, alors que les zones transparentes masquent son contenu ; la couleur du masque n'a aucune incidence sur le résultat.

Editer et modifier un masque d'écrêtage

Vous avez terminé ce premier montage mais vous vous interrogez sur le contour estompé que vous avez utilisé pour le fond. Etant donné que vous avez travaillé avec un masque, ce dernier va vous permettre de tout modifier sans avoir à faire un nouveau montage.

- Si vous souhaitez modifier le cadrage de l'image de fond, activez son calque dans le panneau Calques, puis à l'aide du pointeur de déplacement, déplacez l'image dans le document (l'image se déplace à l'intérieur des limites du masque).

- Si vous souhaitez modifier la forme de la découpe, activez le calque contenant le masque qui lui est associé, effacez son contenu, puis à l'aide des outils de sélection et de la commande Remplir la sélection, définissez un nouveau masque. La prise en compte de cette modification sera instantanée puisque le groupe d'écrêtage est déjà en place.

BON A SAVOIR

Comme vous l'aurez constaté en modifiant le cadrage de l'image de fond, lorsque vous déplacez l'image à l'aide du pointeur de déplacement, le masque, lui, ne bouge pas. Dans notre cas, ce comportement n'est pas gênant, au contraire. ; mais dans certains cas, il peut s'avérer nécessaire de déplacer l'image et son masque d'un seul bloc. Pour permettre cette manipulation, vous devrez au préalable lier les deux calques. Pour ce faire, activez le calque contenant l'image, puis cliquez sur le calque du masque, avec la touche Majuscule enfoncée. Les deux calques étant sélectionnés, cliquez sur l'icône Maillon de chaîne située dans la partie inférieure du panneau : un maillon de chaîne s'affiche sur chacun des calques liés dans le panneau Calques. Vous pouvez à présent déplacer les deux calques à l'aide du pointeur de déplacement.

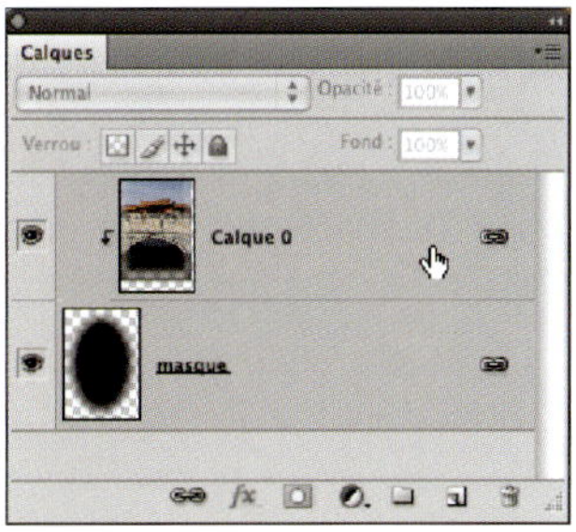

ASTUCE

Ajouter une seconde image au groupe de détourage : l'un des avantages du groupe de détourage est qu'il permet d'appliquer une même découpe sur plusieurs images. Ainsi, dans l'exemple qui suit, le fond de la carte est composé de deux photos juxtaposées qui partagent le même masque de découpe.

- Pour ajouter une image dans le groupe de détourage, commencez par ouvrir celle-ci dans Photoshop, puis faites-la glisser dans le document de montage à l'aide du pointeur de déplacement.

- Par défaut, l'image est insérée au premier plan, au dessus du calque contenant la première photo ; elle est automatiquement intégrée au groupe de détourage. Si ce n'était pas le cas, faites-la glisser au sommet de la pile de calques, puis activez la commande Calque->Créer un masque d'écrêtage : dans le panneau Calques, la vignette de la nouvelle image s'affiche en retrait, indiquant qu'elle appartient au groupe de détourage.

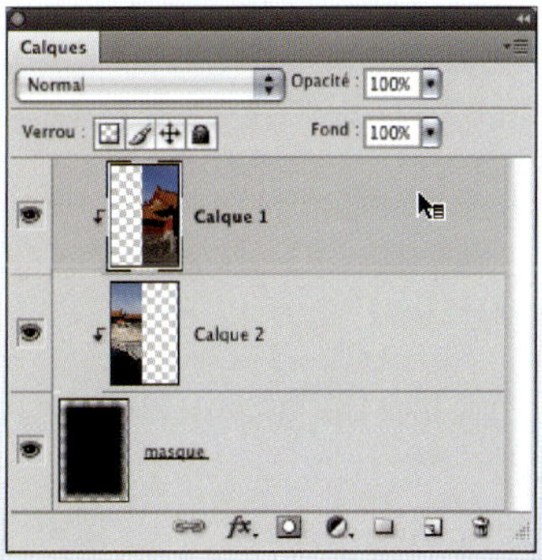

Le masque de fusion

Le masque de fusion exploite une couche Alpha (couche en niveaux de gris), générée à partir d'une sélection, que l'on associe au calque dont on souhaite masquer une partie du contenu.

Pour illustrer la mise en œuvre d'un masque de fusion, nous allons reprendre l'exemple utilisé pour le masque d'écrêtage. Vous avez préparé votre image de fond et vous avez converti le calque d'arrière-plan en calque.

- Activez l'outil Rectangle de sélection et attribuez-lui un contour progressif de 40 pixels, via la barre d'options ; puis tracez le rectangle de sélection sur l'image à masquer : le contour de sélection s'affiche sous la forme d'un rectangle aux coins arrondis.
- Dans le menu Calque, ouvrez le sous-menu Masque de fusion et activez la commande Faire apparaître la sélection. Le masque est généré à partir de la sélection active et s'applique automatiquement à votre image qui s'affiche dans un rectangle aux contours estompés.

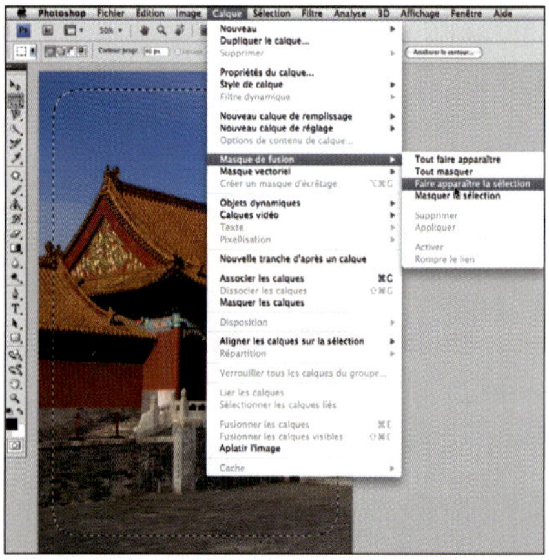

Comme vous pouvez le constater, l'effet produit par le masque de fusion est identique à celui produit via le groupe d'écrêtage. En revanche, si vous détaillez le panneau Calques, vous découvrirez une organisation différente de celle du premier exemple.

Le panneau Calques n'affiche plus deux calques, mais un calque unique composé de deux éléments : le contenu du calque lui-même (vignette de gauche) et le masque de fusion (vignette de droite). Les deux éléments étant par défaut liés entre eux par le maillon de chaîne, vous pourrez déplacer le masque et son contenu d'un seul bloc.

Editer et modifier un masque de fusion

Cette nouvelle structure suscite bien entendu de nouvelles questions : comment déplacer le contenu à l'intérieur du masque ? et comment éditer ce masque de fusion qui semble inaccessible ?

S'il s'agit simplement de modifier le cadrage de votre photo en la déplaçant à l'intérieur du masque, vous n'aurez qu'à cliquer sur le maillon de chaîne afin de dissocier le masque et l'image masquée.

Si vous souhaitez éditer le masque de fusion afin de modifier la forme de la découpe, ce n'est guère plus compliqué : dans les lignes qui suivent, nous allons voir comment remplacer la découpe rectangulaire au contour flou, par une découpe en forme d'ellipse.

- Commencez par éditer le masque de fusion en cliquant sur sa vignette avec la touche Alt. enfoncée. Votre masque s'affiche dans la zone de travail comme une couche en niveaux de gris.

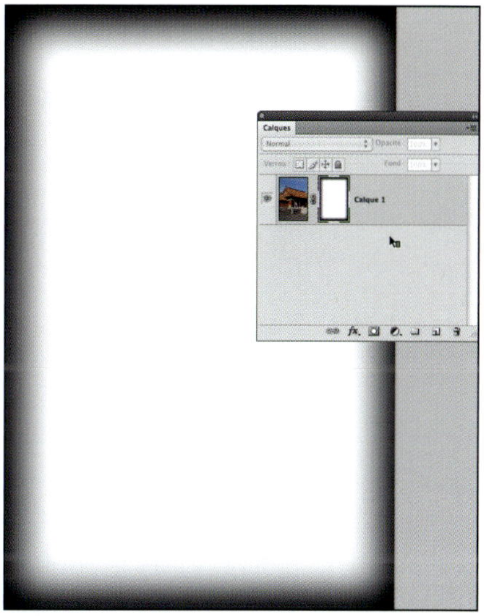

Vous remarquerez immédiatement qu'il fonctionne à l'inverse du masque utilisé dans le groupe d'écrêtage : ici, le noir masque et le blanc révèle ; tous les niveaux de gris intermédiaires produisent une semi-opacité du masque.

- Pour modifier le contenu du masque, commencez par sélectionner l'ensemble de son contenu et remplissez-le avec la couleur Noir. Puis, à l'aide de l'outil Ellipse de sélection, tracez votre nouvelle sélection et remplissez-la avec la couleur Blanc.

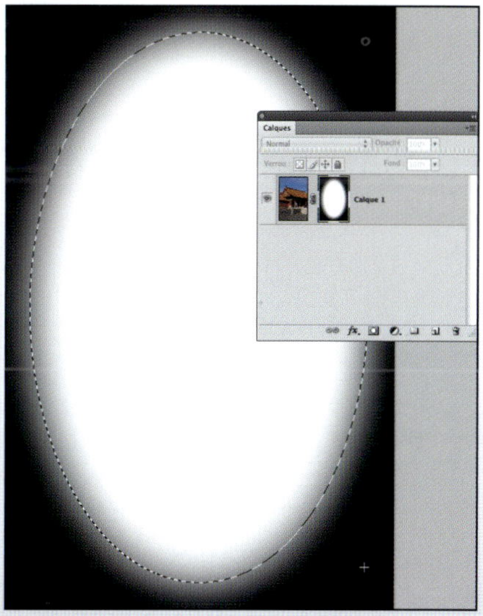

- Une fois ces modifications terminées, réactivez le masque en cliquant sur la vignette de l'image dans le panneau Calques : les modifications apportées au masque s'appliquent automatiquement à l'image qui lui est associée.

Pour finir, vous vous posez peut-être une dernière question : comment annuler ou désactiver l'effet de masque ? Vous avez deux solution, supprimer purement et simplement le masque ou bien le désactiver temporairement :

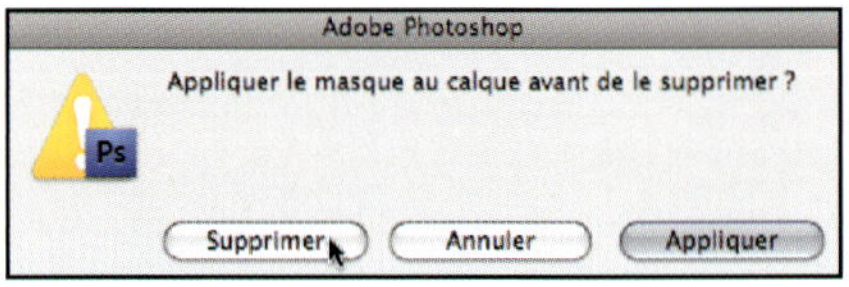

- Pour supprimer définitivement le masque, commencez par cliquer sur le maillon de chaîne afin de rompre le lien qui l'associe à l'image, puis cliquez sur la vignette du masque et faites-la glisser dans la Corbeille du panneau Calques. Photoshop affiche alors une fenêtre d'alerte qui vous propose de supprimer ou d'appliquer le masque. Cliquez sur le bouton Supprimer ; votre image de fond réapparaît intacte.
- Pour désactiver temporairement un masque, cliquez sur sa vignette avec la touche Majuscule enfoncée ; une croix rouge s'affiche sur la vignette. Pour réactiver le masque, procédez de la même manière.

Le masque vectoriel

Avec le masque vectoriel, on retrouve une technique de mise en œuvre proche de celle du masque de fusion, avec toutefois deux différences notables : le masque vectoriel est généré à partir d'un tracé et il se présente comme un calque de forme (voir Chapitre 9). Pour illustrer ces propos, nous reprendrons l'exemple utilisé plus haut. Vous avez préparé votre image de fond et vous avez converti le calque d'arrière-plan en calque.

- À l'aide de l'outil Plume ou de l'outil Rectangle arrondi des formes vectorielles, dessinez le tracé sur le calque de fond. Avant de réaliser votre tracé, prenez garde à sélectionner le mode Tracé dans la barre d'options de l'outil.
- Dans le menu Calque, activez la commande Masque vectoriel->Tracé sélectionné. Le tracé actif est converti en masque vectoriel et s'applique au contenu du calque.

Comme vous le constatez, l'effet est identique à celui produit par le masque de fusion, à la différence qu'ici le contour de la découpe est net. Si vous jetez un œil du côté du panneau Calques, vous retrouverez la construction utilisée avec le masque de fusion : à gauche la vignette du contenu du calque de fond, liée à droite, à la vignette du masque vectoriel.

Editer et modifier un masque vectoriel

De même qu'avec le masque de fusion, deux questions se posent : comment modifier le contenu du masque ? et comment modifier le masque lui-même ?

S'il s'agit de modifier le cadrage de votre photo en la déplaçant à l'intérieur du masque, procédez comme pour le masque de fusion : cliquez sur le maillon de chaîne afin de dissocier le masque et l'image masquée et déplacez votre photo à l'intérieur du masque, à l'aide du pointeur de déplacement.

S'il s'agit d'éditer le masque vectoriel afin de modifier la forme de la découpe ou de la remplacer par une nouvelle forme, la mise en œuvre est un peu différente. En effet, vous n'avez pas la possibilité d'afficher le masque vectoriel seul, comme vous l'avez fait avec le masque de fusion. Vous allez donc éditer votre masque en superposition de l'image qui lui est associée :

- Pour éditer le masque vectoriel, activez l'outil Sélection de tracé (A) dans la barre d'outils et cliquez dans la zone de travail sur la photo dont vous souhaitez éditer le masque. Cette opération active l'ensemble du tracé qui s'affiche en sélection. Vous pourrez alors déplacer le tracé ou le supprimer et le remplacer par un nouveau tracé que vous réaliserez avec l'un des outils de dessin vectoriel.

- Si vous souhaitez modifier la forme du masque en conservant votre tracé de départ, activez l'outil Sélection directe puis cliquez sur le contour du masque de manière à activer le tracé ; ce dernier affiche alors ses points d'ancrage que vous pourrez déplacer ou supprimer individuellement,

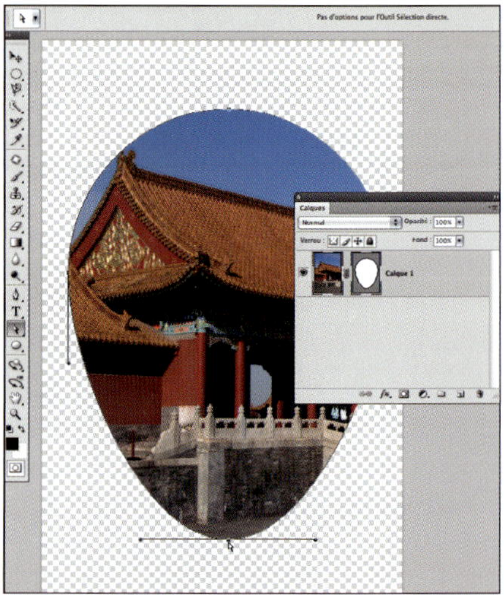

Enfin, vous avez toujours la possibilité de supprimer le masque vectoriel. Cette opération se fait de la même manière qu'avec le masque de fusion, en faisant glisser sa vignette vers la corbeille du panneau Calques.

Utiliser le panneau Masques

Nouveauté de Photoshop CS4, le panneau Masques, accessible à partir du menu Fenêtre, permet la création rapide d'un masque de fusion ou d'un masque vectoriel. S'il n'a pas la souplesse des commandes des sous-menus Masque de fusion et Masque vectoriel du menu Calque, il propose en revanche un ensemble d'options qui permettent d'affiner un masque existant.

- Pour créer un masque de fusion à l'aide du panneau Masques, commencez par tracer le contour de sélection qui sera exploité comme découpe, puis cliquez sur l'icône Ajouter un masque de pixels, située dans la partie supérieure du panneau. Par défaut, le masque généré fait apparaître le contenu de la sélection et masque le reste de l'image.

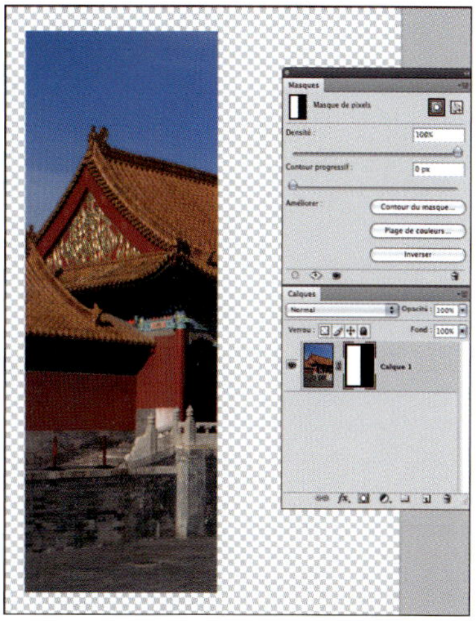

ASTUCE Si vous devez créer un masque occultant le contenu de la sélection, vous pouvez soit inverser la sélection à l'aide de la commande Commande – Majuscule – I, puis cliquer sur l'icône Masque de pixels, soit cliquer directement sur l'icône Masque de pixels avec la touche Option enfoncée.

- Pour créer un masque vectoriel à l'aide du panneau Masques, commencez par dessiner la forme vectorielle qui sera exploitée comme découpe, puis cliquez sur l'icône Ajouter un masque vectoriel, située dans la partie supérieure du panneau. Par défaut, le masque généré fait apparaître le contenu du tracé et masque le reste de l'image.

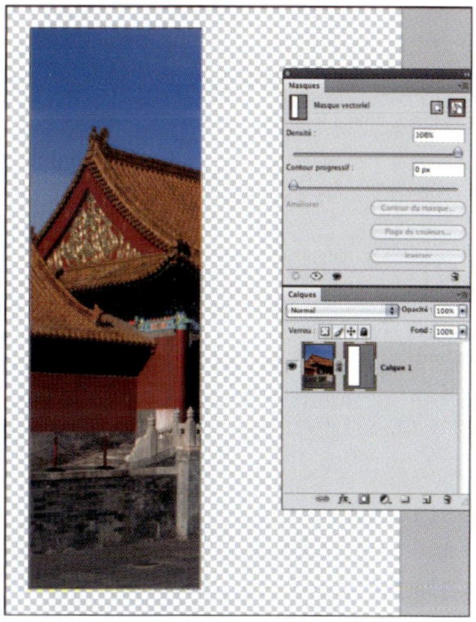

Une fois le masque créé, le panneau Masques affiche un ensemble de réglages qui permettent d'affiner celui-ci. Notez que vous pourrez également exploiter ces réglages, si vous avez créé un masque à l'aide des commandes du menu Calques. Pour ce faire, cliquez sur la vignette du masque, dans le panneau Calques, et affichez le panneau Masques.

Dans le cas d'un masque de fusion, le panneau Masques affiche les réglages Densité, Contour progressif et Améliorer :

- Le réglage Densité permet d'ajuster l'opacité du masque dans les régions masquées. Lorsque vous réduisez sa valeur (par défaut fixée à 100 %), les zones masquées se dévoilent progressivement.
- Le réglage Contour progressif permet d'ajouter un contour flou à la découpe du masque.
- Le réglage Améliorer regroupe trois commandes : Contour du masque… qui ouvre la boîte de dialogue Améliorer le masque, dont nous avons déjà parlé dans le Chapitre 10 ;

Plage de couleurs, qui ne vous sera d'aucune utilité ici ; et Inverser, qui vous permettra de permuter les zones masquées avec celles non masquées.

Dans le cas d'un masque vectoriel, le panneau Masques affiche un jeu de réglages plus réduit : Densité, et Contour progressif que vous exploiterez de la même façon que pour le masque de fusion.

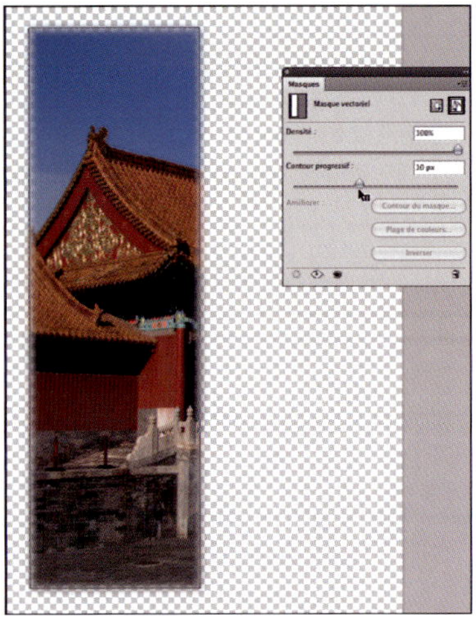

Quelle technique choisir ?

Pour terminer, reste la question du choix de la technique à utiliser, et c'est un problème récurrent dans Photoshop qui propose souvent trois ou quatre commandes différentes pour produire un même résultat. Au-delà de l'affinité que vous pouvez avoir avec telle ou telle commande, vous devez savoir que ces trois techniques ont chacune une spécificité qui pourra orienter votre choix :

- Le groupe de détourage est la seule technique de masque qui permette d'appliquer une même découpe à plusieurs images.
- Le groupe de détourage et le masque de fusion exploitant un contenu bitmap, ils sont modifiables à l'aide des outils de dessin, comme le Pinceau ou l'Aérographe.
- Le masque vectoriel étant basé sur un tracé, son contenu peut être facilement pivoté, redimensionné, déformé, sans perte de qualité. De plus, comparé au masque de fusion, le masque vectoriel ne pèse rien.

Chapitre 13
Utiliser le texte

Depuis sa toute première version Photoshop intègre un outil Texte, qui permettait, à l'origine, d'insérer un copyright dans une photo, d'incruster une image dans un titre, ou d'ajouter une légende dans un cliché. Toutefois, jusqu'à la version 6.0, ce texte était incorporé au document sous forme bitmap, et du coup, son rendu à l'impression dépendait de la résolution du fichier.

Depuis Photoshop 6.0, le texte est traité sous forme vectorielle et enregistré dans un calque de texte, ce qui garantit une qualité de sortie optimale, quel que soit le périphérique d'impression utilisé.

Comme vous allez le découvrir dans ce chapitre, aujourd'hui l'outil Texte de Photoshop n'a presque plus rien à envier à celui d'InDesign (le logiciel de mise en page professionnel d'Adobe), puisqu'il gère les simples blocs de texte, comme les paragraphes multiples, ou le texte curviligne, et dispose du même moteur de justification. En pratique, cela signifie que Photoshop permet de concevoir des mises en page de documents simples : affiches, flyers, petits dépliants, couvertures de catalogue, pochettes de CD, etc.

L'environnement de travail

Au centre de l'environnement d'édition, il y a l'outil Texte et sa déclinaison, les calques de texte qui gèrent les contenus texte et les panneaux Caractères et Paragraphe que vous utiliserez pour l'enrichissement du texte.

- **L'outil Texte et sa déclinaison ;** accessible à partir de la barre d'outils, en dessous de l'outil Plume, l'outil Texte se décline en quatre versions : Texte standard, Texte vertical, Masque de texte horizontal, et Masque de texte vertical. Les deux premiers outils génèrent un texte qui s'affiche dans un calque de texte, les deux derniers un texte qui s'affiche sous forme d'un contour de sélection. En pratique, vous travaillerez donc le plus souvent avec l'outil Texte standard.

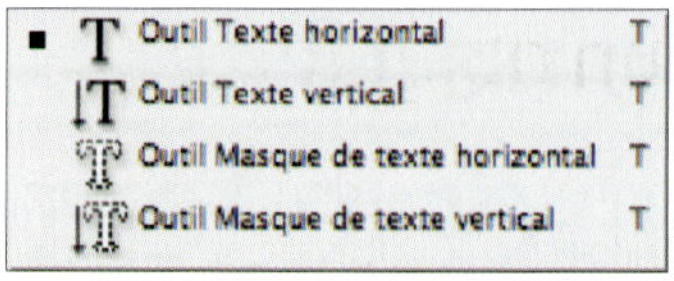

- **Les calques de texte ;** chaque fois que vous activez l'outil Texte (Standard ou Vertical) et cliquez sur le document, Photoshop génère un nouveau calque de texte. Il s'agit d'un calque particulier qui ne peut contenir que du texte, mais qui dispose des mêmes propriétés que les autres calques : opacité, mode de fusion, styles.

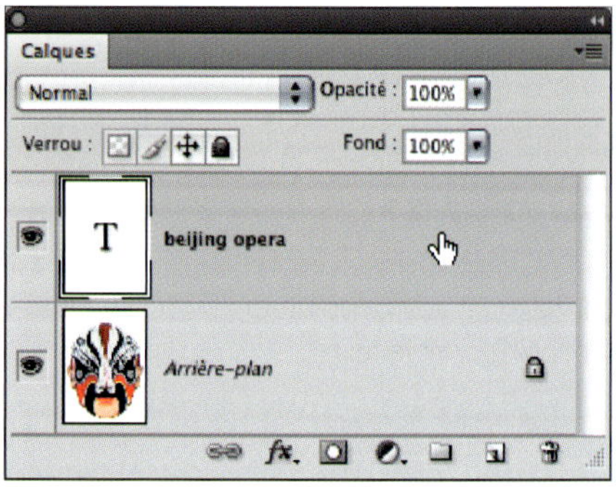

- **Les panneaux Caractères et Paragraphe ;** accessibles à partir du menu Fenêtre, les panneaux Caractères et Paragraphes regroupent les réglages de mises en forme du texte ; le premier gère les attributs de caractères : police, corps, interlignage, approche, etc. Le second gère les attributs de paragraphes : alignement, marges gauche et droite, espaces avant et après, ainsi que les paramètres de césure et de justification.

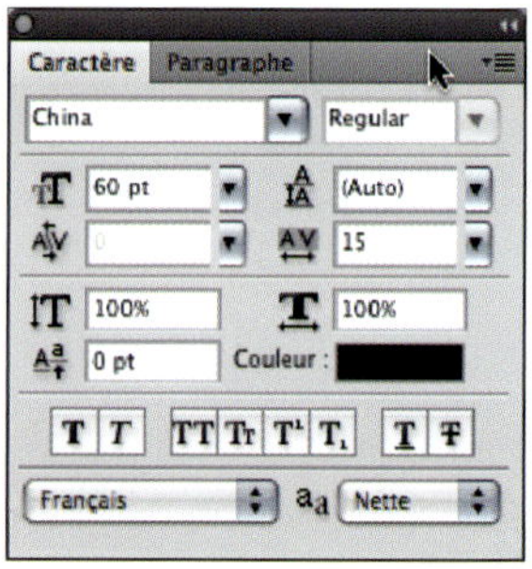

Pour compléter cet environnement de travail, vous disposez en plus de la barre d'options de l'outil Texte, qui affiche les principaux réglages de mises en forme et permet d'afficher les panneau Caractères et Paragraphes.

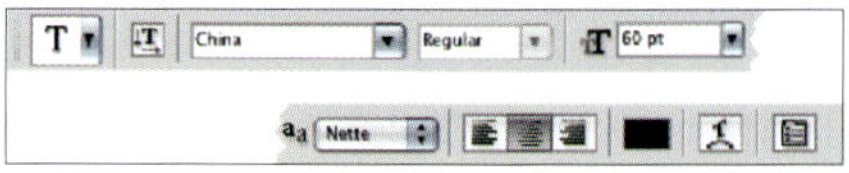

Créer un objet texte

Voyons d'abord la création d'un simple objet texte : vous avez ouvert un cliché dans Photoshop et vous souhaitez lui ajouter un titre :

- Après avoir activé l'outil Texte standard, rendez-vous dans la barre d'options de l'outil et réglez rapidement les principaux attributs de mise en forme du texte : police, corps, couleur.
- Revenez ensuite dans la fenêtre de travail et cliquez sur le document : Photoshop affiche un point d'insertion de texte clignotant et génère un calque de texte qui apparaît dans le panneau Calques.
- Saisissez le texte normalement, et une fois l'opération terminée, activez le pointeur de déplacement afin de pouvoir repositionner le texte.

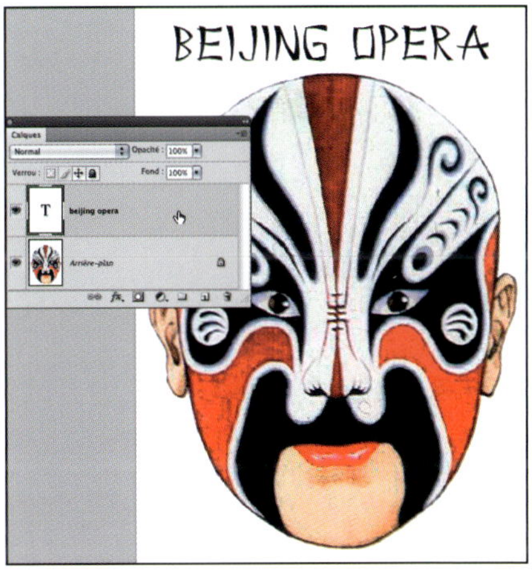

Vous disposez à présent d'un calque de texte, à partir duquel vous pourrez rééditer le texte et contrôler son affichage.

- Pour rééditer le contenu d'un calque de texte, le plus simple est de double-cliquer sur sa vignette dans le panneau Calques : le texte s'affiche alors en sélection et le pointeur se change en pointeur de traitement de texte.
  Vous pouvez également activer le calque de texte dans le panneau Calques, puis sélectionner l'outil Texte et cliquer dans le bloc de texte à éditer. (Attention, si le calque de texte n'est pas activé, l'opération génère un nouveau calque de texte.)
- Pour afficher ou masquer le contenu du calque de texte, vous utiliserez, comme pour un calque ordinaire, l'icône œil qui jouxte sa vignette.

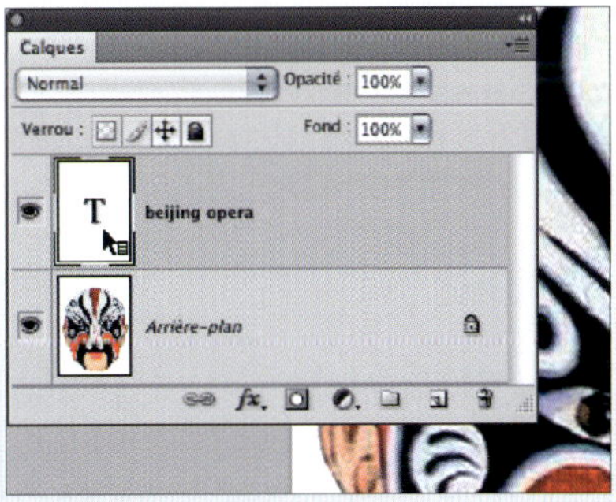

Enrichir le texte

Lors de la création de ce premier texte, vous avez effectué une mise en forme sommaire en exploitant les réglage de la barre d'options de l'outil. Mais Photoshop dispose des panneaux Caractères et Paragraphe qui vont vous permettre de contrôler plus précisément son enrichissement.

Noter que cet enrichissement peut se faire en mode édition (après avoir sélectionné le texte en double-cliquant sur la vignette du calque de texte), ou bien simplement en activant le calque de texte à partir du panneau Calques. Dans le premier cas, la barre d'options affiche les réglages de l'outil Texte ; dans le second, la barre d'options affiche les options du pointeur de déplacement, mais les panneaux Caractères et Paragraphe affichent les réglages du calque de texte actif.

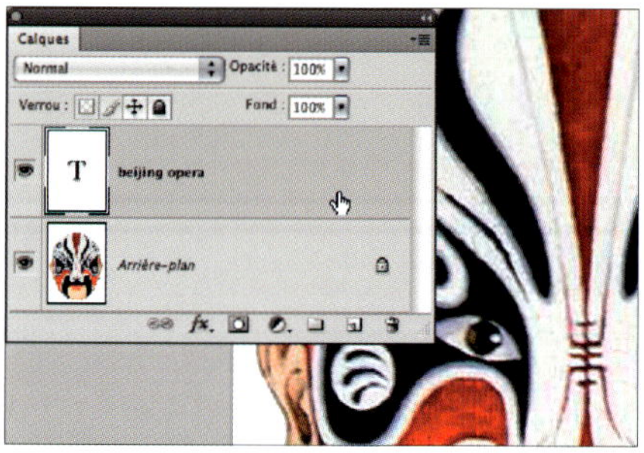

- Après avoir activé le calque de texte dans le panneau Calques, affichez le panneau Caractères, via le menu Fenêtre. Dans ce panneau, vous retrouvez les réglages de police, de corps et de couleur de la barre d'options, mais vous disposez en plus des réglages d'interlignage, d'approche, d'échelle horizontale ou verticale.

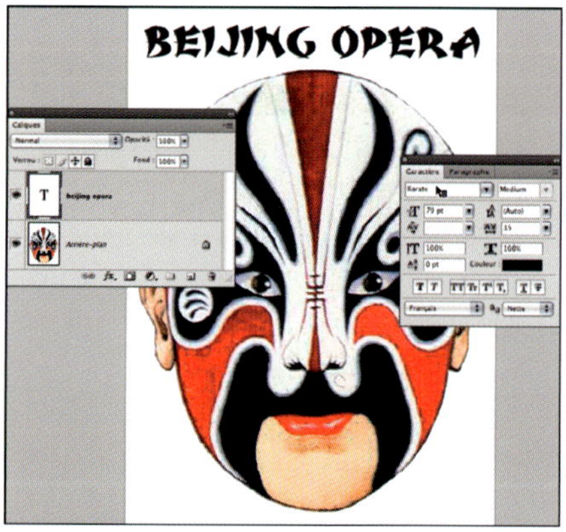

- Une fois la mise en forme des caractères effectuée, affichez le panneau Paragraphe, via le menu Fenêtre. Ce panneau regroupe les réglages de mise en forme de paragraphes ; et hormis les options d'alignement, pour l'enrichissement d'un simple titre, il ne vous sera pas d'une grande utilité.

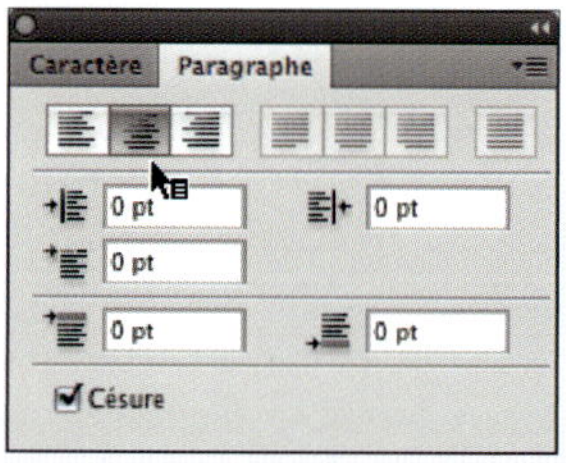

Composer un paragraphe

Si vous exploitez Photoshop pour concevoir une mise en page, vous serez amené à définir une ou plusieurs colonnes de texte, dans lesquelles s'organiseront les différents paragraphes.

Dans ce cas, la mise en œuvre de l'outil Texte sera légèrement différente. En effet, comme nous allons le voir dans les lignes qui suivent, vous devrez d'abord mettre en place les colonnes de texte, avant d'y placer le texte et de le formater. Mais si la mise en forme d'un titre se limite au choix d'une police, d'un corps et d'une couleur, celle d'un paragraphe nécessite des réglages plus avancés, en particulier si le texte doit s'afficher en pavés, car il faudra alors paramétrer la césure et la justification, de manière à produire une colonne de texte régulière.

- Après avoir ouvert le visuel que vous souhaitez utiliser pour votre mise en page, activez l'outil Texte, puis effectuez un cliquer-glisser sur l'image pour tracer un premier bloc de texte ; ce dernier s'affiche sous la forme d'un rectangle pointillé doté de huit poignées.

- Rendez-vous dans la barre d'options qui affiche les réglages de l'outil Texte, et ajustez grossièrement les paramètres du bloc de texte. Puis saisissez le texte directement dans le bloc, ou bien effectuez un copier-coller depuis un traitement de texte.

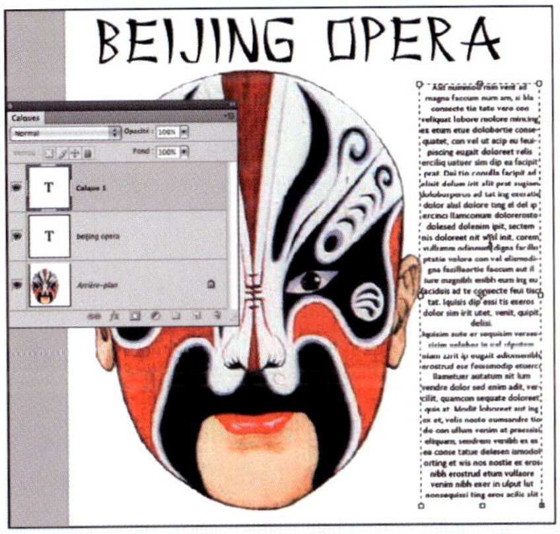

Une fois le texte mis en place, vous avez la possibilité de redimensionner le bloc en effectuant un cliquer-glisser sur l'une de ses poignées. Vous pourrez également, déplacer le bloc en effectuant un cliquer-glisser à l'extérieur de celui ci.

Mettre en forme les paragraphes

De même qu'avec un logiciel de mise en page, le formatage des paragraphes consiste d'abord à choisir un alignement, puis à régler les espaces avant et après (espace séparant deux paragraphes consécutifs), et enfin, éventuellement, à définir une marge gauche et une marge droite. Si vous choisissez un alignement justifié (en pavé), vous devrez en plus régler les paramètres de césure et de justification.

Attention, l'ensemble de ces réglages s'appliqueront à l'ensemble du bloc. Par conséquent, si vous souhaitez mettre en forme des paragraphes avec différents réglages d'alignement, de police, de corps ou de couleur, vous devrez créer autant de calques de texte différents.

- **Alignement :** le bloc de texte étant activé, rendez-vous dans le panneau Paragraphe, et choisissez un mode d'alignement dans la première rangée d'icônes. Vous y trouverez, dans l'ordre, les alignements gauche, centré, et droite, puis quatre variantes pour l'alignement justifié.

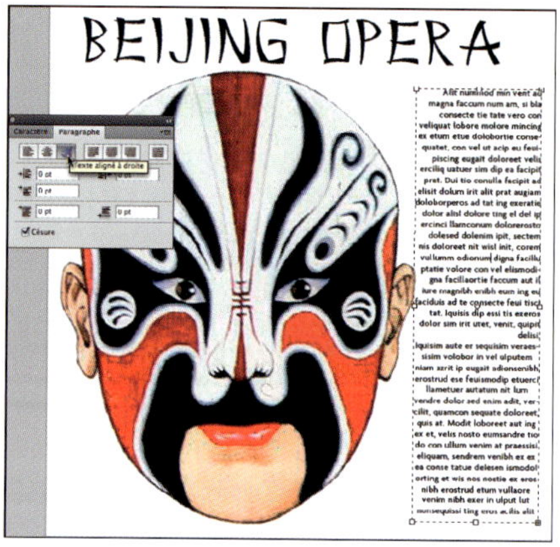

- **Espace avant et après :** si vous souhaitez intercaler un espace entre les différents paragraphes d'un même bloc, vous pouvez naturellement insérer un retour chariot à la suite de chaque paragraphe. Toutefois cette solution n'est pas très élégante, puisqu'elle produit un espace égal à une hauteur de ligne. Le mieux est donc de supprimer tous les retours chariot intercalaires et de les remplacer par un espace avant ou un espace après que vous définirez dans la quatrième ligne du panneau Paragraphe. Utilisez de préférence une valeur inférieure à celle de l'interlignage, définie dans le panneau Caractères. Ainsi, pour un texte en corps 12 pt, interligné 13 pt, réglez l'espace avant, ou l'espace après, à 8 ou 9 pt.

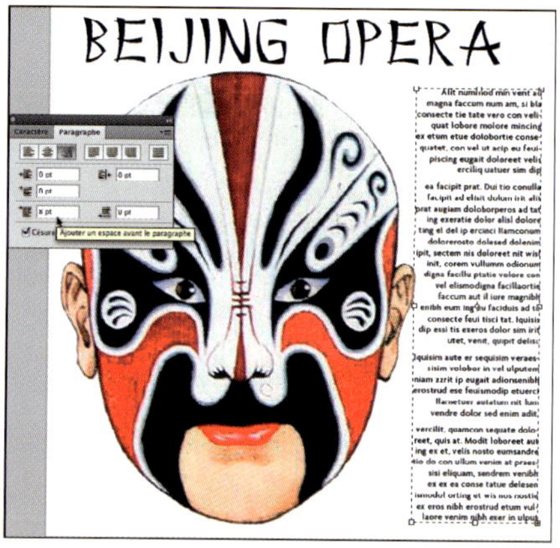

- **Marge gauche et droite :** dans la mesure où chaque bloc de texte peut être ajusté en largeur à l'aide de ses poignées, le réglage des marges n'est pas indispensable. Toutefois, si vous souhaitez définir une marge gauche ou droite (qui se matérialisera sous la forme d'un retrait par rapport au bord gauche ou droit du bloc), vous utiliserez les deux champs de saisie, situés dans la seconde ligne du panneau.

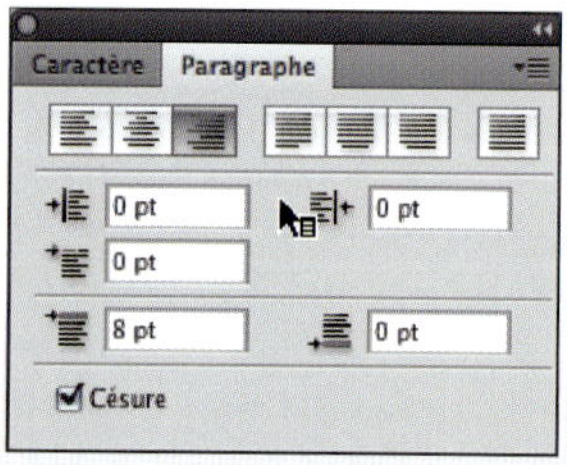

- **Césure :** si vous choisissez une option d'alignement justifié, vous devrez activer l'option Césure, située dans la partie inférieure du panneau Paragraphe, et régler ses paramètres. Avec l'option Césure, vous activez le programme de coupe de mots qui évitera à votre texte de ressembler à un gruyère (ou plutôt un emmenthal).

Dans le menu local du panneau Paragraphe, activez la commande Césure ; Photoshop affiche la boîte de dialogue de la commande. Réglez les paramètres, comme indiqué dans la figure qui suit, puis validez.

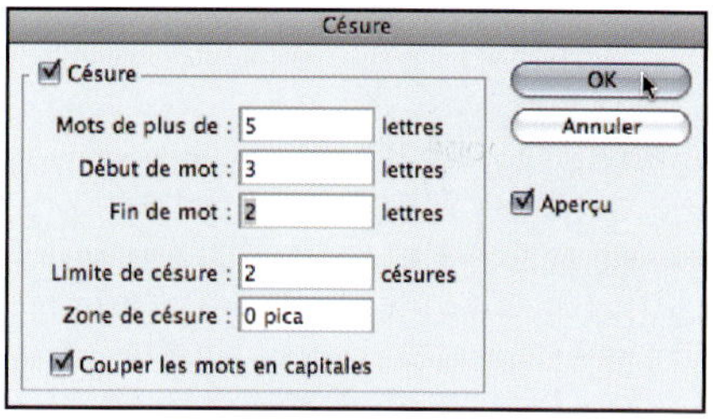

- **Justification :** sans un paramétrage correct de la justification, le réglage des césure est insuffisant. En effet, le réglage de la justification permet d'indiquer au moteur de rendu du texte comment il doit calculer la répartition des mots à l'intérieur du paragraphe, de manière à produire un paragraphe le plus régulier possible.
  Dans le menu local du panneau Paragraphe, choisissez Justification ; Photoshop ouvre la boîte de dialogue de la commande. Réglez les paramètres, comme indiqué dans la figure qui suit, puis validez.

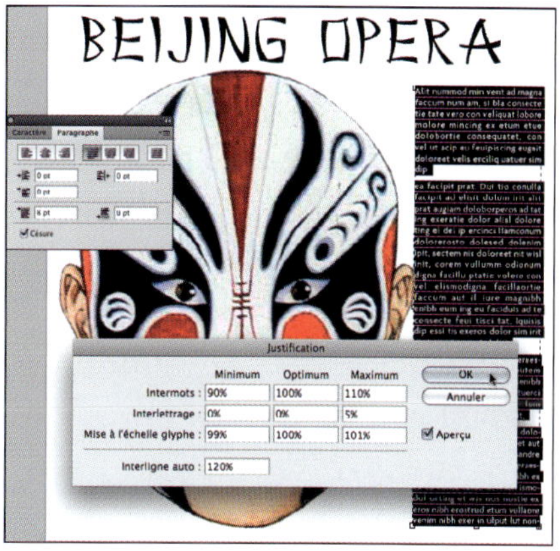

BON À SAVOIR

Paramétrage de la justification : la capture précédente montre les paramètres de justification courants qui permettent, dans la plupart des cas, de produire de beaux pavés de texte. Toutefois, vous devez savoir que pour obtenir une belle justification, ces réglages ne suffisent pas ; il faut également que le paragraphe comporte un nombre de signes minimum par ligne. En dessous de 40 signes par ligne (espaces comprises), la justification devient très difficile.

- Pour terminer le formatage du paragraphe, revenez dans le menu local du panneau et choisissez Compositeur multiligne Adobe. Avec ce dernier réglage, vous devriez notez un changement important dans le rendu des paragraphes.

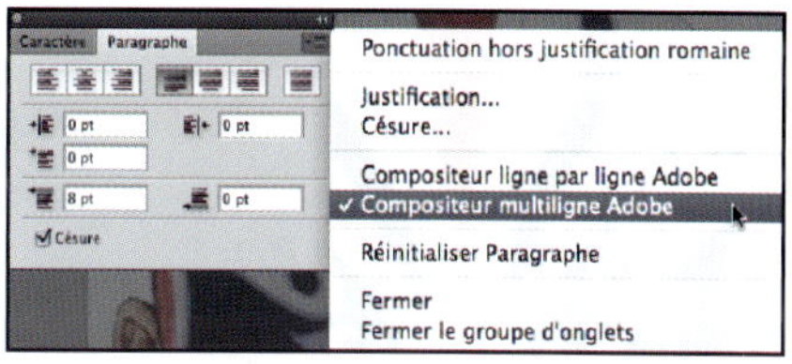

Transformer un texte

Comme nous l'avons précisé au début de ce chapitre, les calques de texte sont de calques particuliers qui ne peuvent recevoir qu'un contenu texte ; mais au-delà de cette spécificité, ils se comportent comme des calques ordinaires. Cela signifie que vous pouvez déformer le contenu d'un calque de texte à l'aide de la commande Transformation manuelle, ou lui appliquer un style de calque (voir Chapitre 15), tout en conservant son éditabilité.

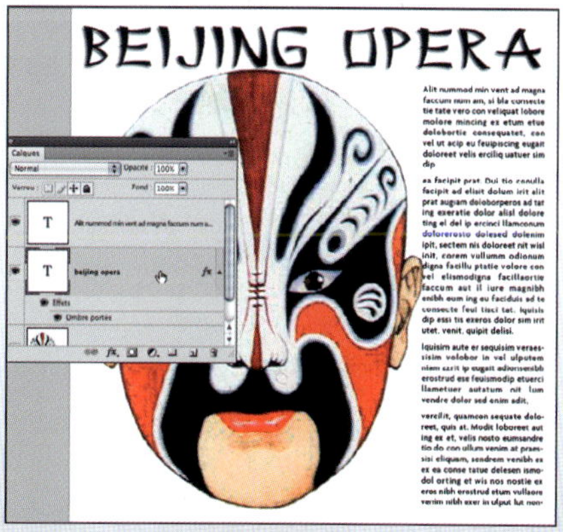

Mais comme nous allons le voir dans les lignes qui suivent, les calques de texte disposent aussi d'un ensemble de déformations d' enveloppe, directement accessible à partir de la barre d'options de l'outil, qui permet, par exemple, de donner à un titre une forme ondulée, convexe, concave, etc. Autant d'effets, qui peuvent être ponctuellement intéressants, mais dont il ne faut pas abuser.

Dans le même esprit, Photoshop propose une commande de texte curviligne qui vous permettra de placer un titre ou une ligne de texte sur le contour d'une forme vectorielle.

Et si vous souhaitez exploiter un titre ou le contour d'une lettre comme forme de découpe, nous verrons qu'à l'instar des autres objets sur calque vous avez la possibilité de récupérer la sélection du contenu d'un calque de texte pour définir un maque de fusion, ou un masque vectoriel.

Déformation d'enveloppe

Si vous pratiquez Illustrator, vous connaissez sans doute les commandes de déformations d'enveloppe qui permettent de déformer un objet vectoriel à partir d'un tracé d'enveloppe quelconque. Photoshop a adopté la même technique, mais limite son application aux calques de texte et à l'exploitation de formes d'enveloppe prédéfinies.

- Pour créer une déformation d'enveloppe, commencez par créer un calque de texte contenant un simple titre, puis rendez-vous dans la barre d'options de l'outil Texte.
- Cliquez sur l'icône Créer un texte déformé, qui jouxte la case échantillon de couleur, dans la barre d'options de l'outil Texte : Photoshop affiche la boîte de dialogue Déformer le texte.
- Ouvrez le menu local de la rubrique Style et choisissez une forme d'enveloppe : la déformation est appliquée au contenu du calque actif. Ajustez ensuite les paramètres de la déformation, à l'aide des curseurs qui s'affichent dans la partie inférieure de la boîte de dialogue, et validez.

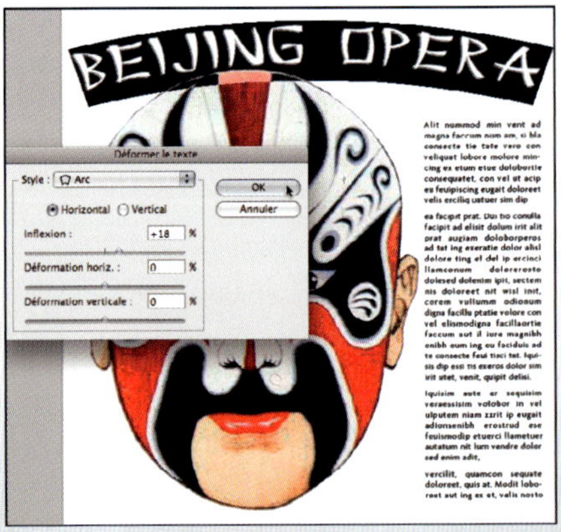

Après validation de la déformation, vous constaterez dans le panneau Calques que la vignette du calque de texte a changé ; elle affiche à présent la lettre T au-dessus d'une courbe. Si vous double-cliquez sur cette vignette, vous afficherez le calque de texte en mode édition et vous pourrez modifier les paramètres de la déformation d'enveloppe (ou annuler la déformation), en réaffichant la boîte de dialogue Déformer le texte.

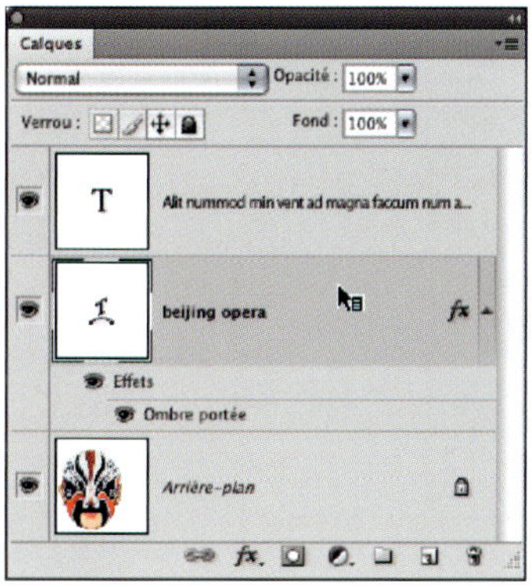

Texte curviligne

Avec le texte curviligne, Photoshop propose une fonctionnalité que l'on trouve plus souvent du côté des applications de dessin vectoriel. En effet, cette fonctionnalité permet d'accrocher un texte sur un tracé vectoriel de forme quelconque (rectangle, ellipse ou autre). Une fois l'accrochage effectué, le texte conserve son éditabilité, tout comme le tracé support qui peut être déformé et modifié à l'aide de l'outil Plume ou des pointeurs de Sélection directe et Sélection de tracé.

Au niveau de la mise en œuvre, la création d'un texte curviligne peut s'effectuer à partir d'un simple tracé, enregistré dans le panneau Tracé, ou d'une forme vectorielle enregistrée dans un calque de forme (voir Chapitre 9).

- Après avoir ouvert un fichier quelconque dans Photoshop, choisissez un outil de dessin vectoriel, comme l'Ellipse, par exemple.
- Dans la barre d'options de l'outil, choisissez Calque de forme, et tracez un disque sur votre document ; celui-ci s'affiche dans la fenêtre de travail, sous la forme d'un disque doté d'un fond de couleur unie ; tandis que le panneau Calques affiche un nouveau calque de forme.
- Revenez dans la barre d'outils et activez l'outil Texte. Positionnez ensuite le pointeur sur le contour de la forme vectorielle, celui-ci prend la forme du curseur d'insertion de texte, barré dans sa partie inférieure d'un trait oblique.

- Cliquez sur le contour du disque et saisissez le texte que vous souhaitez exploiter comme texte curviligne : le texte s'affiche sur le contour du disque.
- Une fois le texte saisi, sélectionnez-le comme un texte ordinaire, puis effectuez sa mise en forme à l'aide des panneaux Caractères et Paragraphe.

En pratique, vous constaterez que seules les options d'alignement sont exploitables dans le panneau Paragraphe. En revanche, à partir du panneau Caractères, vous pourrez exploiter tous les réglages : police, corps, approche, couleur, y compris le réglage Décalage vertical, situé en dessous du réglage Echelle verticale, qui vous permettra de décaler le texte au-dessus ou en dessous du tracé support.

Reste une question en suspens : lors de sa création, le texte curviligne s'affiche à l'extérieur du disque (ou de la forme vectorielle) et dans sa partie inférieure. Comment modifier la position du texte, et/ou le faire passer à l'intérieur du tracé ? Ces manipulations se font à l'aide du pointeur de Sélection directe :

- Commencez par sélectionner le calque de texte dans le panneau Calques, puis choisissez le pointeur de Sélection directe dans la barre d'outils. Lorsque vous survolez le texte curviligne, le pointeur affiche un curseur de traitement de texte, complété par une double flèche.
- Pour déplacer le texte le long d'un tracé, faites-le glisser avec le pointeur de Sélection directe ; pour faire passer le texte à l'intérieur du tracé, effectuez un autre cliquer-glisser.

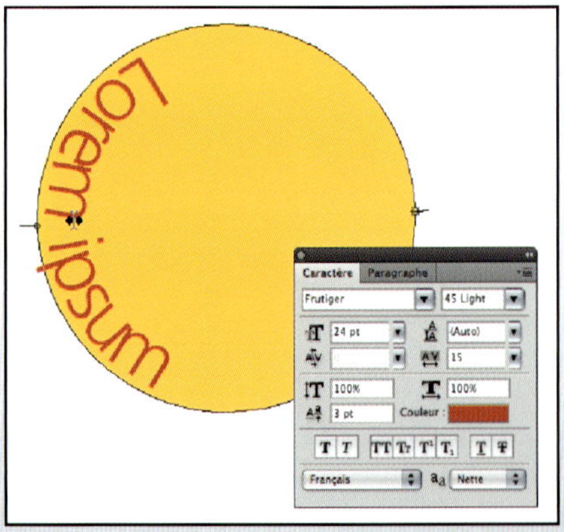

BON À SAVOIR

Texte captif : lors de la création du texte curviligne, vous avez peut-être noté la forme particulière du curseur de l'outil Texte lors du survol d'une forme vectorielle ou d'un tracé : celui-ci s'affiche encadré de deux demi-cercles en pointillé. Si vous cliquez à l'intérieur de la forme ou du tracé survolé, l'élément est transformé en bloc de texte. Vous pouvez alors saisir le texte ou le copier depuis un traitement de texte, il épouse la forme du tracé vectoriel.

Masque de texte

Lors de la présentation des outils Texte, au début de ce chapitre, nous avons évoqué les outils Masque de texte horizontal et Masque de texte vertical. Ces deux outils ne génèrent pas de calque de texte, mais produisent un texte qui s'affiche sous forme de sélection. Si, a priori, ces deux outils paraissent intéressants pour créer un masque de fusion à partir d'un objet texte, en réalité leur usage est plutôt limité et nous leur préférerons les commandes du sous-menu Calques->Texte.

En effet, lorsqu'un calque de texte est activé dans le panneau Calques, le sous-menu Calques->Texte propose les commandes Créer un tracé de travail, et Convertir en forme.

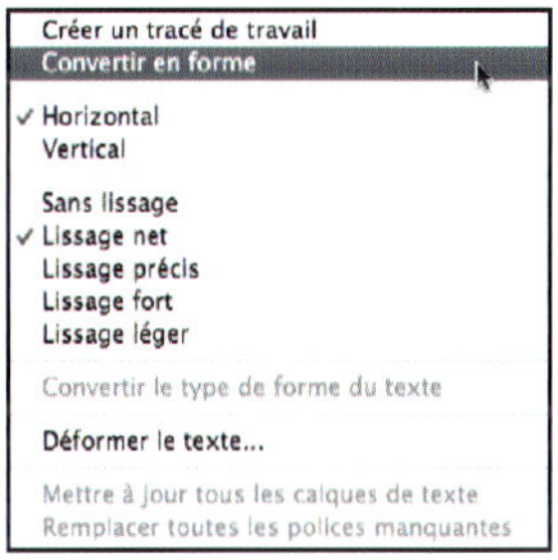

Ces deux commandes produisent une vectorisation du texte ; la première génère un simple tracé vectoriel qui s'affichera dans le panneau Tracés ; la seconde génère directement un calque de forme.

Si vous souhaitez créer un masque vectoriel à partir d'un élément de texte, vous exploiterez la première commande en procédant comme suit :

- Après avoir activé le calque de texte contenant le titre que vous souhaitez exploiter comme masque, lancez la commande Calques->Texte->Créer un tracé de travail. Photoshop génère un nouveau tracé vectoriel qui s'affiche dans le panneau Tracés.

- Masquez le calque de texte, puis activez le calque contenant la photo à masquer. Rendez-vous ensuite dans le menu Calques et choisissez Masque vectoriel->Tracé sélectionné : Photoshop crée un masque vectoriel et l'applique au contenu du calque actif (voir Chapitre 12).

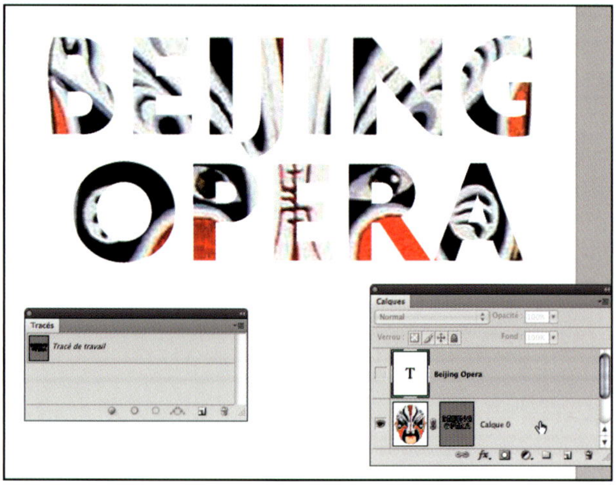

ASTUCE Créer un masque de fusion à partir d'un texte : s'il s'agit simplement de créer un masque à partir d'un élément de texte, vous préférerez peut-être exploiter un masque de fusion. Dans ce cas, contrairement aux apparences, la mise en œuvre est beaucoup plus simple :

- Rendez-vous dans le panneau Calques et cliquez sur la vignette du calque de texte, avec la touche Commande enfoncée : cette opération charge la sélection du contenu du calque dans le document.
- Masquez le calque de texte et activez ensuite le calque contenant la photo à masquer. Puis déroulez le menu Calques et choisissez Masque de fusion->Faire apparaître la sélection : Photoshop génère un masque de fusion, associé au calque contenant le cliché.

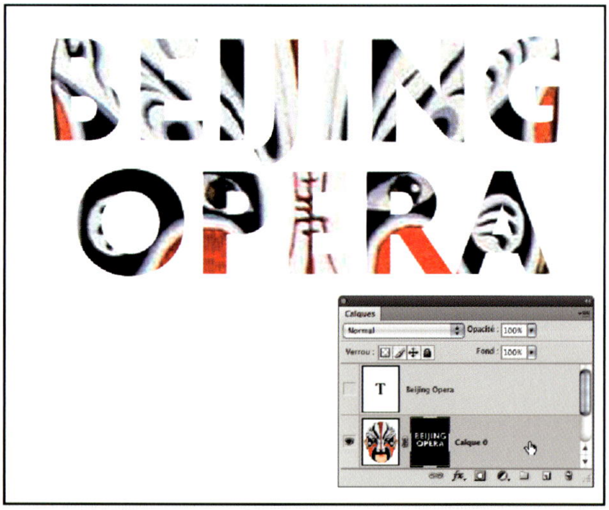

Chapitre 14
Exploiter les modes de fusion

Ceux qui ont connu les toutes premières versions de Photoshop se souviennent peut-être de cette commande Opérations qui permettait de combiner les couches de deux images, à l'aide d'options nommées Addition, Soustraction, Produit... Ceci se passait avant l'avènement des calques, et personne ne savait vraiment à quoi pouvait servir cette commande.

Avec l'apparition des calques, ces options ont migré vers le panneau Calques sous le nom de modes de fusion. Et si leur mise en œuvre s'en trouve simplifiée, leur exploitation reste mystérieuse pour bon nombre d'utilisateurs.

Dans ce chapitre, nous allons donc découvrir cette fonctionnalité un peu particulière, dont le champ d'application s'étend au-delà des calques.

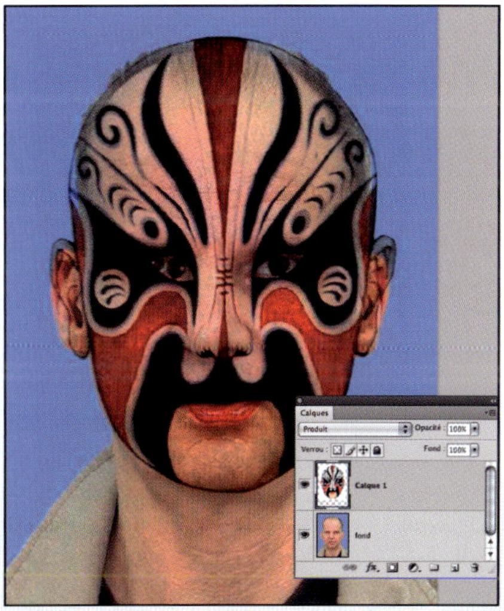

À quoi ça sert ?

La première question que vous vous posez sans doute est : à quoi ça sert ? En théorie, la réponse est simple : les modes de fusion permettent de contrôler la manière dont les pixels de deux calques superposés fusionnent. En pratique, comme nous le verrons plus loin, les usages sont multiples ; si vous êtes créatif, vous emploierez les modes de fusion pour mixer deux photos et produire des effets spéciaux d'incrustations ou de mélanges ; si vous êtes photographe, vous utiliserez ces modes en complément des commandes de corrections traditionnelles ; enfin, si vous faites de l'illustration, vous pourrez exploiter les modes de fusion avec les outils de dessin.

Comment ça marche ?

Avant d'aller plus loin voyons d'abord comment ces modes fonctionnent : ouvrez un premier cliché dans Photoshop, puis ouvrez un second cliché et faites-le glisser ou copiez-le dans le premier document, de manière à ce qu'il s'affiche sur un nouveau calque. Sélectionnez ensuite le calque contenant la nouvelle photo, déroulez le menu local Mode de fusion, qui se trouve dans l'angle supérieur gauche du panneau Calques, et réglez le mode de fusion sur l'option de votre choix.

Que se passe-t-il ? L'application calcule la fusion des deux calques en fonction du réglage choisi et affiche le résultat sur le calque de premier plan (contrairement à un effet de filtre, les pixels du calque de premier plan ne sont pas modifiés de manière définitive). Quant au calque d'arrière-plan, son contenu demeure inchangé. En coulisses, l'application analyse le contenu des deux calques, pixel par pixel et couche par couche, et pour chaque couple de pixels – le premier pixel appartenant au calque de premier plan, le second au calque d'arrière-plan –, l'application calcule la valeur du pixel résultant, en exploitant la formule mathématique associée au mode de fusion sélectionné.

Ainsi, par exemple, avec le mode Différence, la valeur du pixel résultant (R) est définie par l'expression suivante : R= |PP – AP|, où PP est le pixel de premier plan et AP le pixel d'arrière-plan, cette opération étant effectuée pour chacune des composantes RVB du pixel sélectionné.

Où les trouver ?

Comme nous l'avons vu plus haut, le réglage des modes de fusion est d'abord accessible à partir du panneau Calques, puisque sa fonction première est de contrôler la fusion de deux « couches » de pixels. Mais vous retrouverez ce réglage dans la boîte de dialogue associée à la commande Remplir et dans les options des outils de dessin. En pratique, cela signifie que vous pouvez également contrôler la manière dont s'applique la couleur lorsque vous dessinez sur un calque.

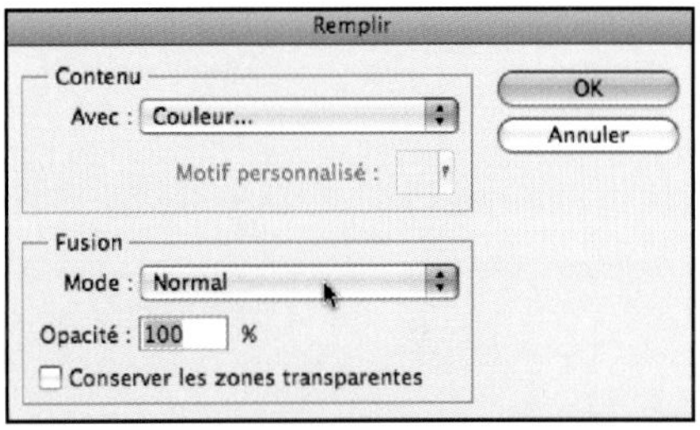

En comparant les options de fusion disponibles à partir de la palette Calques, et celles proposées dans la barre d'options de l'outil Pinceau, vous constaterez que les secondes sont plus nombreuses. Les outils de dessin et de remplissage disposent en effet de modes de fusion supplémentaires : le mode Arrière qui permet de peindre derrière l'objet de premier plan et le mode Transparent qui produit l'effet d'une gomme sur le calque de premier plan.

ASTUCE Si vous utilisez Photoshop dans sa version anglaise, ou si vous consultez des tutoriaux publiés en anglais sur le Web, vous aurez la désagréable surprise de constater que les noms des modes de fusion sont différents. Pour vous aider à y voir plus clair, vous trouverez ci-dessous la liste des modes de fusion avec leur traduction en anglais.

Normal	Normal
Fondu	Dissolve
Obscurcir	Darken
Produit	Multiply
Densité couleur +	Color burn
Densité linéaire +	Linear burn
Eclaircir	Lighten
Superposition –	Screen
Densité couleur –	Color dodge
Densité linéaire –	Linear dodge
Incrustation	Overlay
Lumière tamisée	Soft light
Lumière crue	Hard light
Lumière vive	Vivid ligth
Lumière linéaire	Linear light
Lumière ponctuelle	Pin light
Mélange maximal	Hard mix
Différence	Difference
Exclusion	Exclusion
Teinte	Hue
Saturation	Saturation
Couleur	Color
Luminosité	Luminosity

Quel mode choisir ?

Vous avez inséré deux photos dans les deux calques de votre document et vous vous apprêtez à régler le mode de fusion du calque supérieur de manière à produire un beau fondu. Le problème est que vous n'avez aucune idée de l'effet produit par les différents modes ; vous allez donc les tester un par un jusqu'à ce que vous obteniez un visuel intéressant.

Afin de vous éviter ces tâtonnements d'aveugle, nous allons tenter de vous donner un aperçu des effets produits par les différents modes. Et si nous écrivons «tenter», c'est parce qu'il est impossible de prévoir exactement l'effet d'un mode de fusion sur une image donnée (hormis bien sûr pour quelques modes simples comme Produit, Eclaircir, Obscurcir...).

Si vous examinez le menu local Mode de fusion de Photoshop, vous remarquerez que ces modes sont répartis en six groupes séparés les uns des autres par un espace et un trait gris. Cette répartition correspond à un classement par couleur neutre. Mais encore ? Si vous superposez un calque contenant du blanc, sur un autre calque de contenu quelconque, et réglez le mode de fusion du calque supérieur sur Obscurcir, les zones blanches du premier plan n'auront aucun impact sur le résultat : le blanc est en effet la couleur neutre du mode Obscurcir et des autres modes du groupe auquel il appartient.

Revenons à notre menu Modes de fusion. Dans sa première section, vous trouverez deux ou quatre réglages (en fonction de l'endroit à partir duquel vous affichez le menu) : Normal, Fondu, Arrière et Transparent. Ces modes n'ont pas de couleur neutre. Parmi ces modes, vous noterez le mode Fondu (Dissolve, en anglais) ; ce mode semble ne produire aucun effet si vous l'appliquez sur un calque avec une opacité de 100 %. En réduisant l'opacité du calque, vous verrez apparaître progressivement les pixels du calque d'arrière-plan, comme dans un effet de dissolution.

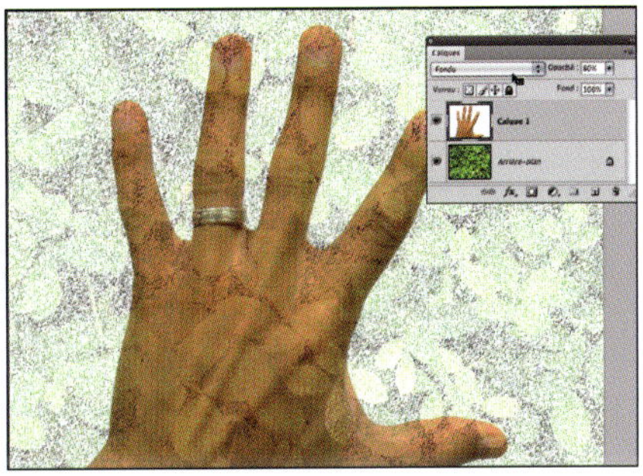

Dans la seconde section du menu, vous trouverez les modes Obscurcir, Produit, Densité couleur +, Densité linéaire + qui ont tous le noir comme couleur neutre. Le deux premiers modes produisent des effets relativement simples à appréhender : le mode Obscurcir compare la luminosité des pixels des deux calques et fait remonter les pixels les plus sombres ; le mode Produit multiplie la valeur du pixel de premier plan avec la valeur du pixel d'arrière-plan. Les deux autres modes produisent des effets plus complexes à prévoir dans le cas de la superposition de deux images quelconques, mais nous verrons qu'en les exploitant pour effectuer des corrections chromatiques leurs effets sont plus faciles à maîtriser.

La troisième section du menu regroupe les modes Eclaircir, Superposition, Densité couleur - et Densité linéaire -, qui ont en commun le blanc comme couleur neutre. Le mode éclaircir produit l'effet inverse du mode Obscurcir en faisant remonter les pixels les plus clairs ; le mode Superposition produit, lui, l'effet de deux diapositives projetées l'une par-dessus l'autre. Les deux autres modes produisent des effets plus complexes qui auront tendance à éclaircir l'image ou à augmenter son contraste suivant le cas, vous pourrez les utiliser en corrections chromatiques.

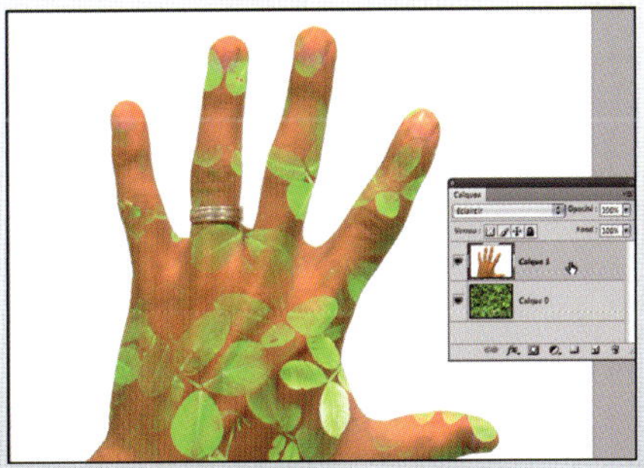

Dans sa quatrième section, le menu Modes de fusion propose une série de réglages dont la couleur neutre est le gris 50 %. Ces modes de fusion produisent des effets complexes qui dépendent à la fois de la luminosité des pixels du calque d'arrière-plan, mais aussi de celle des pixels de premier plan. Pour ces derniers, le traitement sera différent suivant que leur luminosité est inférieure ou supérieure au gris neutre.

L'avant-dernière section regroupe les modes Différence et Exclusion qui ont pour couleur neutre le noir. Comme nous l'avons expliqué plus haut, le mode Différence calcule la différence entre les valeurs RVB des pixels de premier plan, et celles des pixels d'arrière-plan et affiche le résultat en valeur absolue. Le mode Exclusion, quant à lui, produit le même type d'effet, mais avec un contraste moins élevé, du fait qu'il exclut le noir qui peut être présent dans l'image d'arrière-plan.

Enfin, nous arrivons à la dernière section qui regroupe un ensemble de modes un peu particuliers qui n'ont pas de couleur neutre et permettent d'exploiter sélectivement les composantes Teinte, Saturation, Luminosité d'un calque de premier plan. Le mode Teinte conserve la composante Teinte du calque de premier plan et utilise les composantes Saturation et Luminosité du calque d'arrière-plan. Les trois autres modes, Saturation, Couleur et Luminosité, fonctionnent sur le même principe, en préservant respectivement la saturation, la couleur ou la luminosité du calque de premier plan.

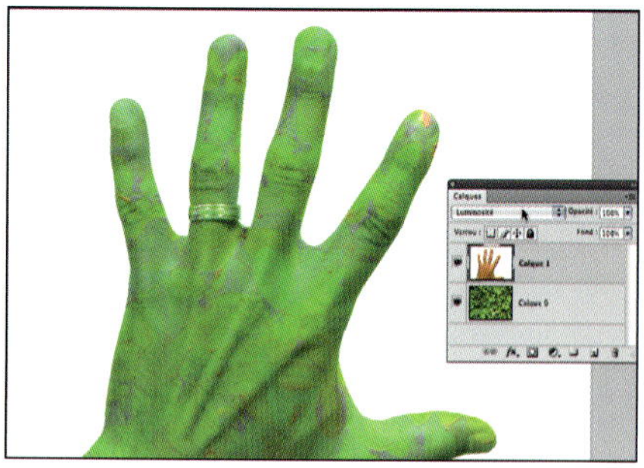

Comment les utiliser ?

Après ce tour d'horizon rapide des différents modes de fusion, vous y voyez sans doute un peu plus clair. Mais une grande question demeure en suspens : comment les utiliser ? Il n'y a pas de règle ! Il existe différentes mises en œuvre et des recettes de base – ce dont nous allons parler dans la suite de ce chapitre –, mais il n'existe aucune règle précise qui vous dira que pour obtenir tel effet avec telle et telle image, vous devez employer tel mode !

Pour une utilisation créative, les modes de fusion offrent un large éventail de possibilités que vous avez sans doute déjà testées avec plus ou moins de bonheur. En effet, si la mise en œuvre est simple (il suffit de superposer deux calques contenant deux images différentes), le choix des images est primordial, et le mixage de deux photos quelconques produira rarement un résultat intéressant.

Si vous souhaitez apprivoiser les modes de fusion, commencez par tester des fusions simples : un sujet principal sur le calque de premier plan, et sur le calque d'arrière-plan, un fond de matière, un dégradé, un carrelage, etc. Pensez ensuite à tester l'effet produit en inversant l'ordre d'empilement des calques. Pensez aussi que chaque calque dispose d'un réglage d'opacité, et qu'en changeant ce réglage vous modifierez le résultat de la fusion. Pensez enfin à exploiter la couleur neutre de certains modes de fusion, afin par exemple d'escamoter un fond noir ou un fond blanc.

Si vous vous intéressez davantage au dessin ou à la peinture sur photo, vous pourrez exploiter les modes de fusion avec les outils de dessin (via la barre d'options de Photoshop). Pour ce type d'utilisation, deux mises en œuvre sont possibles qui produiront le même résultat : soit vous choisissez votre outil de dessin et son mode de fusion et vous peignez directement sur le calque contenant la photo, soit vous sélectionnez l'outil de dessin avec le mode de fusion par défaut (Normal), et vous peignez sur un nouveau calque, superposé à la photo, dont vous réglez le mode de fusion dans le panneau Calques. Cette seconde solution offre plus de souplesse que la première, en revanche l'ensemble du dessin aura un mode de fusion unique, celui que vous aurez choisi pour le calque.

Quelle que soit la solution retenue, vous pourrez bien entendu exploiter le mode de fusion de votre choix, mais retenez le mode Couleur qui permet de coloriser une photo en noir et blanc, ou le mode Teinte qui vous permettra de désaturer une portion d'image, en peignant avec du blanc.

Pour terminer, parlons d'une dernière utilisation possible des modes de fusion, la correction d'images. Comme vous allez le constater, cette technique est d'une mise en œuvre simplissime et produit des résultats plutôt intéressants.

- Pour commencer, ouvrez une photo nécessitant quelques corrections chromatiques et transformez son calque de fond en véritable calque.

- Dupliquez ensuite ce calque, puis sélectionnez le calque de premier plan et réglez son mode de fusion sur Produit : vous constaterez que votre photo a gagné en contraste.

- Essayez ensuite les modes de fusion Densité couleur +, Densité couleur – ou Lumière linéaire, vous découvrirez qu'à l'aide de ces modes, qui produisent des effets imprévisibles en création, vous pouvez corriger l'aspect général d'une photo sur ou sous-exposée. Dans tous les cas, souvenez-vous que vous pourrez ajuster l'intensité de l'effet en jouant sur l'opacité du calque.

Chapitre 15
Utiliser les styles de calques

Le faux relief des boutons d'une interface Web, l'ombre portée d'un titre, le fond dégradé d'un cartouche, le halo lumineux entourant une photo… Tous ces effets font désormais partie du paysage print et multimédia, grâce à Photoshop (et Illustrator) qui les a popularisés, avec sa version 6.0, en les rendant accessibles d'un seul clic de souris.

Comme nous allons le voir dans ce chapitre, les styles permettent d'enrichir très simplement le contenu d'un calque, quel qu'il soit, calque bitmap, calque de forme ou calque de texte, en appliquant un ou plusieurs effets dynamiques qui pourront être modifiés, copiés, et collés, et qui demeurent indépendants du contenu du calque lui-même.

Comment ça marche ?

Les styles de calques sont accessibles sous forme de réglages prédéfinis à partir du panneau Styles, et sous forme de commandes, via le sous-menu Calque->Style de calque, et le panneau Calques. Une fois appliqués, ces effets sont intégrés au calque cible, qui est alors marqué du symbole « *fx* », et sont éditables à la manière des calques de réglage ou de texte. Ils sont de plus mis à jour dynamiquement après modification du contenu du calque actif.

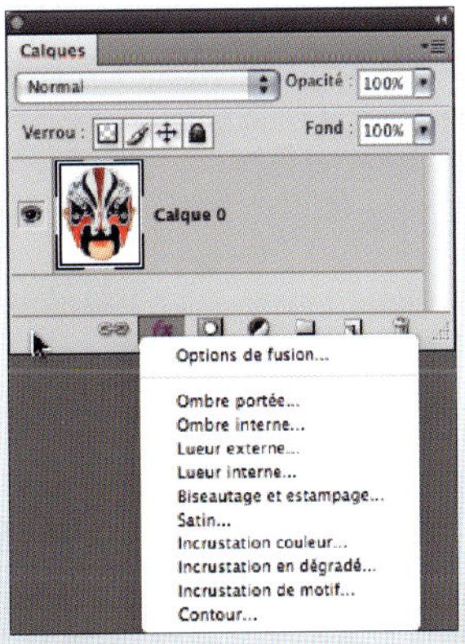

BON À SAVOIR Style ou effet ? Dans l'interface de Photoshop, comme dans ce chapitre, vous rencontrerez les termes « style » et « effet » qui semblent plus ou moins interchangeables. En fait, si l'on veut être précis, les styles sont des ensembles d'effets, enregistrés dans le panneau Styles. Lorsque vous appliquez un style depuis ce panneau, il se décompose en un certain nombre d'effets qui sont listés dans le panneau Calques, en dessous du calque cible.

Utiliser le panneau Styles

Si vous recherchez des effets visuels pour enrichir rapidement les éléments d'une composition, vous exploiterez le panneau Styles, accessible via le menu Fenêtre. Ce panneau regroupe en effet un ensemble de styles prédéfinis que vous appliquerez au contenu d'un calque à l'aide d'un simple clic.

- Après avoir activé le calque cible dans le panneau Calques (attention, ce calque ne peut pas être un calque de fond), affichez le panneau Styles et cliquez sur le style de votre choix : le style est automatiquement appliqué au contenu du calque.

Du côté du panneau Calques, l'application du style se traduit par l'apparition du symbole « fx » sur le calque cible, et par l'affichage de la liste des effets composant le style. Notez que suivant les réglages du panneau Calques, vous ne verrez peut-être que le symbole « fx ». Dans ce cas, cliquez sur la flèche noire qui jouxte ce symbole afin d'afficher la composition du style.

BON À SAVOIR Comme vous le constaterez, par défaut le panneau Styles affiche une collection de styles plutôt réduite, et pas forcément à votre goût. Toutefois, si vous ouvrez le menu local du panneau, vous y découvrirez des jeux de styles supplémentaires.

- Pour charger un nouveau jeu de styles, sélectionnez-le dans le menu local du panneau : Photoshop affiche alors une boîte de dialogue vous demandant si vous souhaitez ajouter les styles à ceux existants, ou bien les remplacer. Choisissez Ajouter, et validez.

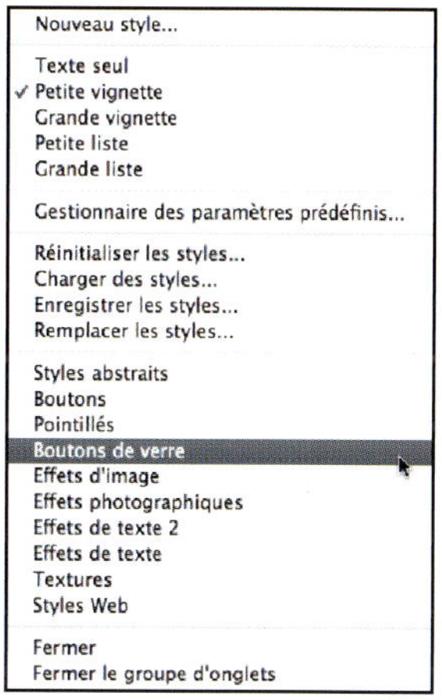

Editer les styles de calque

Comme nous le verrons plus loin, les styles de calques sont éditables à partir du panneau Calques, par un double-clic sur leur symbole « fx » ; vous pourrez ainsi modifier les réglages d'un style existant ou combiner deux ou trois styles sur un même calque.

Pour le moment, nous allons d'abord nous intéresser aux commandes de gestion des styles que vous trouverez dans le menu contextuel de calque, accessible via un clic droit sur le symbole « fx ». Ce menu propose une série de commandes qui vous permettront de copier et de coller un style d'une image vers une autre, de masquer ou d'effacer un style ou encore de convertir un style en calque ordinaire afin de le personnaliser.

Notez que vous retrouverez l'ensemble de ces commandes dans le sous-menu Calque->Style de calque.

Copier et coller les styles

Si Photoshop permet d'enregistrer un ensemble de réglages sous la forme d'un nouveau style qui viendra s'afficher dans le panneau Styles, il permet également de copier un style pour l'appliquer à un autre calque appartenant au même document ou à un autre document. Cette opération se fait via les commandes Copier le style de calque et Coller le style de calque.

- Après avoir activé le calque contenant le style à copier, activez la commande Copier les styles via le menu contextuel des styles de calque.

- Activez ensuite le calque de destination, et lancez la commande Coller les styles du même menu contextuel ; le style est appliqué automatiquement au contenu du calque.

Effacer ou masquer les styles

Les styles étant des réglages dynamiques, ils peuvent être activés ou désactivés à la demande, ou bien supprimés sans aucun dommage pour le calque cible. Vous disposez pour cela des commandes du menu contextuel des styles de calques, mais vous pourrez aussi travailler directement à partir du panneau Calques, ou du panneau Styles.

- Pour masquer un style associé à un calque, commencez par afficher la liste des effets composant le style, en cliquant sur la flèche noire située à droite de l'icône « fx ». Puis cliquez sur l'icône Œil qui jouxte la rubrique Effets, en dessous du calque cible.
- Si vous souhaitez ne désactiver qu'une composante du style, cliquez sur l'icône Œil en regard de son nom.
- Pour effacer un style associé à un calque, commencez par afficher la liste des effets composant le style, en cliquant sur la flèche noire située à droite de l'icône « fx ». Puis cliquez sur la rubrique Effets, située en dessous du calque cible, et faites-la glisser sur la Corbeille dans la partie inférieure du panneau ; le style est supprimé.

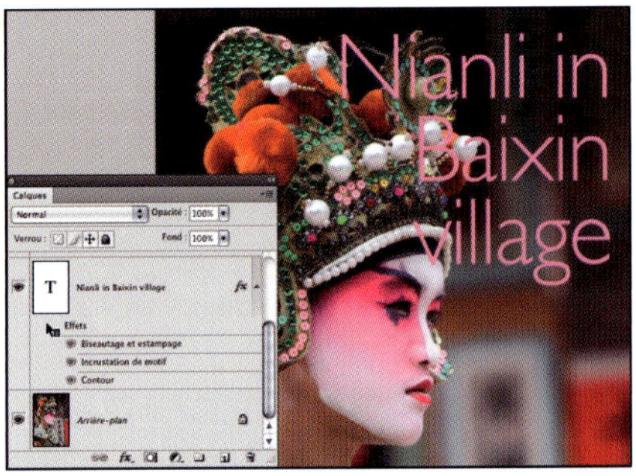

- Si vous souhaitez ne supprimer qu'une composante du style, sélectionnez cette composante dans la liste qui s'affiche sous la rubrique Effets, et faites-la glisser dans la corbeille du panneau.

ASTUCE Masquer tous les effets : le menu contextuel des styles de calque propose la commande Masquer tous les effets qui permet de masquer tous les effets de tous les calques composant le document.

Aplatir un style de calque

De même que Photoshop propose un ensemble de commandes de pixellisation, regroupées dans le sous-menu Calque->Pixellisation, qui permettent de convertir en pixels le contenu des calques de forme et des calque de texte, l'application propose une commande similaire pour « aplatir » les styles de calques : la commande Créer un calque.

Cette commande permet de décomposer un style de calque en un ou plusieurs calques bitmap, associés au calque actif, que vous pourrez ensuite modifier comme des calques ordinaires.

Utiliser l'interface Style de calque

Avec l'interface Style de calque, Photoshop propose une boîte de dialogue qui permet d'appliquer et de paramétrer un ou plusieurs effets de calques qui s'appliqueront au calque actif. La boîte de dialogue regroupe tous les effets de base : ombre portée, biseautage, lueur, incrustation... qui entrent dans la composition d'un style.

- Pour appliquer un effet de calque, commencez par sélectionner le calque cible dans le panneau Calques, puis cliquez sur l'icône « fx », située dans la partie inférieure du panneau, et choisissez un effet dans le menu local qui s'affiche.
- Une fois l'effet sélectionné, Photoshop ouvre l'interface Style de calque qui vous permettra de paramétrer l'effet, et d'accéder aux autres effets de calque sans avoir à revenir au menu local.

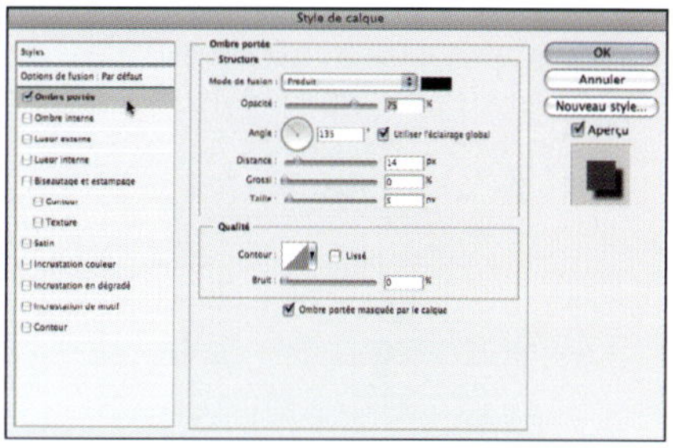

ASTUCE Vous pouvez accéder directement à la boîte de dialogue Style de calque, en double-cliquant sur le calque cible dans le panneau Calques.

- Réglez les paramètres de l'effet que vous avez sélectionné. (Ou bien, si vous avez lancé la commande Style de calque sans sélectionner d'effet, cochez l'effet que vous souhaitez exploiter, et ajustez ses paramètres.) Puis validez ; le panneau Calques affiche la liste des effets que vous avez sélectionnés, en dessous du calque cible.

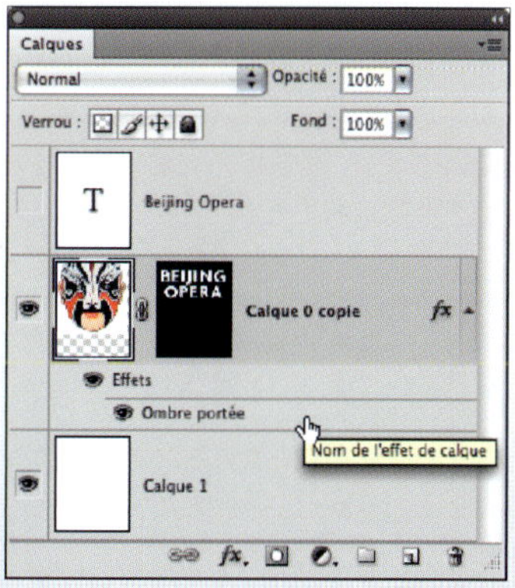

Paramètres généraux

Comme vous le constaterez à l'usage, la boîte de dialogue Style de calque propose un certain nombre de réglages que vous retrouverez pour chacun des effets, et que vous devrez à peu près connaître si vous ne voulez pas travailler totalement à l'aveuglette.

- **Mode de fusion :** ce réglage permet de fixer le mode de fusion du calque d'effets avec les calques inférieurs. Vous retrouverez dans son menu local les différents modes de fusion disponibles dans le panneau Calques (voir chapitre précédent).
- **Couleur :** en regard de la rubrique Mode, la case échantillon de couleur permet de spécifier la couleur utilisée pour l'effet. Un simple clic dans cette case affiche le Sélecteur de couleur.
- **Opacité :** ce réglage permet de spécifier l'opacité de l'effet de calque (entre 0 et 100 %), via le champ de saisie ou le curseur.
- **Angle :** ce réglage permet de spécifier l'angle d'éclairage de l'effet. L'option Éclairage global, cochée par défaut, définit un angle global qui s'applique à tous les effets de calques du document ; si vous souhaitez définir un angle particulier pour un effet, vous décocherez cette option.

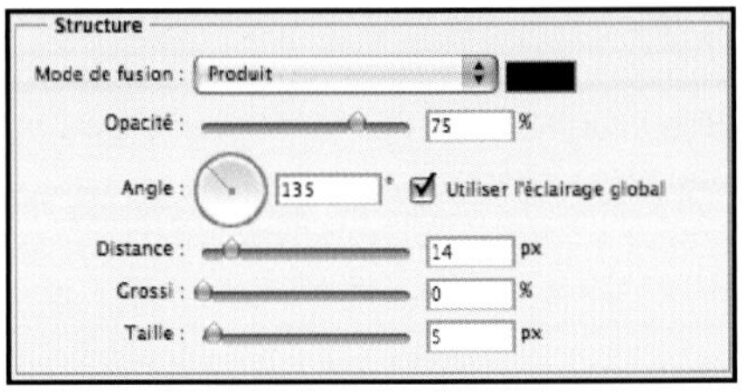

Ombre portée et Ombre interne

À présent que nous avons présenté dans ses grandes lignes la mise en œuvre des styles de calque, nous allons voir un peu plus en détails les différents effets de calque disponibles. Il ne s'agit pas de détailler, un par un, chacun de leurs paramètres, mais plutôt de voir quels sont les réglages importants, et comment les exploiter.

Commençons par les effets Ombre portée et Ombre interne : le premier est particulièrement intéressant pour ajouter une ombre à une vignette, un pictogramme ou un titre ; il crée une ombre portée associée au calque actif qui s'applique sur les calques inférieurs. L'effet Ombre interne produit, lui, une ombre qui s'applique sur le calque actif, à l'intérieur de l'objet ; vous pourrez l'employer pour créer un effet de relief sur un titre.

Lorsque vous activez l'effet Ombre portée ou Ombre interne, l'interface Style de calque affiche une zone de paramétrage, vous y retrouverez les réglages communs à tous les effets de calques (voir plus haut), ainsi que des réglages spécifiques à l'effet sélectionné. Parmi ces derniers, il en est quelques-uns que vous devrez retenir :

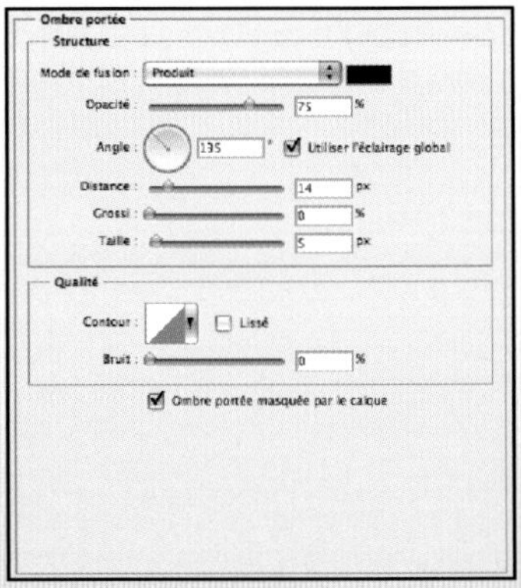

- **Distance :** ce réglage permet de préciser le décalage de l'ombre par rapport à l'objet contenu dans le calque actif, soit en entrant une valeur en pixel dans la case de valeur, soit en déplaçant directement l'ombre sur l'image de travail.
- **Grossi (atténuation) :** ce réglage produit un effet de diffusion lorsque vous en réduisez la valeur ; pour obtenir une ombre tranchée, choisissez la valeur 100 %.
- **Taille :** ce réglage permet d'ajuster l'intensité de l'effet. Par défaut fixée à 0 % l'intensité peut varier jusqu'à 600 %.

- **Qualité :** ce réglage, que vous retrouverez pour les effets Ombre portée, Ombre interne, Lueur interne et externe, Biseautage et Estampage, permet d'ajouter un contour personnalisé à l'effet.

Lueur externe et Lueur interne

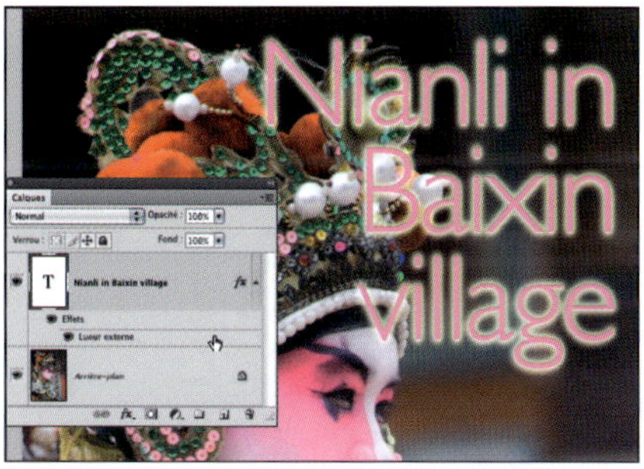

Les effets Lueur externe et Lueur interne produisent un effet de bordure lumineuse à la périphérie de l'objet ; le premier agit à l'extérieur de l'objet et affecte les calques inférieurs, le second agit à l'intérieur de l'objet et affecte le calque actif.

Ces deux effets partagent la même zone de paramétrage dans l'interface Style de calque. Vous y retrouverez les réglages généraux définis plus haut dans ce chapitre, ainsi que les réglages d'atténuation et d'intensité (Grossi et Taille) que nous avons détaillés pour les effets Ombre portée et Ombre interne. Si vous exploitez l'effet Lueur interne, vous disposerez d'un réglage supplémentaire, Source, permettant de fixer l'origine de la lueur :

- **Centre :** cette option applique une lueur qui provient du centre du contenu du calque.
- **Contour :** cette option applique une lueur qui provient des limites intérieures du contenu du calque.

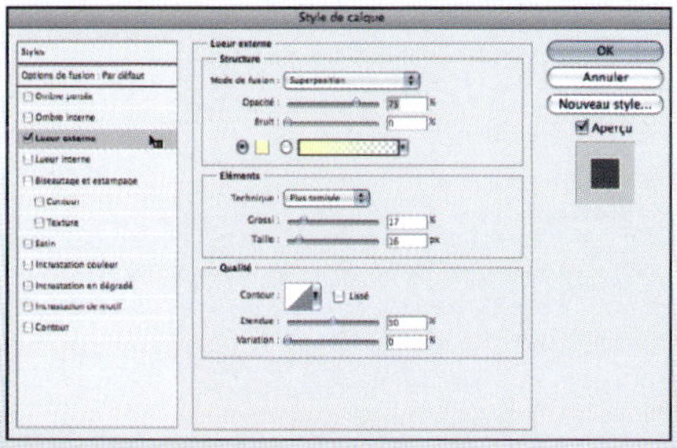

Biseautage et estampage

Avec les effets de calque Biseautage et estampage, vous disposez de cinq variantes qui sont regroupées au sein du menu local Style dans la partie supérieure de sa zone de paramétrage : deux styles d'estampage, deux styles de biseau et un style Contour d'estampage.

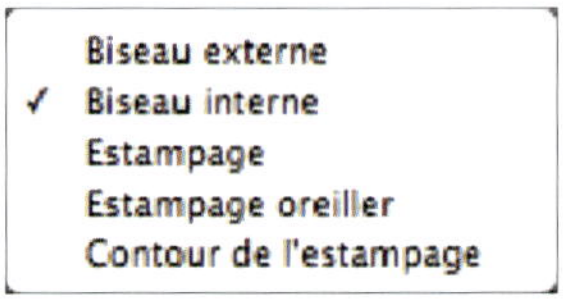

Lorsque vous sélectionnez un effet de biseautage et d'estampage, l'interface Style de calque affiche une zone de paramétrage spécifique, Vous y retrouverez les réglages communs à tous les effets de calques : Mode, Opacité et Couleur ; mais à la différence des effets Ombre et Lueur, les effets Biseautage et estampage utilisent deux couleurs pour créer le relief : Ton clair et Ton foncé.

La zone de paramétrage propose, en outre, des réglages spécifiques à certains effets : Angle et Atténuation (détaillés dans la section précédente) et Profondeur. Ce dernier réglage, fixé par défaut à 5, permet d'accentuer l'effet de biseau ; il est complété par deux options, Haut et Bas, qui définissent l'orientation de l'éclairage.

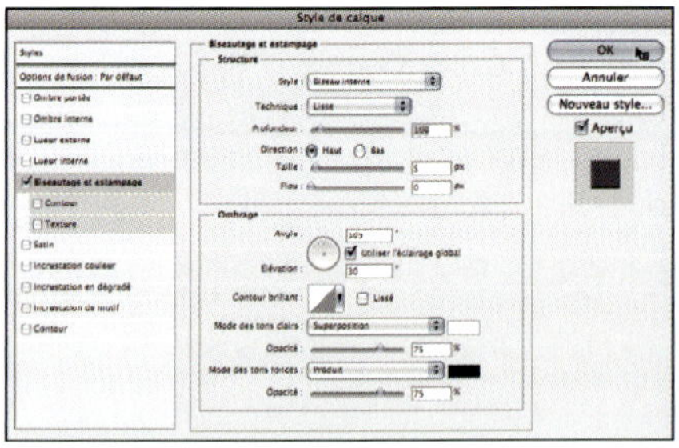

Biseau interne et Biseau externe

Les styles Biseau interne et Biseau Externe permettent une mise en relief d'aplats de forme quelconque et d'objets texte en agissant sur la périphérie de l'objet ; le premier s'applique à l'intérieur de l'objet, donc au calque actif, le second s'applique à l'extérieur de l'objet, sur les calques inférieurs.

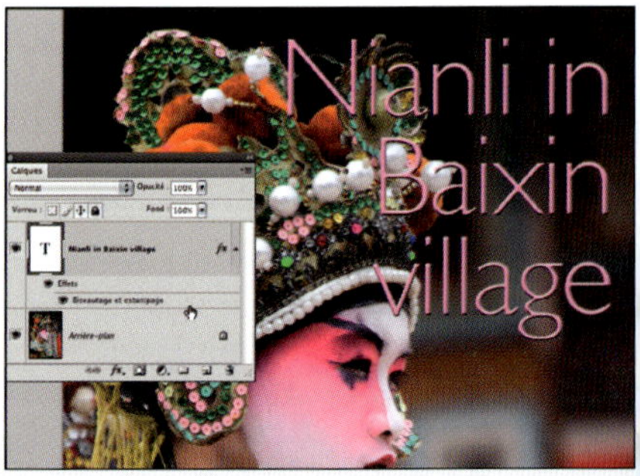

Estampage et Estampage oreiller

À la différence des styles de biseau, les styles Estampage et Estampage oreiller produisent une mise en relief plus arrondie qui fait intervenir le calque actif et les calques inférieurs. Si vous développez des interfaces Web, l'Estampage sera donc réservé à la création de boutons exportés avec leur arrière-plan (barre de boutons, page de navigation de CD-ROM) ou utilisé pour mettre en relief un calque de texte superposé à un bouton.

Satin

L'effet Satin permet d'appliquer un effet satiné à un objet sur calque. Vous retrouverez dans sa zone de paramétrage les réglages généraux détaillés plus haut dans ce chapitre, ainsi que l'option Contour qui permet d'utiliser un profil pour l'application du style.

Incrustation de couleur, de dégradé et de motif

Dans le Chapitre 9, nous avons vu comment créer un calque de forme en exploitant les outils de dessin vectoriel. Et nous avons noté qu'avec Photoshop CS4, changer le contenu d'un calque de remplissage n'était plus aussi facile qu'avec les versions précédentes, du fait de la disparition de la commande Modifier le contenu (du menu Calque).

Mais heureusement, Photoshop dispose toujours des effets de calque Incrustation de couleur, Incrustation de dégradé et Incrustation de motif qui permettent de produire un rendu identique, sans trop de manipulations supplémentaires.

- Après avoir créé un calque de forme à l'aide d'un outil de dessin vectoriel, rendez-vous dans le panneau Calques et double-cliquez sur le calque afin d'afficher l'interface Style de calque.

- Activez l'effet Incrustation de couleur, puis cliquez sur la case échantillon de couleur qui s'affiche dans la zone de paramétrage et choisissez une couleur de remplissage dans le Sélecteur de couleur.

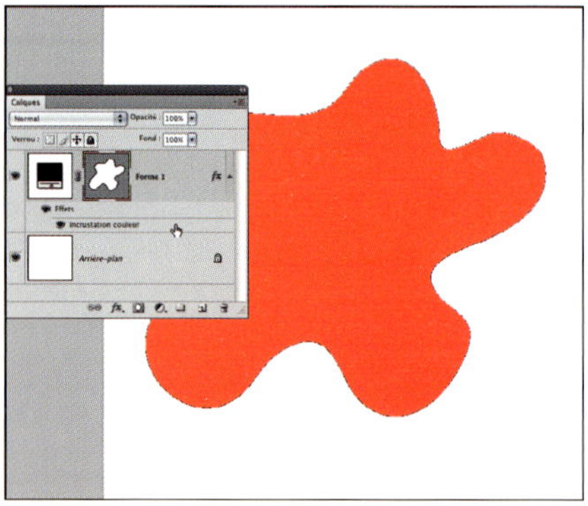

- Si vous préférez un remplissage en dégradé, décochez l'effet Incrustation couleur, et cochez l'effet Incrustation en dégradé : la zone de paramétrage affiche alors les options de dégradés telles que nous les avons vues lors de la création d'un calque de remplissage (voir Chapitre 8).

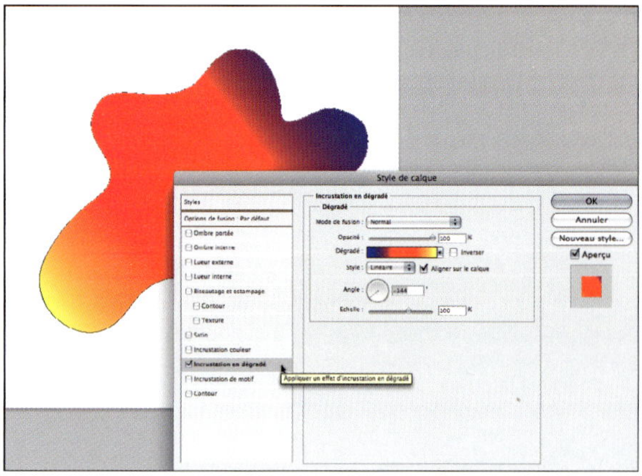

- Si vous préférez un remplissage en motif, décochez l'effet Incrustation couleur, et cochez l'effet Incrustation de motif : la zone de paramétrage affiche alors les options de motifs telles que nous les avons vues lors de la création d'un calque de remplissage (voir Chapitre 8).

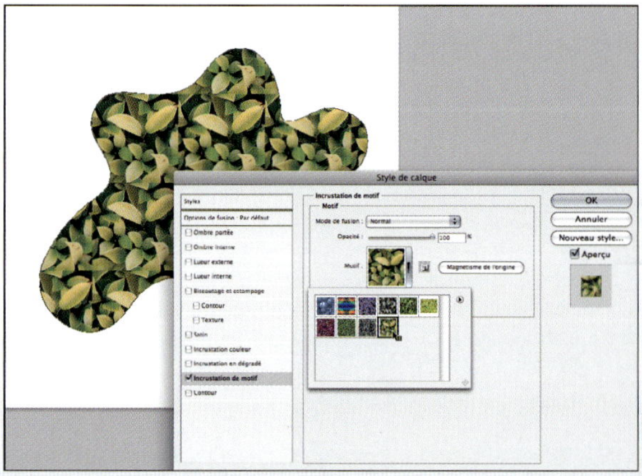

- Une fois l'effet d'incrustation paramétré, validez la boîte de dialogue Style de calque. Le panneau Calques affiche toujours un calque de forme, doté d'un remplissage de couleur unie, mais ce calque s'orne à présent de l'icône « fx », indiquant qu'un ou plusieurs effets de calque lui sont appliqués. Et si vous affichez la liste des effets, en dessous du calque, vous y verrez Incrustation en motif ou Incrustation de dégradé, suivant l'effet que vous avez choisi.

Contour

Dernier effet disponible dans l'interface Style de calque, l'effet Contour permet d'appliquer un contour à un objet sur calque. Via sa zone de paramétrage, vous pourrez fixer l'épaisseur du contour et sa position par rapport aux limites de l'objet ; vous pourrez également sélectionner le type de remplissage : Couleur, Dégradé ou Motif .

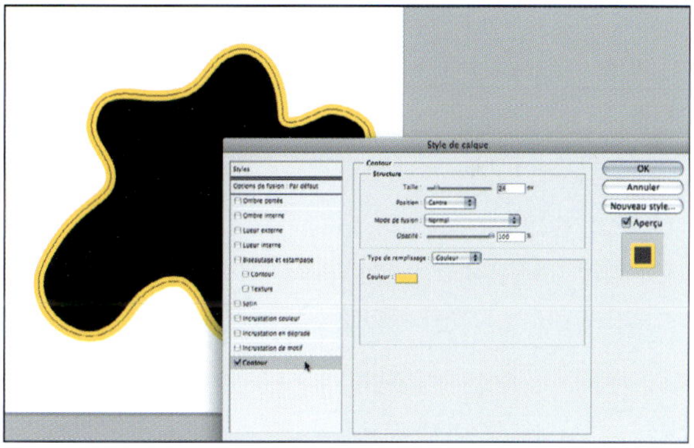

Chapitre 16
Filtres et filtres dynamiques

Des filtres artistiques aux filtres vidéo, en passant par les filtres de déformation ou de renforcement, Photoshop dispose d'une vaste collection de filtres, regroupés au sein du menu Filtre.

Si certains de ces filtres sont indispensables pour le travail sur l'image numérique, d'autres sont purement décoratifs. Comment les reconnaître ? Comment les exploiter ? C'est ce que nous allons voir dans ce chapitre.

À quoi servent les filtres ?

Si vous êtes nouveau venu dans le monde de l'image numérique, vous vous posez sans doute une question : à quoi servent les filtres ? Nous allons essayer d'y répondre, en répondant d'abord à la question sous-jacente : qu'est-ce qu'un filtre ?

Un filtre est une commande paramétrable (ou non), qui permet de transformer en une seule opération une image entière ou le contenu d'une sélection. Il peut être appliqué à toute image ou portion d'image, qu'elle soit en niveaux de gris ou en couleurs ; ainsi, vous pouvez utiliser un filtre sur une couche primaire, sur une couche masque, ou encore sur un calque ou un masque de calque.

Suivant le mode de couleur de l'image (niveaux de gris, RVB 8 bits, RVB 16 bits CMJN), le menu Filtre activera les rubriques disponibles : si la totalité des filtres fonctionne sur une image RVB 8 bits, en revanche le mode RVB 16 bits ne supporte qu'un nombre de filtres réduits.

Mais à quoi servent-ils ? Si vous parcourez le menu Filtres et ses sous-menus, vous constaterez que les filtres ont des utilisations diverses. Beaucoup produisent des effets décoratifs ou artistiques, d'autres permettent de corriger une image en renforçant sa netteté ou en supprimant un effet de bruit, d'autres encore génèrent des effets de matières qui viennent remplacer le contenu de l'image ou du calque cible.

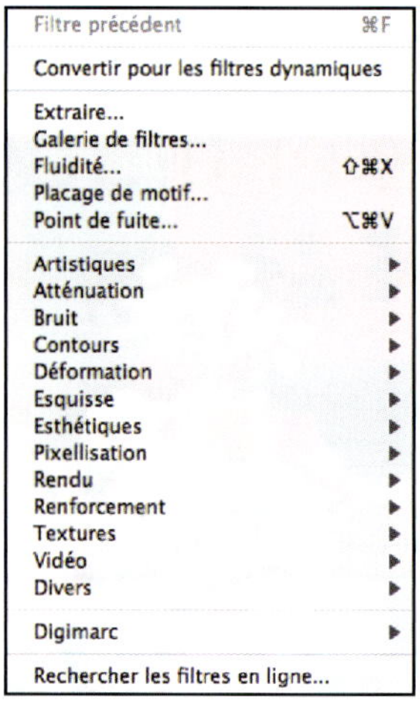

Comment ça marche ?

En terme de mise en œuvre, un grand nombre de filtres sont accessibles via l'interface Galerie de filtres qui permet de tester et de combiner différents filtres avant de les appliquer à l'image (voir plus loin) ; les autres disposent de leur propre boîte de dialogue à partir de laquelle vous pourrez régler leurs paramètres.

Quel que soit le filtre choisi, une fois celui-ci appliqué, vous ne pourrez pas modifier ses paramètres, à moins d'exploiter les filtres dynamiques que propose Photoshop depuis sa version CS3 (nous en reparlerons plus loin).

Exploiter la galerie de filtres

Si vous recherchez un effet artistique ou esthétique, sans savoir exactement quel filtre vous allez choisir, le plus simple est d'ouvrir l'interface Galerie de filtres, via le menu Filtre.

- Après avoir activé le calque cible, ou défini une sélection de pixels, activez la commande Galerie de filtres : Photoshop ouvre l'interface de la commande.
- Dans le panneau central, situé à droite du panneau d'aperçu, l'interface affiche les différents filtres disponibles, classés par catégories. Ouvrez le dossier de votre choix, sélectionnez un filtre ; ses paramètres s'affichent dans la partie droite de l'interface. Réglez les paramètres du filtres, puis validez si le résultat vous convient.

- Si vous n'êtes pas certain de votre choix, mais souhaitez conserver ce premier réglage avant de tester un autre filtre, descendez dans la partie inférieure du panneau de paramétrage. Une zone de liste affiche un « calque d'effet » portant le nom du filtre en cours d'utilisation.

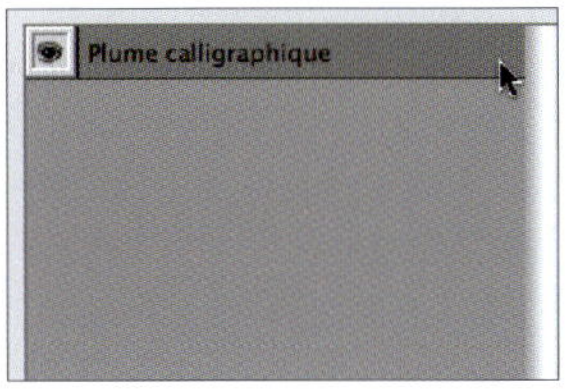

- Cliquez sur l'icône Nouveau calque d'effet, situé en dessous de cette zone : Photoshop ajoute un nouveau « calque d'effet » en tête de liste. Masquez le premier calque d'effet, en cliquant sur l'icône Œil qui jouxte son nom ; sélectionnez ensuite le calque que vous venez de créer.

- Choisissez un nouveau filtre, réglez ses paramètres ; le nom de celui-ci s'affiche dans la zone de liste. Vous pouvez à présent tester les effets de ces deux filtres en les masquant et en les affichant, tour à tour, à l'aide de leur icône Œil.

ASTUCE Réutiliser un filtre : certains filtres comme les filtres Plus net, ou Encore plus net (du sous-menu Accentuation), ont un effet très léger lorsqu'ils ne sont employés qu'une seule fois. Le raccourci Commande F permet de rappeler immédiatement le filtre que vous venez d'utiliser en conservant ses réglages, sans dérouler à nouveau les sous-menus. Si vous êtes allergique aux raccourcis clavier, vous retrouverez en tête du menu Filtre le nom du dernier filtre utilisé.

Dans le cas de filtres paramétrables, la commande (Commande Option F) donne accès à la boîte de dialogue du filtre qui vient d'être utilisé.

Atténuer un filtre

Si vous souhaitez moduler un effet de filtre, sans avoir recours aux filtres dynamiques, vous disposez de la commande Edition>Atténuer, qui permet d'estomper l'effet du filtre que vous venez d'appliquer. Cette commande, qui doit être activée immédiatement après l'application du filtre, est paramétrable via une boîte de dialogue. Vous pourrez contrôler l'intensité du filtre à l'aide du réglage Opacité, et changer son mode de fusion, si vous êtes à la recherche d'un effet particulier.

Exploiter les filtres dynamiques

Comme vous l'aurez constaté, l'interface Galerie de filtres et la commande Atténuer du menu Edition apportent un peu de souplesse dans l'exploitation des filtres. Malgré tout, la marge de manœuvre reste limitée : tester différentes combinaisons de filtres dans un document reste difficile, à moins de jouer de la commande Annuler et du panneau Historique.

Heureusement, avec Photoshop CS3, l'apparition des filtres dynamiques a considérablement changé la donne, en permettant d'exploiter les filtres à la manière des effets de calque (voir Chapitre 15) : vous appliquez un filtre sur une image, et vous pouvez ensuite modifier ses paramètres, désactiver le filtre ou le supprimer ; et si vous exploitez plusieurs filtres, vous pourrez tester différentes combinaisons en modifiant leur ordre d'empilement. La seule contrainte est que vous devrez travailler avec un objet dynamique ou un calque dynamique.

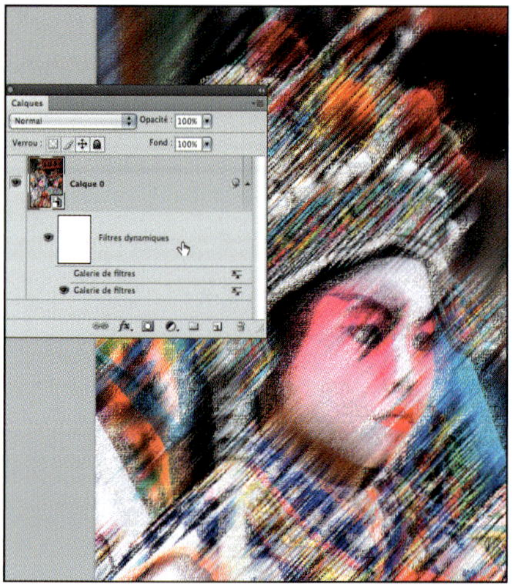

- Après avoir activé le calque sur lequel vous souhaitez appliquer un filtre dynamique, activez la commande Calque->Convertir pour les filtres dynamiques : le calque est converti en objet dynamique et s'affiche comme tel dans le panneau Calques.

- Dans le menu Filtre, sélectionnez le filtre de votre choix, et appliquez-le comme un filtre ordinaire. Après validation, le panneau Calques affiche deux nouveaux éléments : le masque des effets de filtre et le nom du filtre que vous avez utilisé.

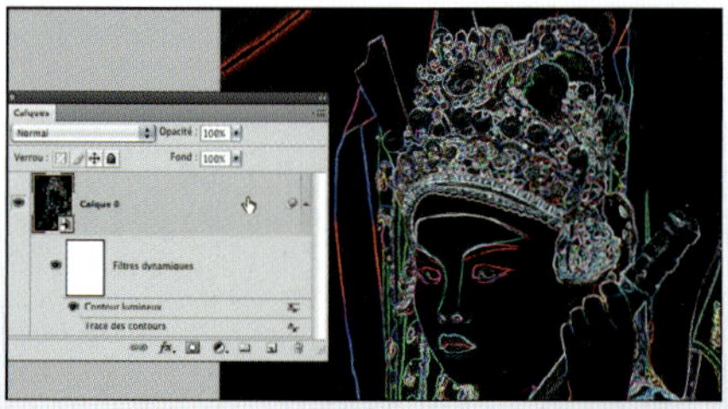

Voyons d'un peu plus près ces nouveaux éléments, en commençant par le masque des effets de filtres qui s'affiche juste en dessous du calque cible, sous la forme d'une vignette blanche. Il s'agit d'un masque, identique aux masques de fusion que nous avons détaillés dans le Chapitre 12, qui permet de contrôler l'étendue des effets de filtres

Par défaut ce masque est blanc, les effets de filtres s'appliquent donc à la totalité du calque. Si vous souhaitez limiter les effets de filtres à une région particulière du calque, vous éditerez le masque en procédant de la manière suivante :

- Cliquez sur la vignette du masque des effets de filtre, avec la touche Option enfoncée : la fenêtre de travail affiche le masque en mode édition (un rectangle blanc).
- Tracez une sélection circulaire à l'aide de l'outil Ellipse, puis remplacez-la avec la couleur noir. Réaffichez le contenu du calque en cliquant sur sa vignette dans le panneau Calques : les effets de filtres apparaissent sur l'ensemble du calque, excepté dans la zone circulaire correspondante que vous avez définie sur le masque.

- Une fois le masque défini, vous avez la possibilité de l'activer ou de le désactiver, en cliquant sur sa vignette avec la touche Majuscule enfoncée. Attention, si vous cliquez sur l'icône Œil située à sa gauche, vous masquerez tous les effets de filtres.

Voyons maintenant la liste des effets de filtres qui s'affiche sous le masque de filtre. À partir de cette liste, vous pouvez activer ou désactiver individuellement chacun des effets de filtres. Mais vous pouvez également rééditer les paramètres de chaque effet, ou régler ses options de fusion.

- Pour rééditer un effet de filtre, double-cliquez sur son nom, en dessous du masque d'effet de filtres : Photoshop ouvre l'interface Galerie de filtres, ou la boîte de dialogue du filtre. Modifiez ses paramètres et validez ; la mise à jour du calque se fait automatiquement.

- Pour régler les options de fusion d'un filtre, double-cliquez sur l'icône de curseur qui jouxte son nom : Photoshop ouvre la boîte de dialogue Options de fusion. Vous y retrouverez des options identiques à celles proposées dans la boîte de dialogue de la commande Atténuer… : réglage de l'opacité et du mode de fusion (voir plus haut).

Choisir un filtre

À présent que vous connaissez tout sur l'environnement d'exploitation des filtres, reste une question majeure : quel filtre choisir ? Pour faire quoi ? Vu la quantité de filtres proposés par Photoshop, il n'est pas question de les détailler un par un ; ce livre n'y suffirait pas.

Dans les lignes qui suivent, nous nous limiterons à la présentation des différentes catégories, en pointant le cas échéant les particularités de leur mise en œuvre, et en mentionnant les quelques filtres qui sont indispensables.

Filtres utilitaires

Les filtres utilitaires sont, par opposition aux filtres « artistiques », tous les filtres qui peuvent vous permettre d'améliorer le rendu d'une image. Vous les trouverez répartis en trois catégories : filtres d'atténuation, filtres de bruit et filtres de renforcement.

Filtres d'atténuation

Regroupés dans le sous-menu Atténuation, ces filtres permettent d'adoucir l'image. Ils pourront vous être utiles pour détramer une image récupérée dans un magazine lorsque le détramage n'a pu se faire au moment de l'acquisition, ou bien, pour « flouter » légèrement une image avant son enregistrement au format JPEG, pour une publication Web.

Flou
Flou de forme...
Flou de l'objectif...
Flou de surface...
Flou directionnel...
Flou gaussien...
Flou optimisé...
Flou par moyenne...
Flou radial...
Moyenne
Plus flou

Parmi ces filtres, vous pourrez utiliser Flou ou Plus flou pour adoucir une portion d'image. Si vous souhaitez lisser un visage sans perdre de netteté au niveau des contours, essayez le filtre Flou de surface. Pour des usages plus créatifs, vous trouverez dans ce même sous-menu le filtre Flou de l'objectif… qui permet de simuler un flou de prise de vue au télé-objectif, et le filtre Flou directionnel... qui permet de simuler un mouvement.

Filtres de bruit

Les filtres de bruit, accessibles via le sous-menu Bruit, ajoutent ou suppriment du bruit dans une image ; ils permettent d'abord de corriger le bruit d'une photo prise en basse lumière, ou à l'opposé, de simuler le grain d'une photo (voire d'homogénéiser une photo fortement retouchée).

Ajout de bruit...
Antipoussière...
Flou intérieur
Médiane...
Réduction du bruit...

Parmi ces filtres, deux sont à retenir pour leur aspect utilitaire : Réduction du bruit et Anti-poussières. Le premier permet d'atténuer les effets de bruit d'un cliché ; le second de nettoyer les pétouilles sur une vieille photo scannée. Attention, ces deux filtres ayant tendance à flouter l'image, vous devrez les manier avec précautions.

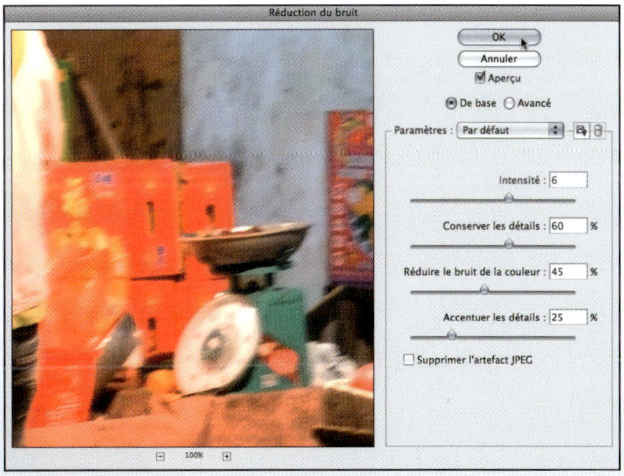

Pour finir, notez que si vous souhaitez simuler un grain photo, vous aurez intérêt à tester le filtre Grain photo du sous-menu Artistiques.

Filtres de renforcement

Accentuation...
Contours plus nets
Encore plus net
Netteté optimisée...
Plus net

Les filtres de renforcement, regroupés dans le sous-menu Renforcement, sont certainement les filtres les plus utiles pour la correction d'image. En effet, ils permettent de renforcer la netteté d'une image en proposant divers degrés d'intensité, du filtre Plus net qui renforce légèrement le piqué de l'image, au filtre Accentuation qui permet de corriger une image floue.

En pratique, essayez d'abord les filtres Plus net et Encore plus net, qui s'exploitent sans paramétrage. Si leur effet est insuffisant, essayez le Filtre Accentuation ; et s'il s'agit de corriger un effet de flou particulier : flou d'objectif ou flou de mouvement, vous utiliserez le filtre Netteté optimisée…

Quoi qu'il en soit, ne vous attendez pas à un miracle ; ces filtres permettent de renforcer la netteté d'un cliché, mais il ne permettent pas de rattraper un flou magistral, comme celui de la figure qui suit.

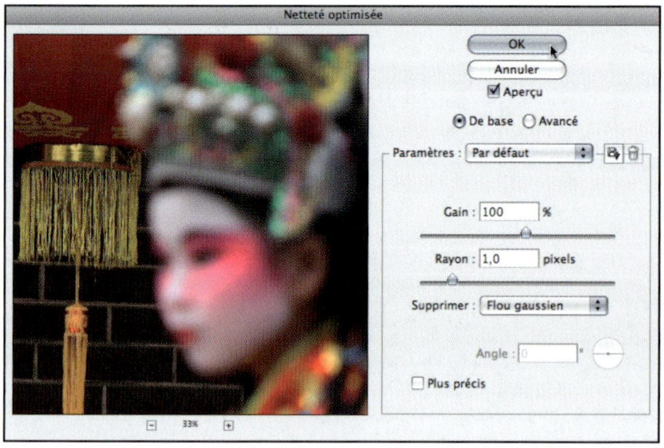

Filtres créatifs

Avec les filtres créatifs on aborde le domaine du subjectif, et il devient difficile de dire que tel filtre vaut mieux que tel autre. Ces filtres sont regroupés en différentes catégories : artistiques, de contours, de pixellisation, etc. et il est parfois difficile de s'y retrouver. Fort heureusement, la plupart de ces filtres sont accessibles via l'interface Galerie de filtres. qui permet d'avoir une vue d'ensemble des différents filtres disponibles.

Filtres artistiques

Le sous-menu artistique regroupe les filtres à vocation artistique ; vous y trouverez des filtres qui simulent le rendu des différentes techniques de peinture ou de dessin, Aquarelle, Fresque, Pastels, etc. mais aussi le filtre Grain photo, ou des filtres simulant une surface mouillée ou un emballage plastique.

Aquarelle...
Barbouillage...
Contour postérisé...
Couteau à palette...
Crayon de couleur...
Découpage...
Emballage plastique...
Eponge...
Etalement...
Fresque...
Grain photo...
Néon...
Pastels...
Pinceau à sec...
Sous-couche...

Filtres de contours

Le sous-menu Contours du menu Filtre regroupe un autre ensemble de filtres artistiques agissant plus précisément sur le contour des objets présents sur l'image. Tous ces filtres sont accessibles à partir de l'interface Galerie de filtres.

Aérographe...
Contour encré...
Contours accentué...
Croisillons...
Diagonales...
Effet pointilliste...
Noir/Blanc...
Sumi-e...

Filtres de déformation

Avec le sous-menu Déformation, on change de registre, puisqu'il regroupe tous les filtres dédiés à la déformation de l'image, Cisaillement, Contraction, Tourbillon qui reproduisent l'effet de miroirs déformants, mais aussi Océan ou Verre qui permettent de simuler l'effet d'un verre dépoli.

Cisaillement...
Contraction...
Coordonnées polaires...
Correction de l'objectif...
Dispersion...
Lueur diffuse...
Océan...
Onde...
Ondulation...
Sphérisation...
Tourbillon...
Verre...
Zigzag...

Parmi ces filtres de déformation, retenez le filtre Dispersion. Derrière une interface peu intuitive, ce filtre permet de déformer le contenu d'une image, en exploitant une carte de déplacement (une image en niveaux de gris, enregistrée au format Photoshop qui sera chargée par le filtre, après validation de sa boîte de dialogue).

Notez, pour finir, qu'à l'exception des filtres Lueur diffuse, Océan, et Verre, les filtres de déformation ne sont pas gérés par l'interface Galerie de filtres ; ils disposent chacun de sa propre boîte de dialogue.

Filtres d'esquisse

Le sous-menu Esquisse du menu Filtre regroupe une série de filtres de « rendu » simulant des outils et des supports de dessin traditionnel : Fusain, Craie, Plume calligraphique, Photocopie, etc.

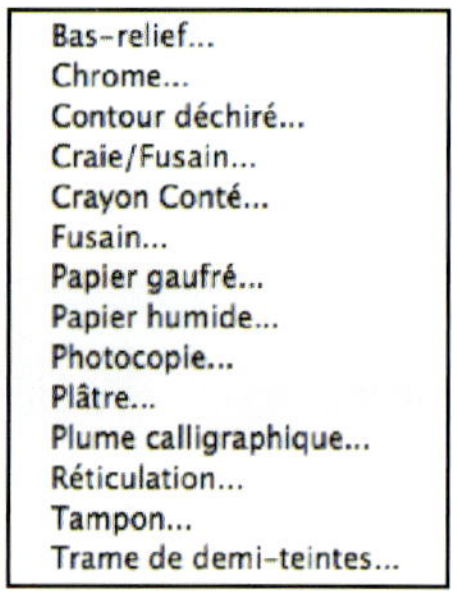

Attention, la plupart de ces filtres font appel aux couleurs de premier plan et d'arrière-plan affichées dans la barre d'outils ; avant de vous lancer, vous aurez intérêt à rétablir ces couleurs par défaut (en tapant le raccourci D) ; à savoir, premier plan noir et arrière-plan blanc.

Filtres esthétiques

Le sous-menu Esthétiques du menu Filtre regroupe des filtres divers dont quelques filtres de contours comme Contour lumineux, Courbes de Niveaux ou Tracé de contours qui permettent de transformer facilement un cliché en dessin au trait.

Filtres de pixellisation

Avec le sous-menu Pixellisation, on change encore une fois de domaine en abordant cette fois les filtres de fragmentation et de décomposition de l'image.

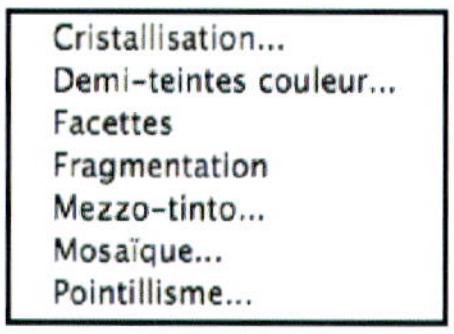

Parmi ces filtres, vous trouverez le filtre Demi-teintes couleur... qui permet de simuler une trame d'impression noire ou quadrichromique. Lorsque vous lancez ce filtre, il affiche une boîte de dialogue permettant de régler les valeurs de trames des quatre couleurs primaires. Si vous souhaitez simuler une trame quadri, vous validerez le filtre avec ses réglages par défaut ; en revanche, si vous souhaitez simuler une trame d'impression noire, vous saisirez une valeur identique pour chaque couleur.

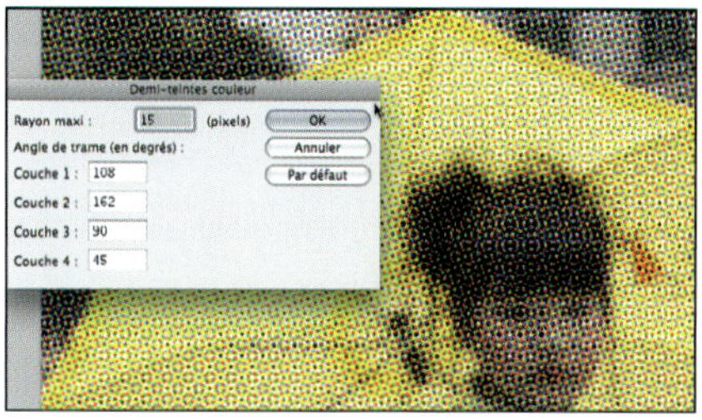

Filtres de texture

Pour terminer ce tour d'horizon des filtres, parlons un peu des filtres de texture et de rendu. Ces filtres, répartis dans deux sous-menus, permettent soit de générer une texture qui viendra remplacer le contenu du calque, soit de doubler le contenu du calque avec une texture d'arrière-plan.

Filtres de rendu

Le sous-menu Rendu regroupe cinq filtres qui n'ont pas grand-chose en commun, mais qui méritent tous un détour. À commencer par le filtre Eclairage qui permet de transformer totalement l'ambiance d'une photo, en y insérant un éclairage artificiel.

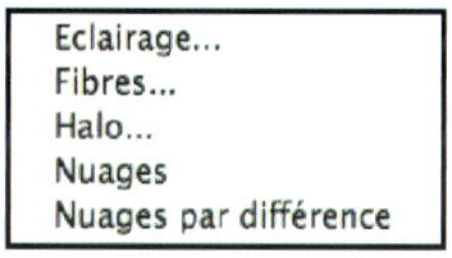

Vous trouverez ensuite le filtre Fibres, celui-ci génère une texture de fibres en niveaux de gris qui viendra remplacer le contenu du calque cible. Si a priori l'intérêt de ce filtre vous échappe, générez une texture de fibre à l'aide de ce filtre, puis utilisez cette nouvelle image comme carte de déplacement avec le filtre Dispersion.

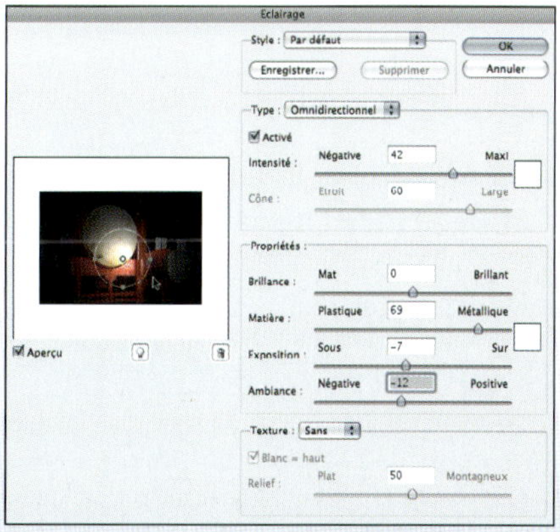

Enfin, vous trouverez dans ce même menu deux filtres Nuage et Nuage par différence. Ces deux filtres permettent de générer une texture de nuage, qui remplacera le contenu du calque, pour le premier, et qui exploitera les couleurs du calque pour le second.

Notez que ces deux filtres exploitant des variables aléatoires, chacune de leur application produit un résultat différent. Si lors d'une première application, le résultat ne vous convient pas, tapez Commande F pour rappeler le filtre.

Filtres de textures

Ce sous-menu, regroupe un ensemble de filtres dédiés à la création ou au placage de textures, Vous y trouverez deux filtres particulièrement intéressantS : Grain et Placage de texture…

Craquelure...
Effet mosaïque...
Grain...
Patchwork...
Placage de texture...
Vitrail...

Le filtre Grain propose une interface de création de grains beaucoup plus complète que celle du filtre Grain photo… et si vous cherchez à simuler le grain des vieux tirages argentiques, vous aurez tout intérêt à essayer ce filtre.

Avec le filtre Placage de textures, vous disposez d'un filtre qui, comme l'indique son nom, permet d'appliquer une texture en arrière-plan d'une image. Mais ce filtre permet surtout de charger la texture de votre choix, comme par exemple, une texture de fibres ou de nuages, réalisée avec les filtres de la section précédente.

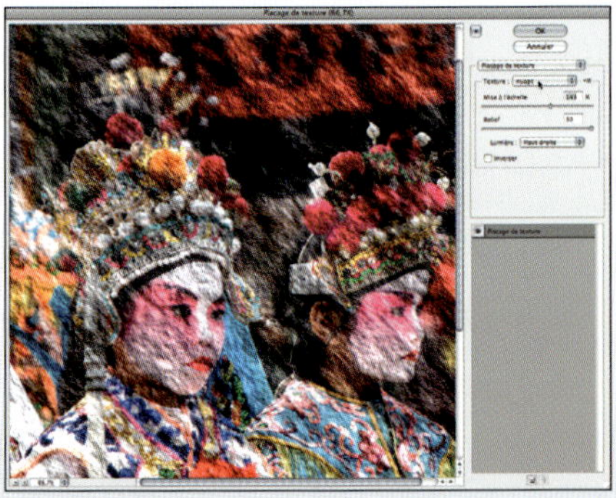

Quatrième partie

Post-production

Chapitre 17
Préparer l'impression et imprimer

L'impression est une des étapes les plus délicates dans le traitement de l'image numérique, car elle implique le passage d'un espace de couleurs RVB vers un espace de couleurs CMJN. Toutefois, si vous avez correctement paramétré votre système de gestion de la couleur, cette opération, simple au demeurant, se fera sans aucun problème.

Dans ce chapitre, nous allons donc aborder la préparation de l'image pour l'impression, c'est-à-dire, le paramétrage de l'impression, mais aussi le réglage des dimensions de l'image et de sa résolution. Et comme l'impression ne se fait pas toujours à partir de Photoshop, nous verrons quel format d'enregistrement exploiter pour transmettre un fichier à un imprimeur ou à un studio de mise en page.

Dimensions et résolution d'impression

Comme nous l'avons évoqué au début de ce livre, les caractéristiques principales d'une image bitmap sont ses dimensions en pixels, à partir desquelles vous pourrez définir ses dimensions de sortie et sa résolution, deux réglages qui sont étroitement liés.

Avant de lancer l'impression d'un cliché à partir de Photoshop, ou d'enregistrer un fichier pour le transmettre à votre imprimeur ou l'intégrer dans une mise en page, vous devrez régler sa taille d'impression, en ajustant ses dimensions et sa résolution, via la boîte de dialogue de la commande Taille de l'image (menu Image).

Pour illustrer cette mise en œuvre, nous partirons d'un fichier de 10 mégapixels dont les dimensions sont 2592 x 3872 pixels.

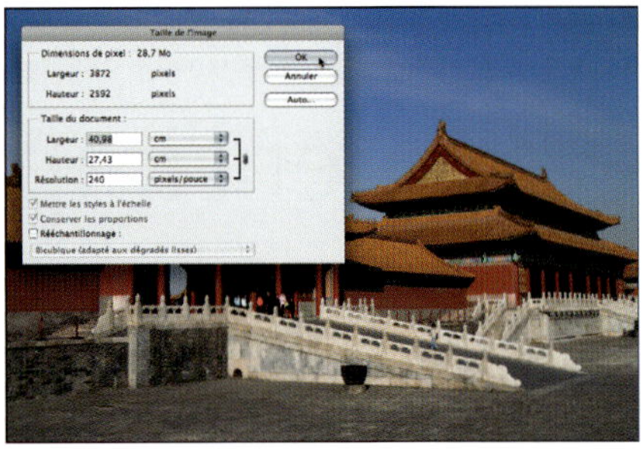

- Après avoir ouvert votre cliché dans Photoshop, lancez la commande Image->Taille de l'image… Photoshop ouvre la boîte de dialogue que nous avons déjà présentée au Chapitre 1.
- Vérifiez tout d'abord que l'option Rééchantillonnage est décochée, puis saisissez les dimensions de sortie de l'image dans les champs Largeur et Hauteur de la rubrique Taille du document.

Vous constaterez que Photoshop recalcule la résolution de sortie en fonction de la largeur et de la hauteur que vous aurez saisies. Et c'est normal, puisque vous travaillez sans rééchantillonnage. À ce stade, vous devez simplement vous assurer que la résolution affichée est adaptée au type d'impression que vous avez choisi : entre 100 et 150 pixels par pouce pour une impression jet d'encre ; entre 200 et 300 pixels par pouce pour une impression offset ou rotative.

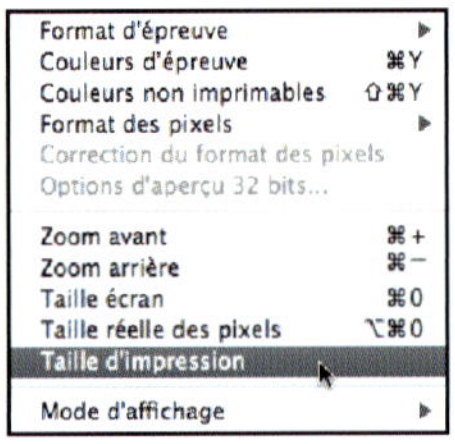

- Si ces critères sont respectés, validez la boîte de dialogue. Vous ne verrez sans doute aucun changement au niveau de l'affichage, mais si vous choisissez Affichage->Taille d'impression, Photoshop affichera le cliché à sa taille d'impression.

Reste deux questions en suspens : que faire dans le cas où la résolution de l'image est insuffisante ? Et que faire dans le cas où la résolution est très largement supérieure aux valeurs indiquées plus haut ?

- Si la résolution de l'image est insuffisante, réduisez ses dimensions de sortie jusqu'à atteindre la valeur de résolution minimum. Si vous ne pouvez pas modifier les dimensions de sortie, essayez d'abord de trouver un visuel de remplacement. Sinon, en dernier recours, procédez à un rééchantillonnage : après avoir coché l'option Rééchantillonnage, dans la partie inférieure de la boîte de dialogue, entrez la largeur, la hauteur et la résolution de sortie de l'image, puis choisissez, dans le menu local situé en dessous de la rubrique Rééchantillonnage, l'option Bicubique Plus lisse.
  Après validation, Photoshop recalcule l'image et l'affiche dans la fenêtre de travail. Avant d'envoyer le fichier à votre imprimeur, inspectez l'image dans ses moindres détails. En effet, si Photoshop dispose d'algorithmes de rééchantillonnage puissants, ces derniers ne font pas de miracles ; et au-delà d'un agrandissement à plus de 2 fois la taille d'origine, le résultat n'aura pas la qualité de la photo originale.

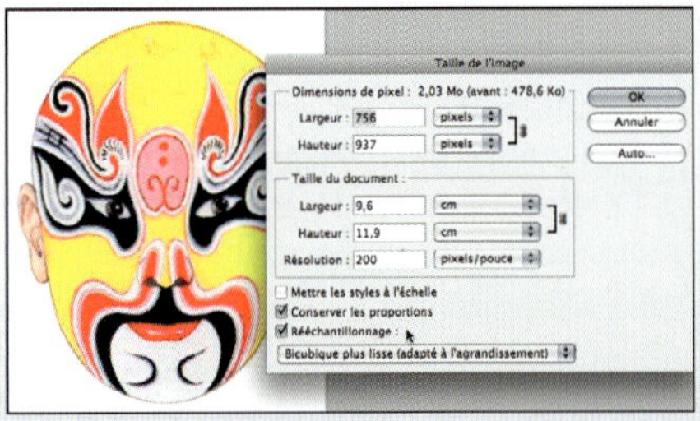

- Si la résolution de l'image est supérieure aux valeurs usuelles, cela ne pose a priori aucun problème ; lors de l'impression, le traitement des données sera simplement allongé. Si le fichier doit être incorporé dans une mise en page, le surplus de données sera résorbé lors de l'enregistrement du fichier d'impression au format PDF.

BON À SAVOIR Attention, ces règles ne sont valables que pour des fichiers destinés à l'impression. Comme nous le verrons dans le Chapitre 18, les images destinées à la publication sur le Web devront être ajustées précisément en taille et en résolution.

Recadrage

Lorsque vous travaillez sur une composition multicalque, vous avez la possibilité de recadrer le contenu d'un calque à l'aide d'un masque de fusion ou d'un masque vectoriel (voir Chapitre 12). En revanche, lorsqu'il s'agit de préparer une simple image pour l'impression, vous devrez ajuster son cadrage à l'aide de l'outil Recadrage de la barre d'outils.

Cet outil peut être utilisé de deux façons différentes, pour un recadrage à vue, ou pour un recadrage paramétré, suivi d'un rééchantillonnage.

- Pour effectuer un recadrage à vue, commencez par ouvrir le cliché dans Photoshop, puis activez l'outil Recadrage dans la barre d'outils (ou bien en tapant la touche C).
- Tracez le rectangle de recadrage en effectuant un cliquer-glisser : Photoshop affiche un tracé de recadrage, doté de huit poignées, à l'aide desquelles vous pourrez modifier le cadrage ; il affiche également un voile semi-opaque sur les zones de l'image situées hors cadrage.
- Si le cadrage vous convient, validez-le en tapant la touche Retour, ou en double-cliquant à l'intérieur du rectangle de recadrage.

- Si le cadrage ne vous convient pas, modifiez-le à l'aide d'un cliquer-glisser sur l'une des poignées du rectangle. Vous pouvez également faire pivoter le rectangle, en positionnant le pointeur à proximité de l'une des poignées d'angle, puis en effectuant un cliquer-glisser.

Lorsque vous effectuez un recadrage à vue, vous devez, logiquement, procéder ensuite au réglage des dimensions et de la résolution d'impression de l'image, via la boîte de dialogue Taille de l'image (voir plus haut). Toutefois, dans certains cas, il peut être plus simple d'effectuer les deux opérations en une seule manipulation (pour préparer des vignettes pour une page Web, par exemple). Dans ce cas, vous utiliserez l'outil Recadrage en mode paramétré.

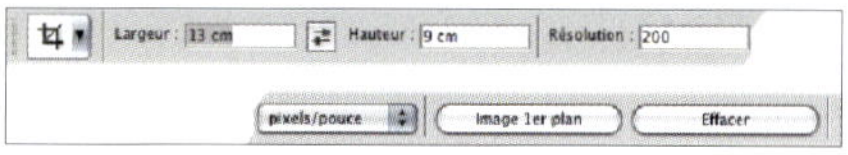

- Après avoir activé l'outil Recadrage, rendez-vous dans sa barre d'options. Dans les champs L et H, saisissez la largeur et la hauteur de l'image, suivies de cm (pour centimètre) ; précisez ensuite la résolution de sortie de l'image dans le champ Résolution, et vérifiez que le menu local qui jouxte la rubrique indique pixels/pouce.
- Tracez le rectangle de recadrage à l'aide d'un cliquer-glisser, puis ajustez sa taille et sa position, et validez en double-cliquant à l'intérieur du rectangle.

ASTUCE

Correction de la perspective : l'outil Recadrage dispose d'une option qui permet de redresser la perspective d'une photo prise avec un objectif grand-angle.

- Pour exploiter cette option, commencez par tracer un rectangle de recadrage couvrant l'ensemble de l'image. Puis cochez l'option Perspective, située dans la partie droite de la barre d'options.
- Revenez dans la fenêtre de travail, et positionnez le pointeur à proximité de l'angle supérieur du rectangle de recadrage ; lorsque le pointeur prend la forme d'une tête de flèche grise, effectuez un cliquer-glisser horizontal de manière à aligner le bord vertical du rectangle sur les fuyantes verticales de la photo.

- Répétez l'opération avec l'angle supérieur droit du rectangle, et validez le recadrage : la photo s'affiche avec sa perspective corrigée.

Exporter un fichier pour l'impression

Vous avez réglé les paramètres de sortie de votre fichier Photoshop, et vous devez le transmettre à un service d'impression, à un studio de mise en page, ou bien vous comptez l'exploiter vous-même dans une maquette XPress ou InDesign. Dans tous les cas, vous devrez sauvegarder votre travail et l'enregistrer dans le format adhoc.

- Pour l'envoi à un imprimeur, vous utiliserez, suivant le cas, le format TIFF ou PDF. (Le PDF est devenu la norme en matière de format de fichier d'impression, toutefois certains imprimeurs réclament encore des fichiers Tiff quadri.)
- Pour l'envoi à un maquettiste, ou l'intégration dans votre propre mise en page, vous utiliserez le format Psd ou Tiff. Mais gardez à l'esprit que les deux logiciels de mise en page professionnels XPress et InDesign gérant le format Psd, le plus simple est de conserver ce format qui préserve tous les attributs de l'image : calques, masques, tracés, couches alpha, etc.

Voyons à présent les réglages de ces différents formats :

Le format PDF

Lorsque vous choisissez le format PDF dans la boîte de dialogue de la commande Fichier->Enregistrer sous, Photoshop affiche une série d'options En tant que copie, Couche alpha, etc. Vérifiez que seule l'option Couleur : Profil ICC est cochée, puis validez. L'application ouvre alors la boîte de dialogue Enregistrer le fichier Adobe PDF.

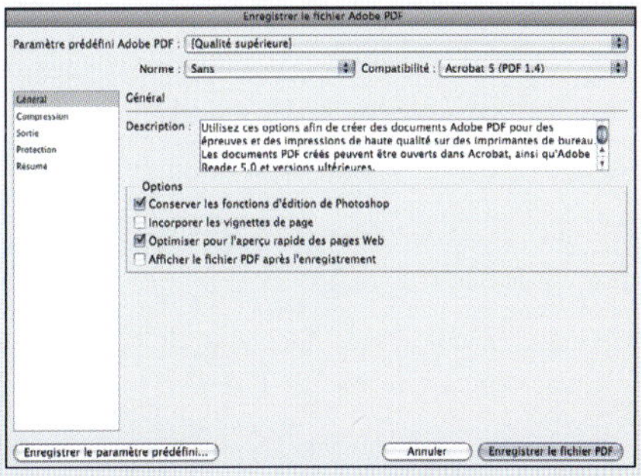

- Dans le menu local Paramètres prédéfinis, sélectionnez Qualité optimale : Photoshop active automatiquement un ensemble de réglages correspondant à une sortie quadri haute résolution.

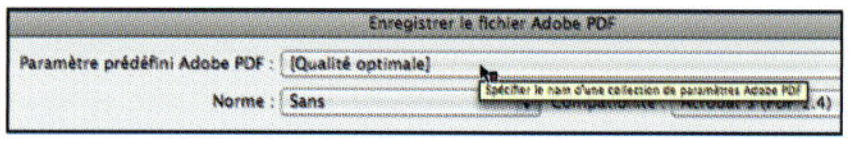

- Dans la partie gauche de la boîte de dialogue, cliquez sur la rubrique Sortie afin d'afficher les paramètres de gestion des couleurs. L'option Conversion de la couleur doit afficher Convertir vers la destination, et l'option Destination doit afficher le profil CMJN que vous avez choisi dans l'interface de gestion des couleurs de la commande Couleurs (voir Chapitre 5).

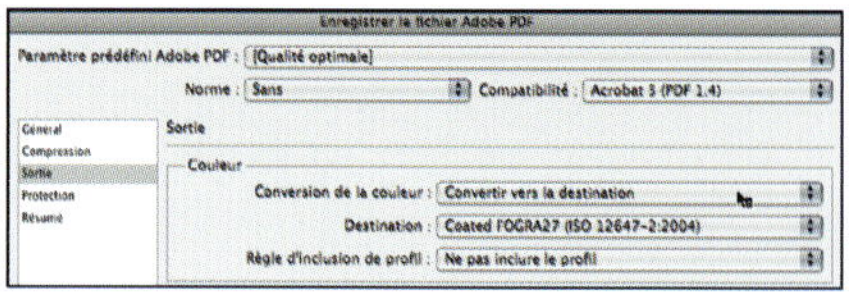

- Validez la boîte de dialogue à l'aide du bouton Enregistrer le fichier PDF ; le fichier est enregistré dans le dossier de destination que vous avez choisi à l'étape précédente.

Le format TIFF

Certains imprimeurs et studios de mise en page travaillant encore en CMJN, il se peut donc qu'ils vous demandent de livrer vos fichiers en TIFF quadri. Même si vous avez lu le Chapitre 2, sur la gestion de la couleur, et compris tout l'intérêt du travail en flux RVB, ne dites rien ; vous risqueriez de les vexer. Commencez par convertir votre fichier en CMJN, en procédant de la façon suivante ;

- Après avoir ouvert votre fichier dans Photoshop, activez la commande Edition->Convertir en profil… Dans la boîte de dialogue qui s'affiche, vérifiez que la rubrique Espace de destination indique bien le profil CMJN défini dans vos préférences de gestion des couleurs. Puis validez.

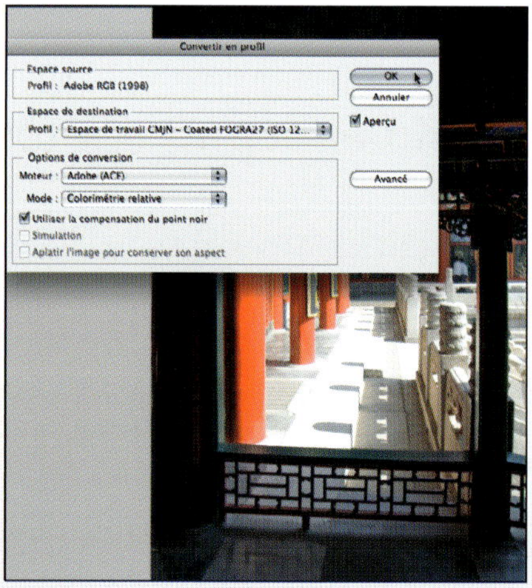

- Après validation, votre fichier est converti en quadri. Ce qui, en principe, ne devrait pas modifier son aspect (ou seulement de manière infime). Le seul véritable changement que vous constaterez se situe au niveau du panneau Couches, qui à présent affiche les couches Cyan, Magenta, Jaune et Noir.

- Activez ensuite la commande Fichier->Enregistrer sous, et choisissez le format TIFF dans le menu local Format. Dans la partie inférieure de la boîte de dialogue, l'option Profil ICC est cochée ; elle indique le profil de séparation CMJN.

- Validez la boîte de dialogue d'enregistrement afin d'afficher les options du format TIFF : choisissez une option de compression LZW ou ZIP, puis validez en conservant les autres réglages avec leurs valeurs par défaut.

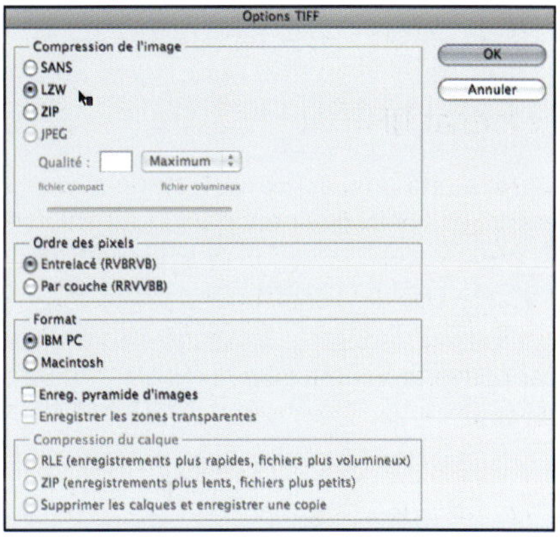

Le format PSD

Le format PSD est le format de travail de Photoshop, c'est donc celui que vous utilisez par défaut pour sauvegarder vos travaux en cours. Pour exploiter un fichier PSD dans votre mise en page, vous n'aurez aucun réglage à modifier ; il vous suffira de copier le fichier dans votre dossier de projet, ou de l'envoyer au maquettiste.

Imprimer depuis Photoshop

Imprimer vos clichés à partir de Photoshop n'est pas plus compliqué que de préparer un fichier d'impression pour un imprimeur. La seule différence est que vous êtes seul maître à bord et avez l'entière responsabilité de toutes les opérations. Mais encore une fois, si vous veillez à bien respecter les règles de gestion des couleurs, vous aurez la surprise de constater que vos tirages sont étonnamment proches de ce que vous voyez à l'écran.

Choisir le profil d'impression

Dans le système de gestion des couleurs, votre imprimante est considérée comme un périphérique de restitution au même titre que l'écran de votre ordinateur. Tout comme l'écran, elle a ses caractéristiques et ses propres défaut qui doivent être consignés dans sa carte d'identité que constitue son profil ICC.

La question est à présent de savoir si votre imprimante dispose d'un profil. Pour ce faire, le plus simple est encore d'aller voir dans la boîte de dialogue de la commande Fichier->Imprimer.

- Après avoir lancé la commande Imprimer, commencez par choisir une imprimante (dans le menu local Imprimante), puis rendez-vous dans la partie droite de la boîte de dialogue où un menu local vous propose deux options : Sortie et Gestion des couleurs. Sélectionnez Gestion des couleurs.
- Déroulez ensuite le menu local Profil de l'imprimante et vérifiez que le profil de votre imprimante s'y trouve.

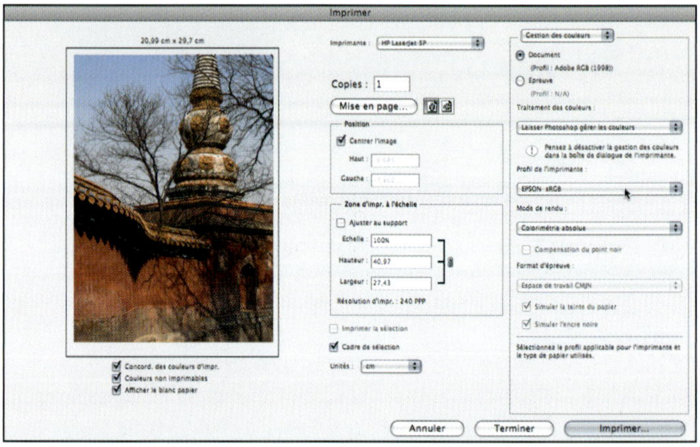

Si le profil de votre imprimante figure dans la liste, tout va bien. Si ce n'est pas le cas, rien n'est perdu pour autant. En effet, la plupart des imprimantes sont livrées avec au moins un profil qui est copié sur votre ordinateur lors de l'installation. La question est de savoir où se trouve ce profil.

- Pour localiser votre profil imprimante, lancez une recherche (sur votre disque de démarrage) sur les mots se terminant par « icc ». Votre Mac vous affichera une liste de profils parmi lesquels vous devriez pouvoir identifier votre profil d'imprimante.
- Une fois le profil identifié, copiez-le et collez-le dans le dossier Bibliothèques->ColorSync->Profiles.
- Afin que ce nouveau profil apparaisse dans la liste des profils imprimante de Photoshop, relancez l'application.

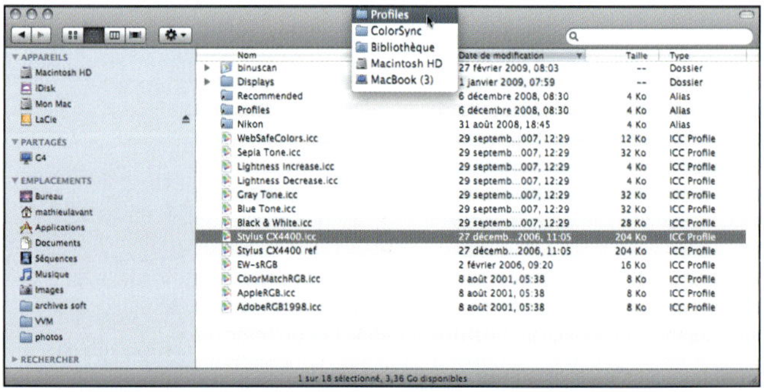

Deuxième cas de figure, la recherche n'a rien donné : vous n'avez rien trouvé sur votre Mac qui ressemble de près ou de loin au profil de votre imprimante. Il vous reste une solution : rendez-vous sur le site Web du constructeur de votre imprimante et, à la rubrique Support, vous aurez peut-être une chance de trouver le profil que vous cherchez ; ou bien, visitez le site Web des fabricants ou distributeurs de papier photo, certains d'entre eux proposent des profils pour différents types d'imprimantes.

Lorsque vous aurez trouvé le profil que vous cherchez, téléchargez-le et copiez-le dans le dossier Bibliothèques->ColorSync-> Profiles.

Dernier cas de figure, votre recherche sur le Web s'avère infructueuse. Il reste tout de même une ultime solution : la création de votre propre profil imprimante. C'est la solution professionnelle et la seule qui soit réellement valide, puisqu'elle vous garantira un profil sur mesure. Inconvénient majeur, cette solution requiert un matériel spécifique (photo spectromètre et application adhoc) et un minimum de connaissances techniques.

Avant d'en arriver là, faites des tests d'impression en choisissant le profil sRVB que vous trouverez obligatoirement dans la liste

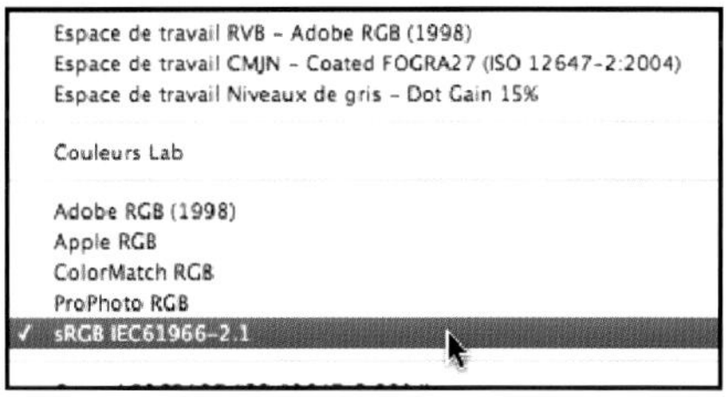

des profils imprimantes. Il s'agit d'un profil qui couvre l'espace colorimétrique utilisé par les imprimantes à jet d'encre et qui produit des résultats corrects.

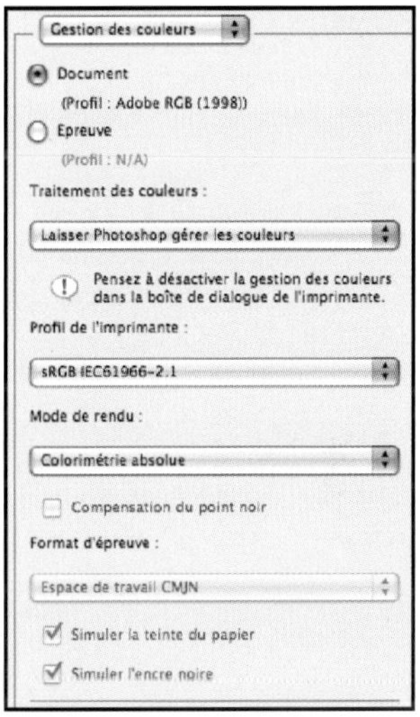

Epreuve ou document ?

La question du profil imprimante étant résolue vous avez redémarré Photoshop, affiché votre photo profilée et lancé la commande Imprimer. La partie droite de la boîte de dialogue affiche la section Gestion des couleurs.

Une nouvelle question se pose : est-ce que vous souhaitez imprimer une épreuve ou le document ? Vous serez sans doute tenté de répondre : une épreuve du document, mais Photoshop n'a pas le sens de l'humour et il faudra choisir entre Document et Epreuve.

En début de travail, vous avez défini vos paramètres de gestion de la couleur (à partir de la boîte de dialogue Edition->Couleurs) en sélectionnant un réglage prédéfini : Prépresse pour l'Europe ou, Utilisation générale pour l'Europe. Ce réglage définit un espace de travail RVB pour le document et un espace de travail CMJN qui correspond aux paramètres de séparation en quadrichromie. (Notez que pour une utilisation en amateur, vous n'aurez pas l'utilité de cet espace CMJN, mais il est défini automatiquement lors de la sélection d'une règle de gestion des couleurs.)

- Vous souhaitez imprimer votre photo sur votre imprimante à jet d'encre pour un usage personnel ; vous choisirez alors l'option Document puisque votre imprimante utilise le flux RVB (même si elle imprime en CMJN).

- Votre photo est destinée à une impression en offset quadri (impression couleurs chez l'imprimeur), mais vous souhaitez imprimer une « épreuve » pour avoir une idée assez précise du résultat final ; dans ce cas, vous choisirez l'option Epreuve.

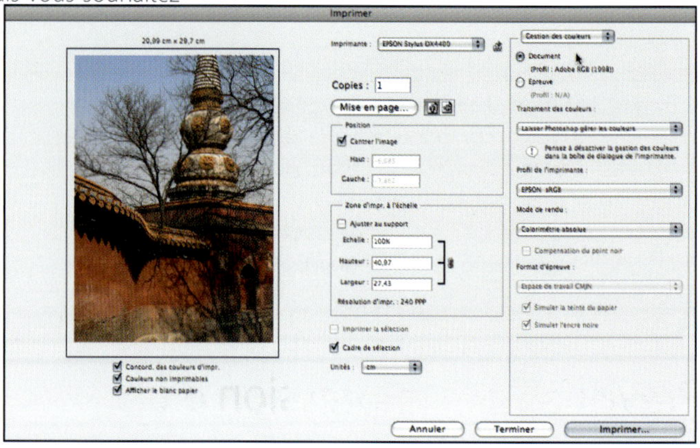

Tirage personnel

Vous avez sélectionné l'option Document pour effectuer des tirages de photos de famille ; la rubrique Options affiche alors trois réglages.

Voyons d'abord le premier réglage Traitement des couleurs ; celui-ci vous propose soit Laissez Photoshop déterminer les couleurs, soit Laissez l'imprimante déterminer les couleurs. Si vous disposez du profil de l'imprimante, c'est précisément pour empêcher cette dernière de faire n'importe quoi. Vous sélectionnez donc l'option Laisser Photoshop déterminer les couleurs. Ce qui vous permettra d'accéder au réglage Profil de l'imprimante.

- Dans le menu local Profil de l'imprimante, sélectionnez le profil de cette dernière, puis passez à la rubrique Mode de rendu pour y sélectionner une option. Ces différents modes permettent en théorie de spécifier comment Photoshop convertit les couleurs de l'image dans l'espace d'impression ; en pratique, sur une imprimante à jet d'encre, seul le mode Perception est correctement reconnu.

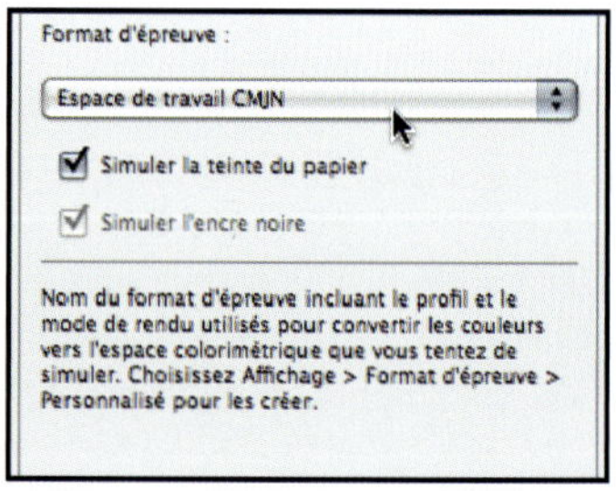

Tirage d'épreuve

Vous préparez les photos de votre prochain livre ou l'affiche de votre association et vous souhaitez imprimer une épreuve sur votre imprimante personnelle avant de confier le travail à l'imprimeur. Vous avez donc choisi Epreuve et la rubrique Options affiche alors quatre réglages.

Si vous détaillez les options proposées pour l'impression d'une épreuve, vous constaterez qu'elles sont identiques à celles proposées pour l'impression du document, avec toutefois en complément le réglage Format d'épreuve. Vous sélectionnerez donc les mêmes options : Traitement des couleurs->Laisser Photoshop déterminer les couleurs, Profil d'imprimante->Le profil de votre imprimante.

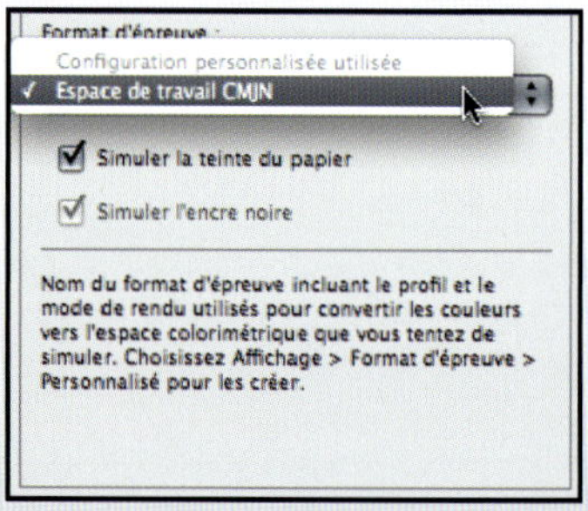

Le dernier réglage, Format d'épreuve, va vous permettre de sélectionner le type d'impression que vous souhaitez simuler sur votre imprimante personnelle. Dans son menu local, vous retrouverez les réglages proposés par la commande Affichage->Format d'épreuve.

Si, avant d'ouvrir la boîte de dialogue Imprimer, vous n'avez défini aucun format d'épreuve, vous ne trouverez dans ce menu local que le format correspondant à l'espace CMJN défini dans la boîte de dialogue Couleurs. En pratique, si vous avez correctement configuré vos paramètres de gestion de la couleur, vous n'aurez qu'à sélectionner Espace de travail CMJN pour simuler le rendu d'une impression offset quadri sur votre imprimante personnelle.

Prévisualiser l'impression d'un document

Vous êtes prêt à lancer l'impression de vos clichés, mais une question demeure sans réponse : comment prévisualiser le rendu de vos tirages photos ? Dans le Chapitre 2, nous avons parlé du format d'épreuve pour la prévisualisation d'une impression offset. Mais quid de l'impression jet d'encre ? La réponse est simple : vous procéderez de la même façon.

- Activez la commande Affichage->Format d'épreuve->Personnalisé. Photoshop affiche la boîte de dialogue suivante.

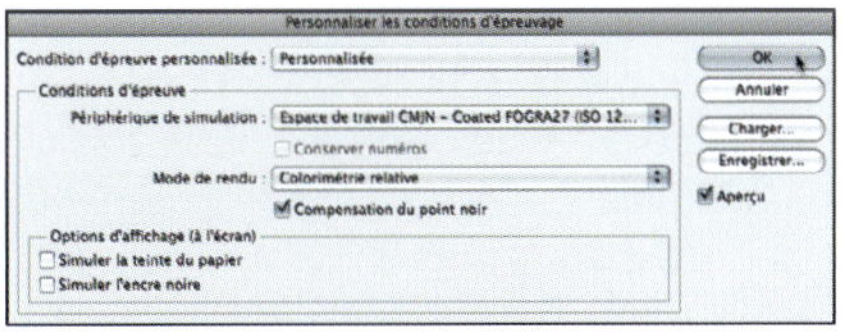

- Dans le menu local de la rubrique Périphérique de simulation, sélectionnez le profil de votre imprimante personnelle. Cochez éventuellement les options Simuler la teinte du papier ou Simuler le noir de l'encre ; puis, enregistrer ce réglage à l'aide du bouton Enregistrer, avant de valider la boîte de dialogue.

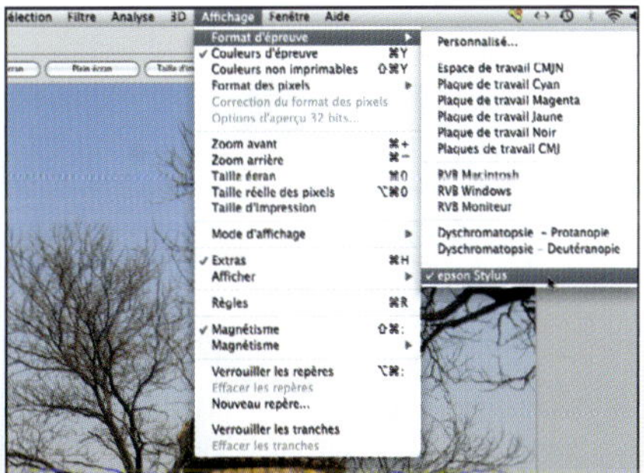

- De retour dans la fenêtre de travail de Photoshop, activez la commande Affichage->Format d'épreuve et sélectionnez dans le sous-menu le réglage que vous venez d'enregistrer.
- Puis activez la commande Affichage->Couleurs de l'épreuve, afin d'afficher la prévisualisation de votre document imprimé.

Les limites…

Vous voilà théoriquement capable de contrôler la qualité de vos tirages photos ou tout au moins d'en prévoir le résultat. Mais comme vous avez pu le constater, l'opération d'impression fait intervenir de nombreux paramètres (calibrage de l'écran, profil de l'imprimante, choix du papier…). Aussi ne soyez pas surpris si vos tirages ne correspondent pas exactement à ce que vous avez prévisualisé à l'écran.

Si vous souhaitez réellement avoir le contrôle de vos tirages papier, il vous faudra d'abord calibrer votre écran à l'aide d'une sonde colorimétrique, et ensuite créer le profil de votre imprimante avec un photo spectromètre, à partir d'une charte de couleurs que vous aurez imprimée. Et si vous utilisez différents types de papier, vous devrez créer autant de profils imprimantes… À vous de voir si le jeu en vaut vraiment la chandelle.

Chapitre 18
Préparer une image pour la publication Web

Jusqu'à sa version CS, Photoshop était livré avec son alter ego, ImageReady, une application dédiée à la création et au traitement d'images pour le Web. Avec le rachat de Macromedia et de FireWorks, le concurrent direct d'ImageReady (beaucoup plus performant), la donne a changé ; ImageReady a disparu du catalogue, remplacé par FireWorks, et l'utilisateur de Photoshop doit désormais se contenter de l'interface Enregistrer pour le Web, dont nous allons parler dans chapitre.

Les contraintes du Web

De même que l'impression d'images en quadrichromie impose ses propres contraintes (voir Chapitre 17), la publication d'images sur le Web en impose d'autres, qui sont le poids et le format des fichiers. En effet, même si le haut débit s'est généralisé, le poids des fichiers demeure l'ennemi n°1 de l'utilisateur final, car il peut ralentir considérablement le temps d'affichage d'une page.

Pour répondre à ce problème, la solution s'appelle l'optimisation des fichiers ; comme nous allons le voir dans les lignes qui suivent, cette opération consiste à choisir le format de fichier le plus approprié au traitement de l'image, puis à définir les réglages qui produiront le meilleur rapport poids/qualité de l'image.

Poids de fichier et temps de chargement

Le temps de chargement d'une image dépend de deux facteurs, le poids du fichier et la vitesse de connexion ; en ce qui concerne cette dernière, elle est éminemment variable. Entre une connexion via un modem à 28 000 bps et une connexion par câble, la vitesse peut être multipliée par cent (si l'on se base sur des débits théoriques).

Pour avoir une idée réelle de la vitesse de connexion, il faut prendre en compte la bande passante disponible sur le serveur du fournisseur d'accès qui vous permet d'accéder au réseau et celle disponible sur le serveur qui héberge votre site. Ces différents paramètres font qu'une connexion, via un modem analogique, tourne bien souvent autour de 2 Kbps et c'est cette valeur qu'il conviendrait d'adopter pour l'optimisation des images, afin de ne pas pénaliser les « oubliés de l'ADSL ».

Partant du principe qu'un visiteur lambda ne doit pas attendre plus de vingt secondes pour le chargement complet d'une page, cela signifie que le poids de la page, médias compris, ne devrait pas dépasser les 40 Ko. Ce principe fera sans doute hurler plus d'un lecteur, lorsqu'il constatera que ses pages « pèsent » en moyenne plus de 80 Ko ; mais si vous souhaitez réellement que votre site soit accessible au plus grand nombre, pensez qu'il existe encore une petite tranche d'utilisateurs qui ne connaissent pas les joies du haut débit.

Vous voilà donc avec votre page Web et ses 40 Ko autorisés. Pour connaître le poids alloué aux images, il vous faudra encore soustraire le poids de la page HTML ; en fonction de sa complexité, le poids peut varier de 1 à 25 Ko. Ce qui veut dire que, suivant la structure de votre page, il vous restera entre 15 et 39 Ko pour les images, autant dire rien (si l'on se base sur les critères de l'image imprimée) !

Le poids d'un fichier bitmap est fonction de sa résolution, de sa taille et de son nombre de couleurs (qui dépend du nombre d'octets utilisés pour le codage de chaque pixel).

- Résolution : la résolution de l'image dépend de son utilisation finale. Pour la publication en ligne, l'image est destinée à l'affichage sur un moniteur ; sa résolution nécessaire et suffisante est donc de 72 pixels par pouce (ppp), la résolution d'un écran d'ordinateur. Il est inutile de choisir une résolution supérieure, vous ne ferez qu'augmenter le poids du fichier et par conséquent le temps de chargement.
- Taille : la taille de l'image (ses dimensions) a une incidence directe sur le poids du fichier. En augmentant la taille d'une image d'un facteur 2, vous multipliez le poids du fichier par 4. Toutefois, dans le cadre de la publication sur le Web, cette règle est faussée par l'utilisation de formats de compression qui, pour deux images de même taille mais de contenus différents, peuvent donner des résultats très variables.
- Nombre de couleurs : le nombre de couleurs de l'image a des répercussions directes sur le poids du fichier ; non compressée, une image en 256 couleurs ou en niveaux de gris pèse trois fois moins lourd qu'une image de même taille en millions de couleurs (mode RVB) et quatre fois moins lourd qu'une image identique en quadri (mode CMJN).

Dans le cadre de la production d'images pour le Web, vous travaillerez uniquement avec des images en mode RVB, puisqu'il s'agit du mode d'affichage des moniteurs ; soit en millions de couleurs, soit en 256 couleurs ou moins.

Choisir un format d'export

Les trois formats de fichiers employés pour la publication d'images sur le Web sont les formats GIF, JPEG et PNG ; il s'agit de formats de compression de données qui permettront d'optimiser le poids des fichiers et qui sont reconnus en standard par les différents navigateurs et systèmes d'exploitation.

- **Le format JPEG :** c'est un format de compression avec perte de données qui permet de traiter les images en millions de couleurs. La méthode de compression utilisée par le format JPEG est basée sur la suppression de pixels redondants, invisibles à l'œil ; elle autorise ainsi des taux de compression allant jusqu'à 1/100. Attention cependant, la qualité finale d'une image compressée en JPEG est inversement proportionnelle à son taux de compression.
  Par nature, la compression en JPEG est plus adaptée au traitement des images de type photographie ou aux images composées de demi-tons ; appliquée à une image comportant des objets aux contours nets, la compression en JPEG produit une altération très rapidement visible au voisinage de ces contours.
  Notez pour finir que le format JPEG dispose d'un mode d'affichage progressif, mais contrairement au format GIF, il ne gère pas la transparence.

- **Le format GIF :** il s'agit d'un format de compression sans perte de données, basé sur l'algorithme LZW (utilisé par le format TIFF). Il permet de traiter les images en 256 couleurs et, par extension, les images en millions de couleurs qu'il réduit à une palette de 256 couleurs (ou moins).
  De par sa nature, la compression en GIF est plus adaptée aux images en aplats (illustrations, logos, typographie). De même que le format JPEG, le format GIF dispose d'un mode d'affichage progressif (entrelacement), mais contrairement à ce dernier, il gère la transparence de couleurs ; ce qui vous permettra, par exemple, de placer un logo détouré dans une page Web.

- **Le format PNG :** ce format cumule les avantages du GIF et du JPEG : gestion des images en 256 couleurs ou en millions de couleurs, compression sans perte de données, affichage progressif et gestion de la transparence. Ce pourrait être le format idéal pour la publication sur le Web si le PNG proposait des taux de compression proches de ceux du JPEG, or ce format utilise la compression LZW du format GIF, beaucoup moins performante.
  Comparé au GIF, le PNG présente toutefois un avantage certain car il gère la transparence de couche alpha, c'est-à-dire qu'il reconnaît 256 niveaux de transparence, là où le format GIF n'en voit que deux : opaque ou transparent.

Enregistrer pour le Web

Pour toutes les opérations d'export d'images destinées à la publication sur le Web, Photoshop dispose donc d'une interface unique qui regroupe l'ensemble des réglages d'optimisation, de prévisualisation et d'enregistrement. Cette interface est accessible à partir de la commande Fichier->Enregistrer pour le Web et les périphériques.

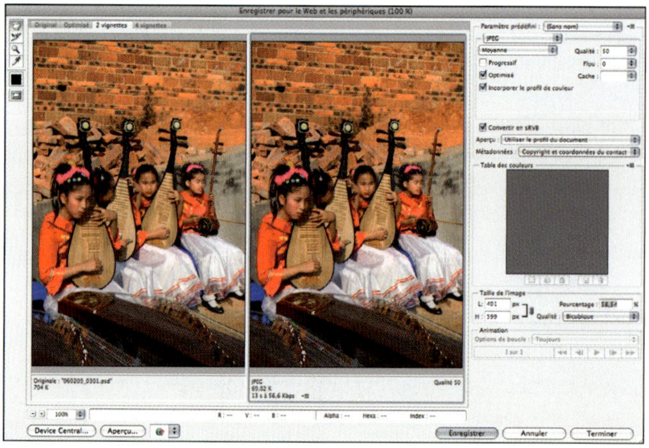

L'interface Enregistrer pour le Web propose, dans sa partie supérieure, une série d'onglets qui permettent de choisir le nombre et le type de vues à afficher : image originale, image optimisée, deux vues, ou quatre vues.

Ce dispositif permet ainsi de tester simultanément différents formats et différents réglages d'export (jusqu'à trois réglages différents), afin d'optimiser le rapport qualité/poids de l'image. Pour chaque nouveau réglage, Photoshop affiche une prévisualisation de l'image, accompagnée de ses paramètres, qui peut ainsi être comparée à l'image originale.

Dans l'exemple ci-dessous, nous avons sélectionné l'onglet 2 vignettes ; l'image originale est affichée à gauche, elle pèse 612 Ko. À droite s'affiche la prévisualisation du réglage que nous avons défini dans la zone Paramètres (dans la partie droite de la boîte de dialogue). Il s'agit, ici, d'un export au format GIF, basé sur une palette de 64 couleurs.

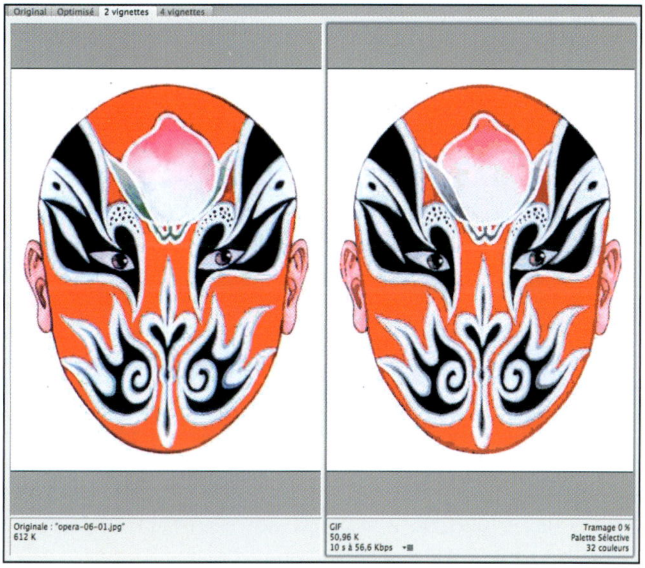

En plus des réglages affichés sous l'image de prévisualisation, Photoshop indique le poids du fichier et le temps de chargement, en fonction du type de connexion que vous aurez sélectionné dans le menu local, accessible via la flèche noire située dans la partie inférieure gauche de la zone de prévisualisation.

- Taille/Durée du téléchargement (Modem 9 600 o/s)
- Taille/Durée du téléchargement (Modem 14,4 Kb/s)
- Taille/Durée du téléchargement (Modem 28,8 Kb/s)
- Taille/Durée du téléchargement (Modem/RNIS 56,6 Kb/s)
- Taille/Durée du téléchargement (RNIS double128 Kb/s)
- Taille/Durée du téléchargement (Câble/DSL 256 Kb/s)
- Taille/Durée du téléchargement (Câble/DSL 384 Kb/s)
- Taille/Durée du téléchargement (Câble/DSL 512 Kb/s)
- Taille/Durée du téléchargement (Câble/DSL 768 Kb/s)
- ✓ Taille/Durée du téléchargement (Câble 1 Mb/s)
- Taille/Durée du téléchargement (Câble/T1 1,5 Mb/s)
- Taille/Durée du téléchargement (2 Mb/s)

Mise en œuvre

Voyons à présent comment exploiter cette interface : vous avez ouvert un cliché dans Photoshop et vous souhaitez le publier sur le Web. Pour commencer, vous allez lancer la commande Fichier->Enregistrer pour le Web et les périphériques.

En pratique, cette commande peut être lancée à partir d'une image quelconque RVB, CMJN, niveaux de gris ou même bichromie ; suivant le cas, l'image sera soit convertie en mode RVB ou en niveaux de gris (seules les images comportant une couche de ton direct ne sont pas exportables). De plus, si vous travaillez sur une image multicalque, vous pourrez sélectionner les calques composant l'image à exporter et masquer les calques que vous ne souhaitez pas exporter.

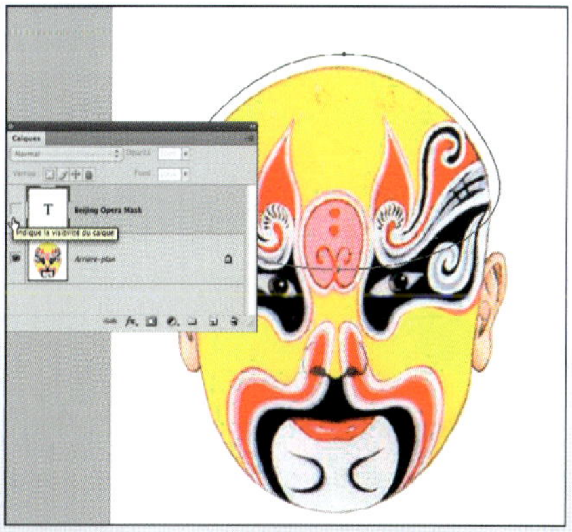

- Une fois l'image affichée dans l'interface Enregistrer pour le Web, réglez les paramètres d'enregistrement, via la rubrique Paramètres. Vous pourrez soit utiliser un des réglages prédéfinis, disponibles du menu local Paramètres, soit créer un réglage personnalisé que vous pourrez enregistrer, afin de pouvoir le réutiliser ultérieurement (nous reviendrons plus loin sur le choix des paramètres des différents formats).

- Afin d'avoir un aperçu fidèle de l'image optimisée, déroulez le menu Aperçu situé en dessous de la rubrique Paramètres prédéfinis, et choisissez Utiliser le profil du document.

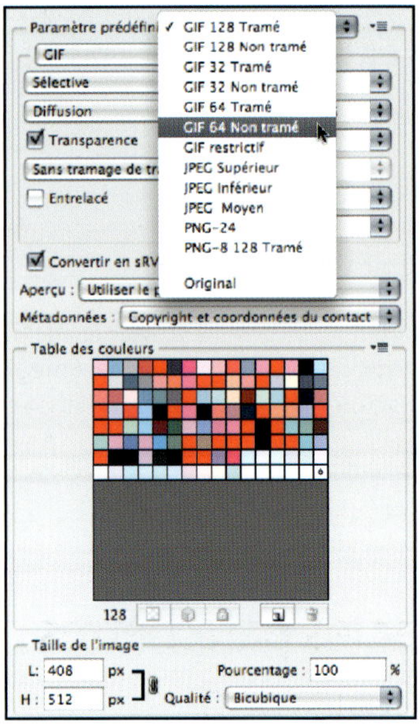

- Réglez ensuite les dimensions de l'image, via la rubrique Taille de l'image située dans la partie inférieure de la zone de paramétrage ; vous y retrouverez les réglages de la boîte de dialogue Taille de l'image (menu Image) : redimensionnement homothétique ou non homothétique, et choix du mode de rééchantillonnage.

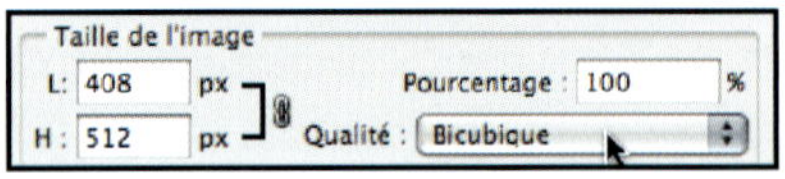

- Avant de valider les réglages d'optimisation, vous pouvez tester l'image dans l'un des navigateurs installés sur votre Mac. Pour ce faire, cliquez sur le bouton Aperçu, situé dans la partie inférieure gauche de l'interface. Photoshop lance votre navigateur par défaut et y affiche l'image en cours d'optimisation.

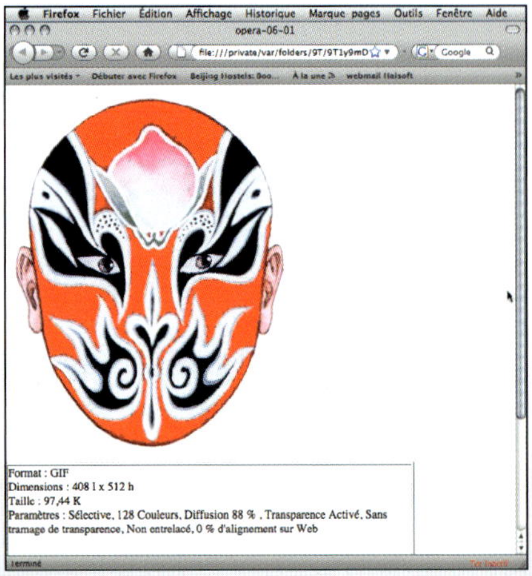

- Pour finir, lancez l'enregistrement de l'image optimisée à l'aide du bouton Enregistrer ; Photoshop affiche alors sa boîte de dialogue d'enregistrement. S'il s'agit simplement d'exporter une image, choisissez Image, dans le menu local Format, puis validez. Si vous souhaitez générer l'image et la page HTML support, vous choisirez HTML et image dans le même menu, et vous conserverez les autres réglages avec leur valeur par défaut.

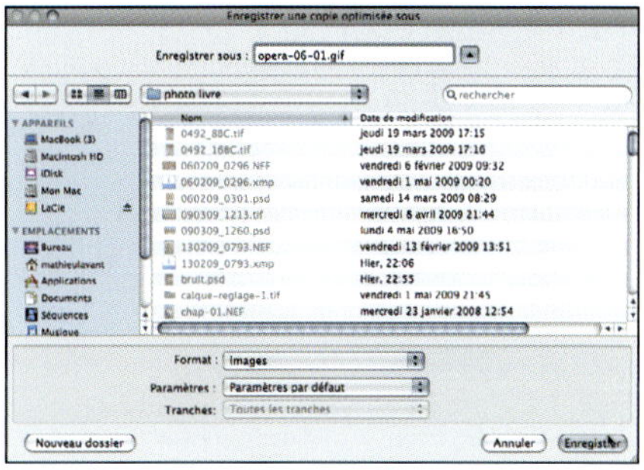

ASTUCE

Lorsque vous refermez le fichier que vous avez exporté via la commande Enregistrer pour le Web, Photoshop vous demande si vous souhaitez enregistrer ses modifications. Même si vous n'avez pas modifié ce fichier, cliquez sur OK, vous sauvegarderez ainsi les paramètres d'optimisation avec l'image originale.

Régler les paramètres d'optimisation

Dans la section précédente, nous avons vu les grandes lignes du processus d'optimisation de l'image. Mais vous vous posez encore la question du choix des paramètres, qu'il s'agisse de paramètres prédéfinis ou de paramètres personnalisés.

Le premier point à régler est celui du choix du format ; si l'image est une photo, vous opterez pour le format JPEG ; s'il s'agit d'une illustration, d'un titre, d'un logo d'un schéma, etc., vous choisirez le format PNG. Et le GIF ? Vous pouvez l'oublier. Aujourd'hui, le PNG, qui le remplace avantageusement, est reconnu par l'ensemble des navigateurs.

Une fois le format sélectionné, reste à régler ses paramètres, et là, même en exploitant les réglages prédéfinis, le choix est moins évident. Mais voyons plutôt.

Optimisation en JPEG

Le format JPEG dispose d'un réglage unique Qualité qui influe directement sur le poids du fichier généré. Si vous choisissez un réglage de qualité trop élevé, vous préservez la qualité de l'image au détriment de son poids ; à l'inverse, en choisissant une qualité trop réduite, vous gagnerez en termes de poids, mais cela se fera au détriment de la qualité de l'image. Il s'agit donc de trouver un compromis qui produise le meilleur rapport qualité/poids de fichier ; vous le trouverez, suivant l'image, avec le réglage Elevée ou Moyenne.

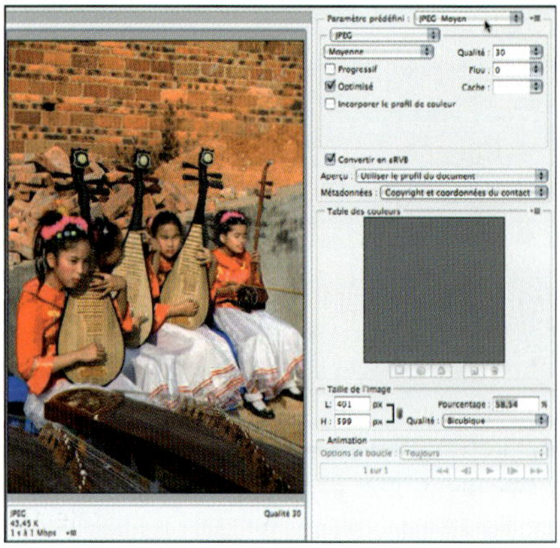

En complément de ce réglage, vous cocherez les options Progressif, Optimisé et Incorporer le profil de couleur.

Optimisation en PNG

Du côté du PNG, le réglage est un peu plus complexe : vous disposez au départ d'une image RVB en millions de couleurs, et vous allez l'enregistrer en PNG-8, c'est-à-dire en 256 couleurs. Pour opérer cette réduction de couleurs, vous devrez choisir un algorithme dans le menu local situé en dessous du menu Format, et vous constaterez que, suivant l'algorithme choisi, le rendu sera différent, et surtout, le poids du fichier variera du simple au double.

En pratique, vous avez deux solutions : soit vous n'avez pas le temps de vous éterniser dans cette interface et vous choisirez le réglage standard Adaptative ; soit vous souhaitez réellement optimiser le rendu de l'image et son poids. Dans ce cas, vous testerez les différents algorithmes, en exploitant la vue 4 vignettes de l'interface. Puis vous sélectionnerez le meilleur rendu, et vous affinerez l'optimisation en réduisant le nombre de couleurs de l'image, via l'option Couleurs de la zone de paramétrage.

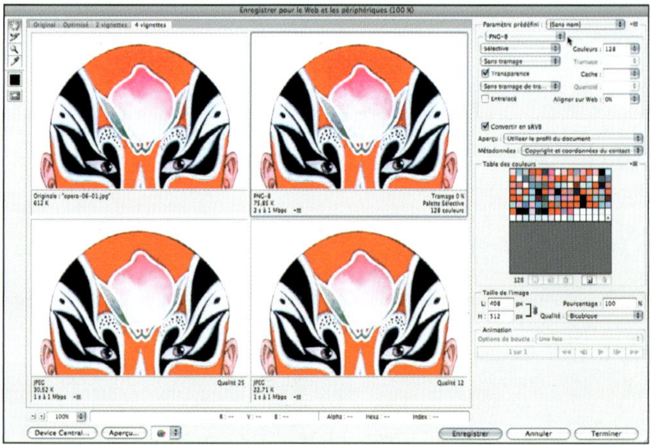

BON À SAVOIR Attention au tramage : le menu local Paramètre prédéfini propose les réglages GIF 128 tramé ou PNG-8 tramé qui utilisent une pseudo trame afin d'améliorer le rendu d'une image dotée d'un nombre de couleurs réduit. Si ces réglages améliorent nettement la qualité de l'image, ils augmentent aussi considérablement le poids du fichier export. Mieux vaut donc les éviter.

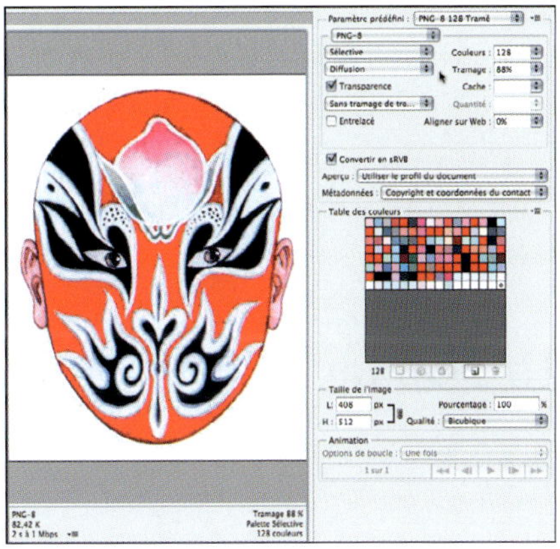

ASTUCE Image transparente : les formats GIF et PNG disposent chacun d'une option Transparence qui permet de définir une ou plusieurs des 256 couleurs de l'image comme couleurs transparentes.

- Pour exploiter cette option, détourez votre visuel et placez-le sur un arrière-plan de couleur unie. Lancez ensuite la commande Enregistrer pour le Web et sélectionnez le format GIF ou PNG. Cochez l'option Transparence, puis descendez à la rubrique Table des couleurs.
- Sélectionnez la couleur correspondant à la couleur de l'arrière-plan, puis cliquez sur l'icône située à gauche en dessous de la table des couleurs : la couleur sélectionnée devient transparente. Si l'arrière-plan est composé de plusieurs couleurs proches, répétez l'opération pour chacune des couleurs.

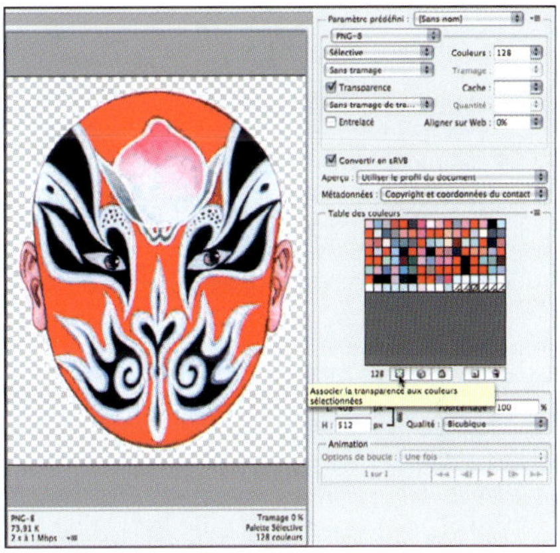

ASTUCE Faux détourage : les options de transparence des formats GIF et PNG ne produisent pas toujours un résultat très propre, en particulier lorsque l'objet détouré présente de nombreuses courbes ou lignes obliques. Dans ce cas, mieux vaut utiliser l'option Cache, qui propose les deux formats :

- Commencez par détourer l'image à publier et placez le sujet sur un fond transparent (à l'aide d'un masque de fusion, par exemple).
- Lancez ensuite la commande Enregistrer pour le Web et sélectionnez le format d'export GIF ou PNG. Dans la zone de paramétrage du format, cliquez sur la flèche noire qui jouxte la case échantillon de l'option Cache, et dans son menu local, choisissez Autre : Photoshop ouvre alors le Sélecteur de couleur.

- Sélectionnez la couleur correspondant à l'arrière-plan de la page HTML dans laquelle vous allez publier le visuel et validez : dans l'interface Enregistrer pour le Web, Photoshop remplace le fond transparent par la couleur que vous avez sélectionnée.

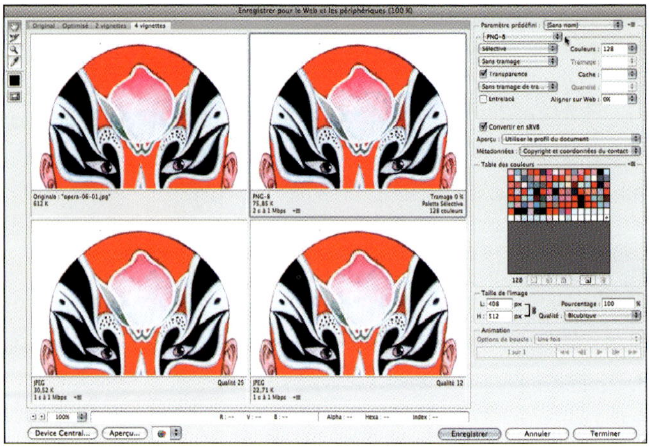

Utiliser les tranches

Tant qu'il s'agit de publier une simple photo ou une illustration, la commande Enregistrer pour le Web est largement suffisante, mais si vous concevez une interface Web avec Photoshop et décidez de l'optimiser avec cette même commande, vous rencontrerez quelques problèmes :

- Problème de poids : en exportant d'un seul bloc une image de 1024 par 768 pixels, vous risquez de générer un fichier dont le poids dépassera de beaucoup le poids moyen d'une page.
- Problème d'optimisation : comment optimiser correctement un visuel contenant à la fois des éléments graphiques – logos, boutons, titres, pictogrammes – et des éléments photos ? Hormis le PNG 24 bits ou le JPEG en haute qualité, il n'existe pas de format d'enregistrement capable de gérer correctement ces différents éléments.
- Problème de mise à jour : en supposant que votre interface affiche des informations, vous n'aurez aucun moyen de les mettre à jour, sans publier à chaque fois une nouvelle version de l'image optimisée.
- Problème d'interactivité : une interface monobloc ne vous permettra pas d'insérer des éléments réactifs, comme des boutons ou des roll-overs.

Pour toutes ces raisons, l'export d'une interface destinée à la publication sur le Web passe obligatoirement par une opération de découpe (« slicing » en anglais). Il s'agit de diviser le visuel en un certain nombre de tranches qui seront optimisées comme autant d'images indépendantes, puis rassemblées dans une structure de calques au sein de la page HTML.

Cette tâche, autrefois dévolue à ImageReady, est aujourd'hui du ressort de FireWorks ; et même si Photoshop dispose des outils adéquats, il n'est pas le logiciel idéal pour ce type de manipulations. Nous ne détaillerons donc pas par le menu la définition et l'export des tranches.

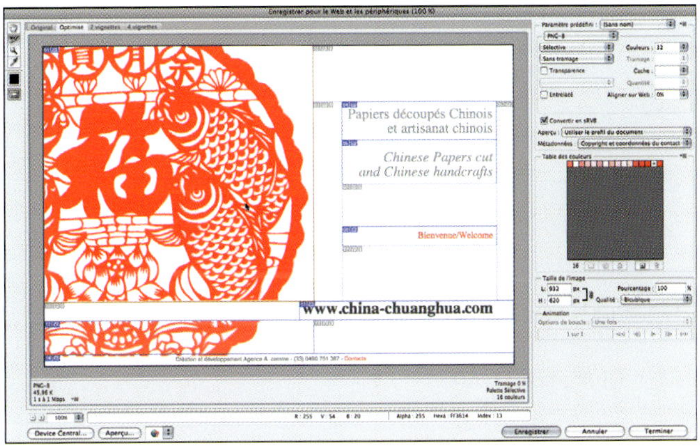

Chapitre 19
Traiter un lot de photos

Renommer un lot de photos, les réduire à la taille de vignettes, puis les enregistrer au format JPEG... : l'ensemble de ces opérations ne prend pas bien longtemps dès lors que vous connaissez bien Photoshop et que le nombre de photos ne dépasse pas la dizaine. Mais si le nombre de photos à traiter augmente, et si la tâche devient récurrente, il faudra alors envisager de l'automatiser.

Heureusement, Photoshop dispose de quelques commandes qui permettent l'automatisation des tâches répétitives : Traitements par lots, Processeur d'images, Changement de nom global, etc. Et comme nous allons le voir dans ce chapitre, la plupart de ces commandes sont également accessibles à partir du Bridge.

Du côté du Bridge

Depuis son apparition, avec Photoshop CS2, le Bridge est devenu le centre nerveux de la Créative Suite, et tout particulièrement pour tout ce qui concerne le traitement de l'image numérique. Vous trouverez ainsi l'ensemble des commandes d'automatisation regroupées dans le menu Outils.

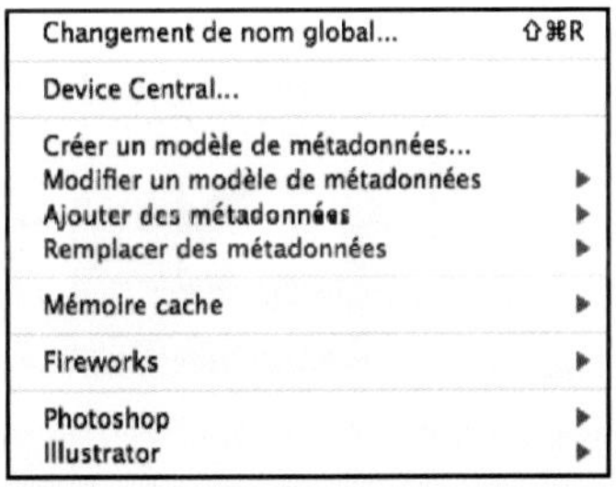

Comme vous le constaterez au cours de ce chapitre, certaines de ces commandes appartiennent en propre au Bridge, alors que d'autres dépendent de Photoshop mais peuvent être exécutées à partir du Bridge.

Changement de nom global

Si le traitement à effectuer se limite à un renommage de fichiers, vous utiliserez la commande Changement de nom global que vous trouverez dans le menu Outils.

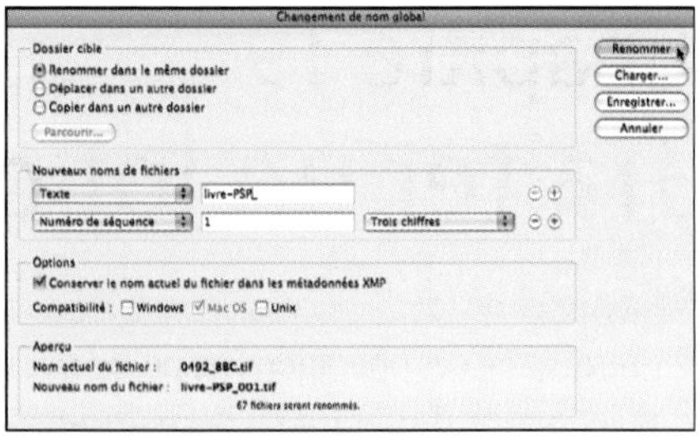

- Après avoir affiché le dossier contenant les images à traiter, lancez la commande Changement de nom global : le Bridge affiche la boîte de dialogue de la commande.
- Dans la rubrique Dossier cible, choisissez une option de destination pour les fichiers renommés : ces derniers peuvent être renommés dans le même dossier ou dans un nouveau dossier. Attention, cette dernière option ne fait que déplacer vos fichiers vers le nouveau dossier, elle ne les copie pas.

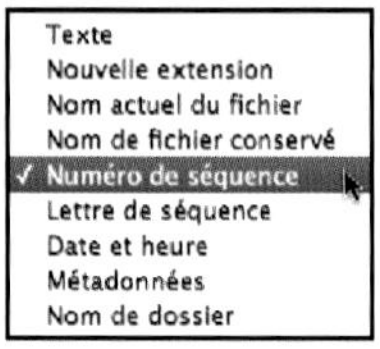

- Dans la partie médiane de la boîte de dialogue, précisez ensuite vos options de renommage à l'aide des deux champs et de leur menu local. Vous pouvez ainsi, comme dans notre exemple, définir un nom composé d'une partie fixe et d'un numéro à deux, trois ou quatre chiffres qui sera incrémenté automatiquement.
- Avant de lancer le traitement et si vos photos doivent être placées sur un serveur (serveur Web ou serveur de base de données), cochez les options de compatibilité (Windows, Unix) ; ceci afin d'éviter les erreurs du type « fichier introuvable ».
- Une fois ces réglages effectués, validez la boîte de dialogue ; le Bridge lance le script et quelques instants plus tard, affiche vos fichiers avec leurs nouveaux noms. Attention, cette opération ne peut pas être annulée après coup.

Processeur d'images

Le plus souvent le traitement de vos photos ne se limitera pas à un simple changement de nom ; dans ce cas, vous utiliserez la commande Processeur d'images qui vous permettra d'effectuer un ensemble de tâches sur un lot de fichiers.

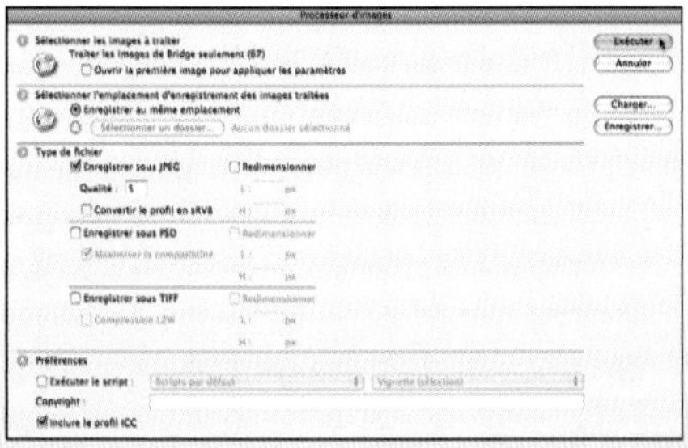

- Commencez par lancer la commande Processeur d'image à partir du sous-menu Outils->Photoshop, dans Bridge, ou bien à partir du sous-menu Fichier->Scripts de Photoshop : la boîte de dialogue de la commande s'affiche à l'écran.

Le paramétrage de la boîte de dialogue Processeur d'images se fait en deux étapes : la sélection des fichiers à traiter et de leur dossier de destination, puis la sélection des tâches à effectuer.

- Si vous activez la commande Processeur d'images à partir du Bridge, affichez au préalable le dossier contenant les images à traiter, et si besoin est, effectuez une sélection. Sans quoi, l'ensemble des images appartenant au dossier seront traitées.

- Si vous travaillez à partir de Photoshop, vous devrez préciser le dossier contenant les fichiers à traiter, à l'aide du bouton Parcourir, situé dans la partie supérieure de l'interface du Processeur d'images.
- Une fois ce premier réglage effectué, vous devez définir un dossier de destination dans lequel seront enregistrées les images après traitement. Mieux vaut systématiquement créer un nouveau dossier de manière à ne pas risquer d'écraser vos photos originales.

Après ces réglages préliminaires, venons-en au corps du traitement. La commande Processeur d'images permet les opérations suivantes : redimensionnement avec rééchantillonnage, changement de format de fichier, ajout d'un copyright et exécution d'un script.

- Pour sélectionner la tâche à effectuer, cochez la case à cocher qui jouxte son nom et réglez ses différents paramètres.

Ainsi, vous pouvez définir un script qui, à partir des photos affichées dans le Bridge, va générer une série de vignettes, et les enregistrer au format JPEG.

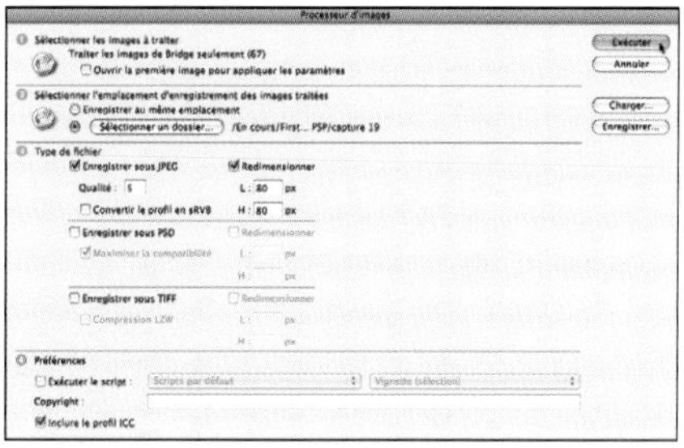

Si vous êtes familier de Photoshop, le paramétrage des tâches proposées par le Processeur d'images ne vous posera pas de problèmes particuliers ; notez toutefois que si vous souhaitez redimensionner vos photos à une largeur ou une hauteur donnée (via la rubrique Redimensionner), il vous suffira de préciser cette hauteur ou cette largeur. De même, si vous utilisez la rubrique Type de fichier pour effectuer un changement de format, vous devez savoir que Photoshop utilise le format sélectionné avec ses réglages par défaut, sans afficher la boîte de dialogue des options du format.

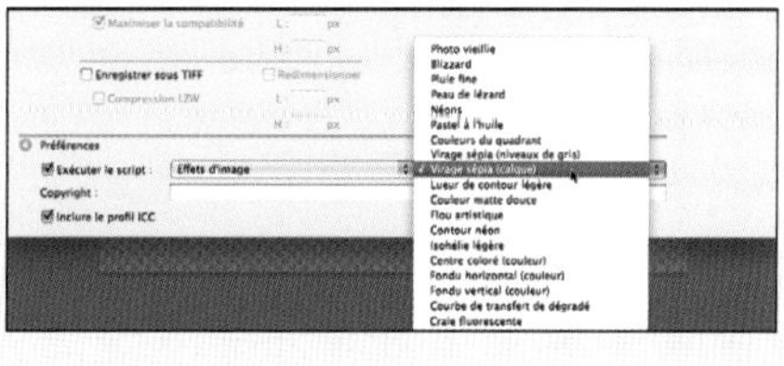

Pour en terminer avec la commande Processeur d'images, jetons un œil à la partie inférieure de sa boîte de dialogue ; vous y trouverez la rubrique Préférences et son option Exécuter le script. Cette option permet de choisir un script de traitement par lots prédéfini qui sera appliqué aux fichiers sélectionnés (voir plus loin).

Du côté de Photoshop

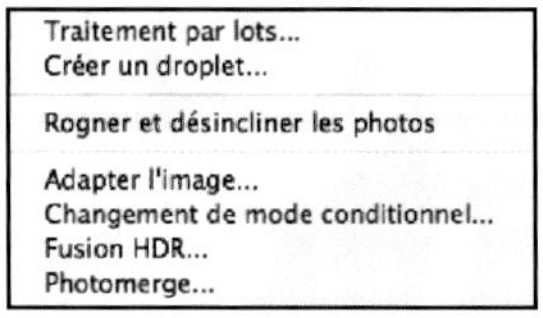

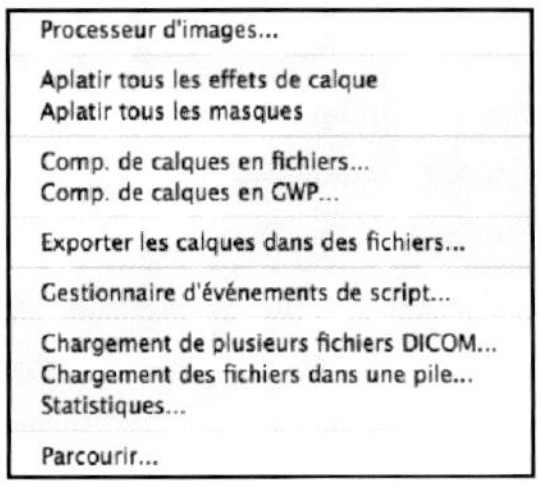

Même si certaines d'entre elles sont accessibles à partir du Bridge, c'est dans Photoshop que sont regroupées l'ensemble des commandes d'automatisation ; vous les trouverez dans les sous-menus Automatisation et Scripts du menu Fichier.

En plus de ces commande, Photoshop dispose du panneau Scripts qui regroupe un certain nombre de scripts prédéfinis et permet d'enregistrer de nouveaux scripts personnalisés.

Traitements par lots

Dans un premier temps, voyons la commande Traitement par lots ; elle est accessible à partir du sous-menu Outils->Photoshop, du Bridge, ou bien à partir du menu Fichier de l'application, et affiche une boîte de dialogue qui va vous permettre de définir les différents paramètres d'un traitement automatisé.

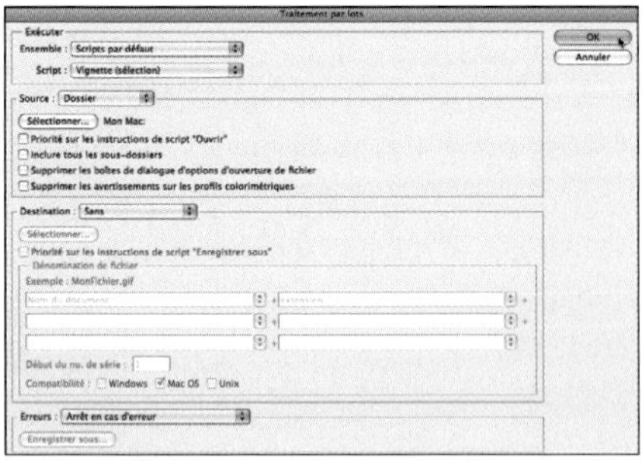

Malgré son apparence plus complexe, la boîte de dialogue de la commande Traitement par lots reprend le principe de celle de la commande Processeur d'image : définition des fichiers sources et de la destination des fichiers traités, et définition du traitement à appliquer. La différence majeure se situe au niveau de ce dernier point. En effet, la rubrique Exécuter, dans la partie supérieure de la boîte de dialogue, vous permet d'accéder à différents jeux de scripts prédéfinis afin de sélectionner celui que vous exploiterez.

Pour illustrer la mise en œuvre de cette commande, nous allons la paramétrer pour ajouter un faux cadre de bois à une sélection de photos stockées dans un dossier :

- Après avoir lancé la commande Traitement par lots à partir de Photoshop, commencez par sélectionner, dans le menu local Script, le script intitulé Cadre en bois – 50 pixels. Puis rendez-vous dans la rubrique Source et sélectionnez l'option Dossier, et cliquez sur Parcourir pour localiser le dossier contenant les clichés à traiter.

- Désactivez les autres options de la rubrique, à l'exception de la dernière, qui supprime les alertes relatives aux profils colorimétriques.

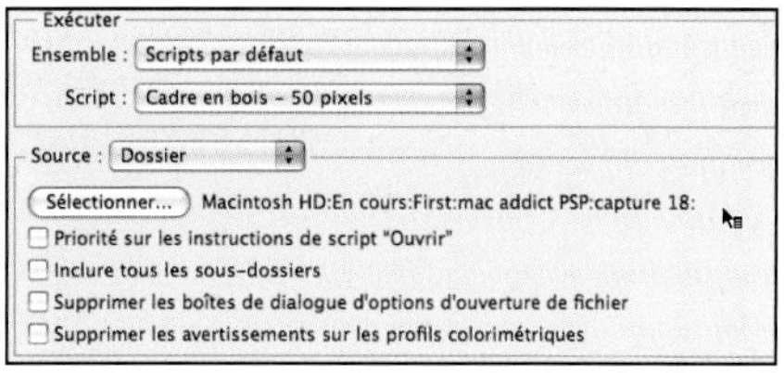

- Rendez-vous ensuite à la rubrique Destination afin de définir le dossier de destination des images traitées, via son menu local : si vous choisissez Sans, vos photos modifiées resteront affichées à l'écran. L'option Dossier vous permet, elle, de définir un nouveau dossier de destination. Quant à l'option Enregistrer et fermer, elle enregistrera les fichiers modifiés dans leur dossier d'origine, en écrasant vos fichiers originaux.

- Pour stocker les nouvelles images, vous sélectionnerez donc l'option Dossier et vous utiliserez le bouton Sélectionner pour indiquer l'emplacement de votre dossier d'enregistrement.

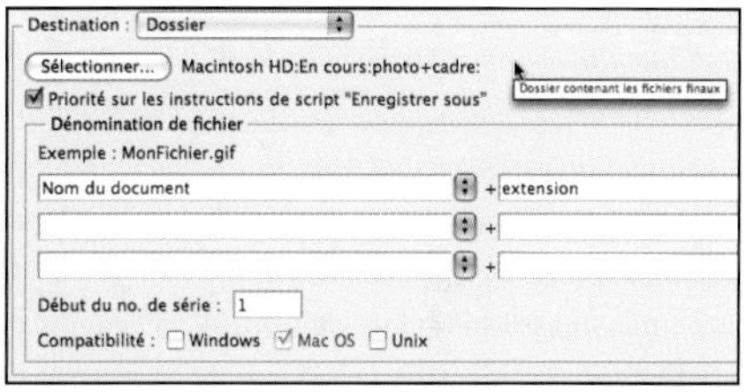

Vous remarquerez au passage que lorsque l'option Dossier est sélectionnée, vous avez la possibilité de renommer vos fichiers à la volée. Si vous ne souhaitez pas renommer ces derniers, sélectionnez pour le premier champ l'option Nom de Document, et pour le second champ l'option Extension.

Une fois l'ensemble des réglages définis, vous n'avez plus qu'à lancer le traitement en validant la boîte de dialogue. Au préalable, vérifiez que la rubrique Erreur affiche l'option Consigner les erreurs dans un fichier et, le cas échant, précisez le nom du fichier. Cette dernière précaution vous permettra de vaquer à d'autres occupations, sans le risque de trouver à votre retour le traitement interrompu à la seconde photo, à cause d'une erreur quelconque.

Utiliser le panneau Scripts

Le panneau Scripts, accessible à partir du menu Fenêtre, rassemble un ensemble de scripts, prêts à l'emploi, qui permettent d'exécuter des tâches plus ou moins complexes d'un simple clic de souris : créer une vignette à partir d'une sélection, ajouter un faux cadre de bois, convertir une image en sépia, etc.

Comme nous l'avons vu plus haut, ces scripts peuvent être appliqués à un lot de fichiers, par l'intermédiaire de la commande Traitement par lots ; mais ils peuvent aussi être exploités pour traiter un fichier individuel, à partir du panneau Scripts.

- Pour exploiter un script sur une image quelconque, commencez par afficher cette dernière dans Photoshop, puis ouvrez le panneau Scripts.

- Sélectionnez ensuite le script de votre choix, puis cliquez sur le bouton Exécuter la sélection, situé dans la partie inférieure du panneau : après quelques secondes d'attente, Photoshop affiche l'image modifiée.

Si vous êtes curieux de savoir comment Photoshop procède pour produire un effet particulier, comme par exemple l'effet Blizzard, disponible dans la collection de scripts Effets d'image, affichez le panneau Historique. Vous y trouverez, dans l'ordre, toutes les opérations effectuées par l'application.

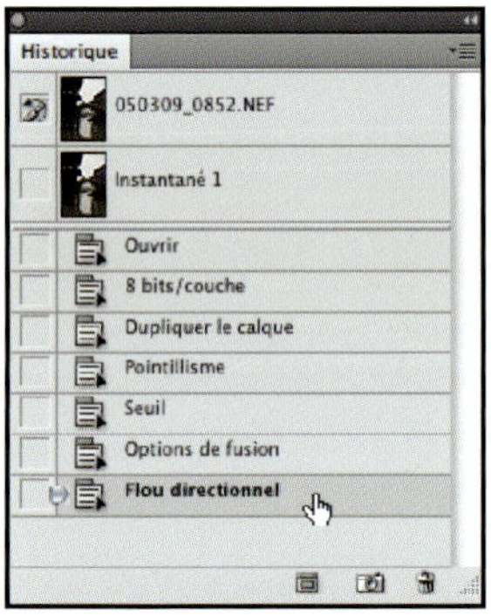

Charger des scripts supplémentaires : comme vous l'aurez constaté, en détaillant la liste des scripts proposés dans la boîte de dialogue Traitement par lots, le choix est plutôt restreint. Mais Photoshop propose d'autres scripts prêts à l'emploi, que vous pouvez charger via le panneau Scripts :

- Pour charger un jeu de scripts, ouvrez le menu local du panneau Scripts, en cliquant sur la flèche située dans son angle supérieur droit.
- Dans la partie inférieure de ce menu, sélectionnez un nouveau jeu de scripts (Commandes, Cadres, Effets d'image, etc.), son contenu s'affiche à la suite des scripts par défaut, dans le panneau.

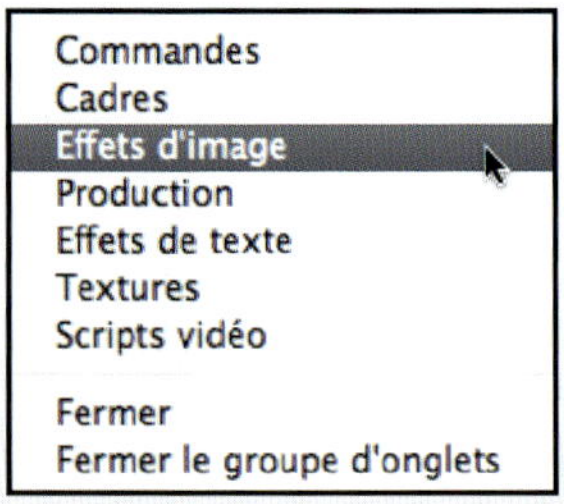

Créer des scripts personnalisés

Le véritable intérêt de la commande de traitement par lots de Photoshop est qu'elle vous permet d'exploiter vos propres scripts. En effet, si vous avez parcouru la liste des scripts disponibles, vous aurez constaté que le script de vos rêves n'y figure pas. Qu'à cela ne tienne, vous allez le fabriquer sur mesure. Pour ce faire, nous exploiterons le panneau Scripts et son menu local.

La création d'un script personnalisé se fait de la manière suivante : après avoir nommé votre script et ouvert l'une des images à traiter, lancez la commande d'enregistrement, puis effectuez sur l'image les opérations que vous avez prévues en utilisant vos commandes et boîtes de dialogue habituelles. Une fois l'enregistrement terminé, le script s'affiche dans le panneau Scripts et devient disponible à partir de la boîte de dialogue Traitement par lots.

- Pour commencer, activez la commande Nouveau script, via le menu local du panneau Scripts. Dans la boîte de dialogue qui s'affiche, saisissez le nom de votre script et sélectionnez l'ensemble de scripts dans lequel celui-ci sera enregistré.

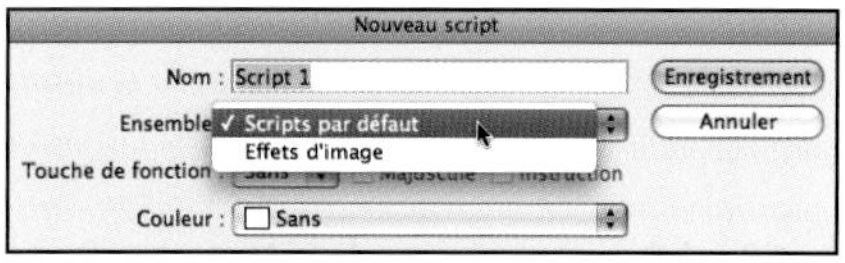

Après validation de la boîte de dialogue, Photoshop lance automatiquement l'enregistrement. Si vous n'êtes pas prêt à enregistrer votre séquence d'actions, cliquez sur le bouton carré, dans la partie inférieure gauche du panneau, pour arrêter l'enregistrement.

- Pour relancer l'enregistrement, vérifiez que le nom de votre nouveau script est bien sélectionné dans la liste des scripts et cliquez sur le bouton rond, dans la partie inférieure du panneau.
- Une fois l'enregistrement lancé, pas de panique. Prenez votre temps, l'enregistrement du script ne prend pas en compte vos délais de réflexion et autres moments d'hésitation.

Prenons maintenant un exemple concret : vous souhaitez traiter une série de photos, au format paysage, pour en faire des cartes postales en noir et blanc, dotées d'un cadre blanc de 4 mm.

- Avant de démarrer, ouvrez dans Photoshop un cliché, que vous utiliserez pour effectuer les différentes manipulations. Créez ensuite un nouveau script, via le menu local du panneau, et nommez-le Carte postale.
- Après lancement de l'enregistrement, activez la commande Taille de l'image ; dans la boîte de dialogue, cochez la case Rééchantillonnage et entrez les paramètres suivants : largeur 142 mm, hauteur 92 mm, résolution 300 ppp. Puis validez.
- Activez ensuite la commande Taille de la zone de travail ; dans la boîte de dialogue, cochez l'option Relative et saisissez la valeur de la marge que vous souhaitez ajouter à l'image. Puis validez.
- Enfin, lancez la commande Image->Modes->Niveaux de gris afin de convertir votre image en noir et blanc.

- Une fois ces trois opérations effectuées, cliquez sur le bouton de fin d'enregistrement. Le détail du script s'affiche dans le panneau.

Vous remarquerez peut-être que le script ne comprend pas l'enregistrement de l'image modifiée. En effet, à moins de vouloir changer de format de fichier, il est plus simple de laisser la commande de traitement par lots se charger d'enregistrer l'image modifiée. Il en va de même pour l'ouverture des fichiers à traiter.

Scripts spécialisés

À côté des commandes d'automatisation généralistes que nous avons présentées dans la première partie de ce chapitre, Photoshop dispose de quelques commandes plus spécialisées, comme Photomerge, Galerie Web ou Planche Contact dont nous allons parler dans cette section. Comme vous l'aurez noté, d'autres commandes sont également disponibles, mais celles-ci sont d'une utilisation moins courante, et nous ne les détaillerons pas dans ce livre.

Photomerge

Photomerge est une commande dédiée à la création de panoramiques, accessible à partir de Photoshop et du Bridge. En pratique, vous pourrez donc l'exploiter soit en sélectionnant vos photos dans le Bridge, avant de lancer la commande Photomerge, via le sous-menu Outils->Photoshop->Photomerge, soit en lançant la commande depuis le sous-menu Automatisation de Photoshop, puis en sélectionnant les clichés depuis la boîte de dialogue de la commande.

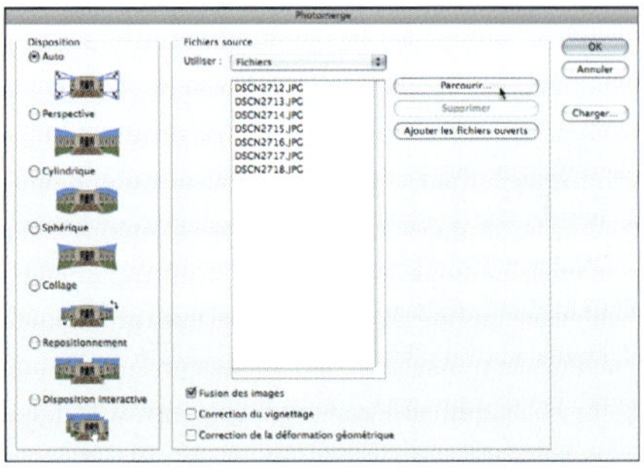

- Une fois la liste des fichiers affichée dans la boîte de dialogue, activez l'option Auto, puis lancez la création du panoramique en cliquant sur le bouton OK. Suivant le nombre de fichiers, leurs tailles et la puissance de la machine, l'application va mouliner durant quelques secondes ou quelques minutes avant d'afficher le panoramique dans la fenêtre de travail de Photoshop.

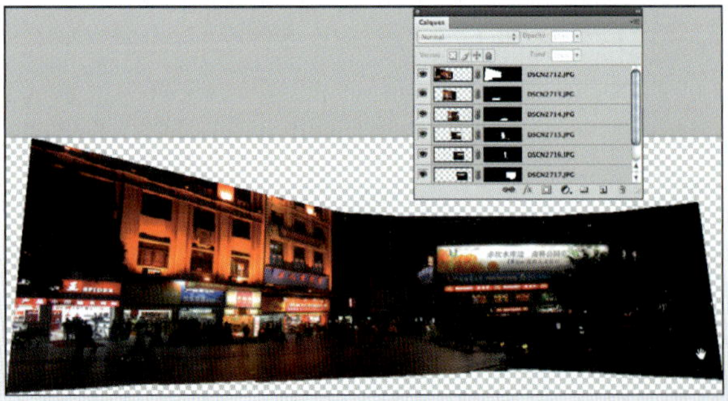

En fonction de la qualité de vos photos de départ, vous aurez peut-être la surprise de découvrir un panoramique terminé, prêt à être enregistré ou bien, vous constaterez que le module Photomerge a laissé de côté un cliché qu'il n'a pas réussi à intégrer au panoramique.

Si un cliché a été ignoré, c'est sans doute qu'il ne « collait » pas avec les autres photos de la sélection. Le module Photomerge a beaucoup évolué depuis les premières versions et vous pouvez lui faire confiance dans la plupart des cas.

Toutefois, si vous êtes persuadé que la vue ignorée a bien sa place dans le panoramique, il faudra l'intégrer manuellement en utilisant le mode Interactif. Et pour cela, vous devrez installer l'ancienne version du plugin qui est livrée dans le dossier En prime sur le DVD Content.

- Si vous disposez des DVD d'installation, ouvrez le DVD Content, naviguez jusqu'au dossier Français/En prime/Adobe Photoshop CS4/Modules externes facultatifs/Automate, et copiez le fichier PhotomergeUI.plugin.
- Si vous ne disposez pas du DVD, vous pourrez télécharger les plugins optionnels à l'adresse suivante : `http://www.adobe.com/ support/downloads/detail.jsp?ftpID=4047`. Une fois le téléchargement effectué, ouvrez l'archive et naviguez jusqu'au dossier Français/En prime/Modules externes facultatifs/Automate, et copiez le fichier PhotomergeUI.plugin.
- Dans votre dossier Applications, ouvrez le dossier Adobe Photoshop CS4, puis naviguez jusqu'au dossier Plug-ins/Automate, et collez le fichier. Pour terminer, redémarrez Photoshop.

L'installation du plugin Photomerge active une option supplémentaire, Disposition Interactive, qui apparaît dans la partie inférieure gauche de la boîte de dialogue Photomerge.

- Pour exploiter cette nouvelle option, reprenez la création du panoramique depuis le début, et dans la boîte de dialogue Photomerge, cochez l'option Disposition interactive. Photoshop affiche alors le panoramique dans une nouvelle interface.

- Si une ou plusieurs photos ont été ignorées lors de la création du panoramique, elles s'affichent sous forme de vignettes dans la partie supérieure de l'interface. Pour intégrer l'une de ces photos, sélectionnez sa vignette, faites-la glisser dans le panoramique et ajustez son positionnement.

Si vous avez choisi l'option Disposition interactive, une fois le montage achevé, il vous reste à valider la boîte de dialogue pour revenir dans l'interface de Photoshop et enregistrer votre création. Au préalable, vous avez la possibilité d'enregistrer les paramètres de votre composition dans un fichier .pmg, ce qui vous permettra de rééditer le panoramique, sans avoir à refaire la sélection des différents fichiers de base. Si vous créez un panoramique à partir de photos d'intérieur ou d'une scène ayant une perspective marquée, activez l'option Perspective de la rubrique paramètres ; vous obtiendrez ainsi un meilleur rendu de la perspective, mais en revanche vous perdrez le format rectangulaire de votre montage.

Planche contact

Autrefois disponible via le sous menu Automatisation du menu Fichier, avec Photoshop CS4 la commande Planche contact n'est désormais plus accessible qu'à partir du Bridge, et de son espace de travail Sortie.

Notez toutefois qu'à l'instar du plugin Photomerge, le module Planche contact peut être réinstallé dans Photoshop, en copiant le fichier ContactSheetII.plugin que vous trouverez sur le DVD Content, dans le dossier Plug-ins de Photoshop (voir plus haut).

- Pour créer une planche contact, commencez par lancer Bridge et sélectionnez un ensemble de clichés. Activez ensuite l'espace de travail Sortie, en cliquant sur son onglet dans la partie supérieure de l'interface : le Bridge affiche alors une nouvelle configuration de travail, dont la partie droite est occupée par le volet Sortie.

- Dans le volet Sortie, cliquez sur l'option PDF, puis choisissez un modèle (Planche contact 4 x 5, par exemple). Réglez ensuite les options de format du document, de disposition, de texte, de filigrane, puis cliquez sur le bouton Actualiser l'aperçu. Le Bridge traite les fichiers sélectionnés, puis affiche une prévisualisation de la planche contact dans le volet central.

- Si le résultat vous convient, descendez dans la partie inférieure du volet Sortie et cliquez sur le bouton Enregistrer afin de générer le fichier PDF. Dans le cas contraire, modifiez les paramètres de sortie et actualisez l'aperçu.

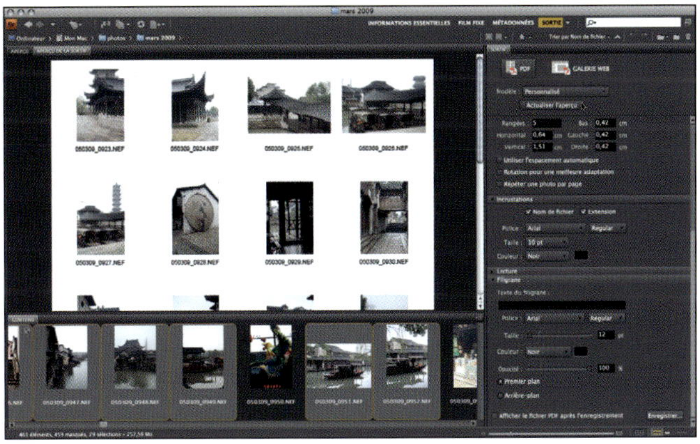

Galerie Web

Tout comme Planche Contact, Galerie Web fait partie des commandes d'automatisation qui ont migré vers le Bridge ; elle est désormais accessible à partir de l'espace de travail Sortie de l'application. La création d'une galerie Web se fait d'une manière similaire à celle d'une planche contact, mais vous aurez en plus le choix entre différents types de galeries : galerie Flash, galerie HTML, diaporama...

- Après avoir lancé le Bridge, commencez par ouvrir le dossier contenant les photos que vous souhaitez utiliser, puis sélectionnez les clichés à publier. Dans le volet Sortie, sélectionnez Galerie Web afin d'afficher les différentes options disponibles.

- Dans la partie supérieure du volet, choisissez un modèle et un style, puis renseignez les différents champs de la rubrique Infos sur le site. Ajustez éventuellement les paramètres de couleurs et d'aspect. Puis lancez la génération de l'aperçu, via le bouton Actualiser l'aperçu.

- Pour valider la création de la galerie, descendez à la rubrique Créer une galerie, dans la partie inférieure du volet Sortie. Nommez votre galerie. Puis sélectionnez un dossier de destination et cliquez sur le bouton Enregistrer.

- Si vous disposez d'un « espace perso » chez votre fournisseur d'accès (Free, Orange,…), ou si vous louez un espace disque chez un hébergeur, vous pourrez télécharger directement votre galerie sur le serveur (à condition de connaître les paramètres de connexion). Pour ce faire, activez l'option Télécharger, puis complétez les champs Serveur FTP, Nom d'utilisateur, etc., et cliquez sur le bouton Télécharger.

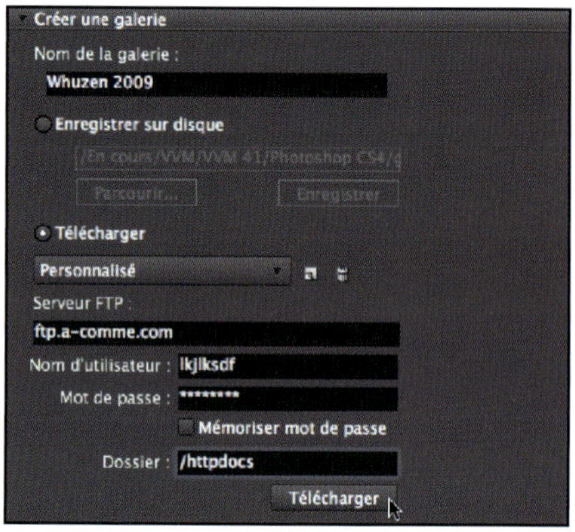

Index